JN096905

離婚後の子どもをどう守るか

「子どもの利益」と「親の利益」

梶村太市・長谷川京子・吉田容子 編著

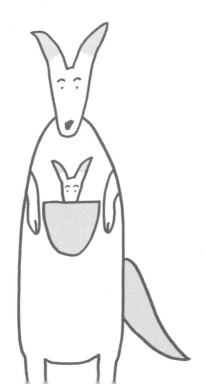

日本評論社

はしがき

　近年、家族法分野では、相次いで法改正が行われてきた（2011 年の親権、2013 年の非嫡出子相続分、2016 年の再婚禁止期間、2018 年の相続法、婚姻開始年齢、2019 年の特別養子制度）。法制審議会民法（親子法制）部会では、現在、実親子法や懲戒権に関する検討が行われている。そのような中、2019年 11 月、法務省は、「家族法研究会」を発足させ、親権概念の整理等、父母の離婚後の子の養育の在り方などを検討することとし、具体的には親権の法的性質・内容、親権という用語、離婚後共同親権、面会交流の促進などを検討項目に挙げている。

　ところで、親権や父母の離婚後の子の養育の在り方を論ずる際に、異口同音に主張されるのは「子どもの最善利益」である。しかし、その意味内容は、理論的に、実体法・手続法を通じていまだ体系的に議論されていない。そこで、例えば、面会交流や共同監護についても、親の権利としての側面を十分に考慮に入れた議論が必要ではないか、「子の利益」はそれを積極的にはかるのではなく、それが著しく害される場合に機能する制約的な原理として位置づけるべきではないか等の見解がでてくる。

　ここでは、「子の利益」による判断は後退させられ、監護の問題は、まず親、とりわけ養育監護を主に担わない親の利益を実現する観点から議論され、彼らの利益で充塡される。「子の利益」は「親の利益」を例外的に制約する概念に後退させられるだけでなく、その内実も空疎なままだから、実際には、例外的にも親利益の制約に機能しない。面会交流原則的実施論や共同親権・共同監護論の底流にはこうした考え方があるように思われる。

　しかし、このような考え方は、実体法的に見ても、手続法的に見ても正当とは言えない。子の利益は子どもが享有するものであるし、子どもは守られケアされ満足して、発達する存在である。そのニーズの充足には安全と良質

な監護が不可欠であり、子を養育監護する活動を軽視しては図れない。親の役割や養育の在り方を、子どもの利益に立って考えるなら、こうした要素を子どもの利益の核心に据える必要がある。

　私達は、先に『離婚後の子の監護と面会交流――子どもの心身の健康な発達のために』（2018年2月）を出版し、無理な面会交流を強いるために横行している非科学的な子ども観、不合理な監護親評価、裁判所の面会ドグマ、似非科学、安易な面会支援論を批判し、子どもの利益を守りぬくための面会交流裁判の進め方を論じた。

　次に『離婚後の共同親権とは何か――子どもの視点から考える』（2019年2月刊）を出版し、「共同」の理想と子や監護親が体験する現実との落差、共同親権の実質が非監護親に拒否権を与え、適時適切な監護決定を阻害すること、共同養育が監護法制の目的を子の利益ではなく「父母の公平」に変質させ子どもを危険にさらすこと等、欧米諸国が「共同」推進で舐めた失敗、選択的「共同」でも子どもの利益は守られないこと等を論じた。

　本書は、前2作の集大成として、親権・監護制度の目標である「子どもの最善の利益」を取り上げ、「親の利益」に貫かれた面会論や離婚後共同親権論に引きずられた法の運用や改正が招く現実のリスクを共有し、「子どもの最善の利益」が機能する概念として発展するためにその内実に迫ろうとするものである。

　前2作と本書を加え「子の利益」の三部作としてお読みいただき、離婚後の子の監護に関わるすべての人に（法律家だけではない）、それぞれの立場でこの問題を考えていただきたい。

　執筆者一同、一人ひとりの子どもに幸せな子ども時代を届けるために、すべての大人が子どもの視点にたって考えていただくことを心から願っている。

　最後に、2018年の「離婚後の面会交流」に始まる本シリーズの刊行にあたっては、日本評論社の串崎浩社長、電子情報編集室の武田彩さんに並々ならぬご尽力をいただいた。ここに、心からの謝意を表したい。

編者一同

目次

はしがき　i

◆第1章　「子どもの利益」をめぐる言説を検証する
　　　——それ、本当に「子どもの利益」ですか？

〈特別寄稿〉
共同親権の罠
——ポスト平等主義のフェミニズム法理論から ………………………… 上野千鶴子　2
1　共同親権で win-win ？ …………………………………… 可児康則　8
2　面会交流と共同親権は虐待防止にも役立つか ………………… 岩佐嘉彦　16
3　「虚偽 DV」論 ……………………………………………… 長谷川京子　21
4　不分離は子どもの権利条約が謳う権利か
　　——国連・子どもの権利委員会から日本への勧告について
　　………………………………………………………… 鈴木隆文　29
5　「ハーグ条約に基づく子の返還」と
　　「子の監護事件」は関係する？ ………………………………… 吉田容子　38

◆第2章　離婚後の「共同」推進のかげで起きていること
　　　——誰のための「子どもの利益」？

(1)　当事者の体験
当事者からみた監護紛争と裁判、裁判後の実態 ……………… 長谷川京子　48
1　娘を守りたかった ……………………………………… トゥモロー　50
2　私は面会交流調停で、
　　調停委員や裁判官からどのように説得されたか ……………… A・R　56
3　子どもの心を守ってほしい ……………………………………… T　62

4 面会裁判が子どもを壊す ……………………………… 長谷川京子 66

(2)　子どもを支援する視点から

1 米国の共同親権制度に翻弄される子どもたちの怒り
　　——「安心」は子どもの人権の土台 ………………………… 森田ゆり 70

2 子どもと親の心理支援の現場から見た「子どもの利益」
　　——臨床心理学の立場から ………………………………… 平井正三 87

3 面会交流原則実施で何が起きているのか
　　——相談現場から見えてくること ……………………… 信田さよ子 98

4 DV、虐待事件から考える「子どもの利益」と「親の利益」
　　…………………………………………………………… 千田有紀 109

◆第3章　法は「子どもの利益」をどう実現するべきか

1 子どもの利益と憲法上の権利
　　——人間関係形成の自由の観点から ………………………… 木村草太 120

2 国際人権法から見た子どもの最善の利益 ………………… 鈴木隆文 132

3 親権・監護は子どもの権利を実現する親の責任
　　——質のよい監護を受ける子どもの利益を実現するために
　　………………………………………………… 吉田容子・長谷川京子 146

4 安全は最優先の子どもの利益——DVの構造を踏まえて
　　……………………………………………………………… 長谷川京子 159

5 児童虐待の現場から見た子の最善の利益 ………………… 岩佐嘉彦 172

6 再婚家庭における子の最善の利益
　　——二つの視点を形骸化させる裁判所の面会交流原則的実施政策 …… 渡辺義弘 187

7 仲裁 ADR 法学会シンポジウム
「子の最善の利益保護と ADR（家事調停）のあり方」批判と提言
……………………………………………… 梶村太市 198
8 欧米先進諸国における「子の最善の利益」の変遷
……………………………………………… 小川富之 207
9 英国における「子の最善の利益」
──個人主義的理解から関係的理解へ ……………………………… 矢野謙次 221

執筆者一覧 232

第 1 章

◆

「子どもの利益」をめぐる 言説を検証する

――それ、本当に「子どもの利益」ですか?

共同親権の罠
──ポスト平等主義のフェミニズム法理論から

上野千鶴子 東京大学名誉教授

法と現実のギャップ

あたりまえのことだが、法と現実にはギャップがある。法とその運用にもギャップがある。

法が理念上ジェンダー中立性を謳っても、現実が少しも平等でなければ、そのタテマエ平等は、弱者に不利に働く。

最近では民法の夫婦同氏原則を合憲とした最高裁判決が、その例の一つであろう。判決がいうように、夫婦同氏の原則は、婚姻したカップルに夫と妻いずれの姓を選ぶかを指定していない。にもかかわらず、その運用の現場では9割を越す妻が夫方の姓を名のるという慣行が、広く定着している。理論上はじゃんけんやくじ引きで決めてもよいのに、そうならないのは、「入籍」という誤った用語に現されるように（実際には婚姻に伴って夫婦共に新戸籍を形成することになっている）、嫁入り婚に象徴される家制度の慣行がいまだに根強く残っているためと、婚姻前からの夫婦間の不平等が、妻の側の交渉力を弱めているからである。その結果、法の理念上の平等にもかかわらず、実際に改姓に伴う不利益をこうむるのは、もっぱら女性の側ばかりになるという結果を生んでいる。こういう形式平等が、実質不平等を隠蔽し、差別を温存することを、フェミニストは長く批判してきた。上記判決において、最高裁大法廷15人のうち3人の女性裁判官が、全員反対の立場の少数意見の持ち主だったことは、示唆的である。この事実は、最高裁判事のジェンダー比が逆転していれば、判決もくつがえる可能性を想定させる。

単独親権か共同親権か?

　同じような形式平等が実質不平等につながり、それどころか弱者の側に不利益をもたらす例は枚挙にいとまがない。本書が主題とする共同親権も、その深刻な例の一つである。しかも共同親権には、夫婦にとどまらず、もっとも弱者である子どもの利益が関わっている。形式平等がそのタテマエの影で実質的に子どもの利益を損なうとしたら、法は加害的であるといわざるをえない。

　共同親権は、一見したところ単独親権に比べて両性に平等であるばかりか、「子の利益」に叶うように思える。夫婦は離婚しても、親子関係は生涯にわたって継続するからである。それだけでなく「ふた親のそろった家庭」を規範とし、「子どもから父を奪う」ことを以て離婚をためらう妻にとっては、別れた夫が子どもに対して共同親権を行使する(義務と共に)ことは、歓迎すべき事態のように思える。また諸外国の多くが離婚後の親子関係について共同親権を採用しており、日本のような単独親権が少ないことも、日本の法律を世界標準にするために、論拠として採用されている。

　日本における単独親権は、その初期においては、子を父方の所属とする家父長的な家制度と深く結びついていた。離婚は妻にとって、子を置いて婚家を去ることであり、すなわち子別れを意味していた。それが離婚の抑止力になったことは想像にかたくない。1960年代半ばまでは、離婚後、親権の大半は夫方に行っていた。それが逆転して妻方優位になったのはそれ以降である。背景にあるのは、核家族化の趨勢である。それ以前も夫方親権のもとで、父親が育児を担っていたとは考えにくい。夫方親族(祖父母)がいるからこそ、跡取りの子どもを夫方が手放さなかったのだろう。核家族化によって、祖父母という育児資源がなくなるにつれて、夫は親権を容易に手放すようになった。それ以前もそれ以後も、父親が育児に関わることはきわめてまれである。それは、シングルペアレントファミリーの中でも父子家庭が圧倒的に少ないことからもわかる。

　春日キスヨは『父子家庭を生きる』(勁草書房、1989年)のなかで、父子家庭がなぜ少ないかを説明している。離別父子家庭は、(1)まず妻が子ども

を置き去りにしたことによって生まれ、(2)次に祖父母のもとに子どもを送り出すことで解消され、(3)また周囲のすすめで再婚する傾向があり、ために再婚を選択しない、もしくは再婚のための資源を持たないゆえに再婚を選択できない父親のみが父子家庭を営む傾向がある。(4)さらにそのような父子家庭に対しては、「男は子どもを育てられない」という偏見から、行政が子どもを養護施設に入れるよう勧める傾向がある。したがって、父子家庭を営む男性とは、子どもを第三者に委ねることを選択せず、また再婚することもなかった稀なひとびとなのだ。

　離別以前から父親が育児に関わることが少ないのは、各種の生活時間調査からすでにわかっている。その結果、父親と子どもとのあいだに、信頼関係が成立していないケースが多い。また日常の家事・育児の過半がもっぱら妻によって担われていることも、各種のデータからあきらかである。もし自己決定できる年齢に子どもが達しているとしても、離婚に際して父と母のいずれを選ぶかという選択を迫られた際に、父親を選ぶ子どもが稀であることはそのせいであろう。

　また日本の離婚の大半を占める協議離婚に際して、親権の争いがごく稀であることも、夫方が親権をかんたんに手放すことを示している。日本の父親は、離婚前も離婚後も、実質的には子育てに関与してこなかったのだ。

　このような現実のもとで、共同親権を実施すれば、どうなるか？

　権利は義務と相即している。

　その義務の一つが養育費負担である。妻がもっぱら監護義務を果たしていることに対して、夫が養育費負担を行うのは合理的であるが、養育費については、すでに過去のデータから以下のことがわかっている。(1)まず離婚のなかでもおよそ8割と最も多い協議離婚の養育費の取り決め率は31%にすぎず、(2)その取り決めの金額も2万円から4万円までと相対的に少額であり、(3)養育費の支払いは1年半以後には滞り、(4)再婚によってほぼ継続しなくなり、(5)また失業等によって居所不明になる場合もある。(6)最後に、強制取り立ては法的に可能だが、別れた夫との関係を嫌ってほとんどの妻が法的措置をとらない傾向がある。そしてそのことは、日本において離婚のハードルが高く、夫婦間の葛藤が受忍限度を超えるまでハードルを越えられな

い事情が関係していると、わたしは考えている。その結果、いったん別れた夫婦は「二度と顔を見たくない」と思うまでに、相手を憎むところに追い詰められるのだ。そして日本には諸外国のように、公的機関が夫からの養育費を強制取り立てしたり立て替えたりする制度はない。日本は男が親としての義務から逃げることが容易な、男に甘い社会なのである。

面会の効果

ならば共同親権は、夫の父親としての責任の自覚を強化し、養育費負担を促進する効果があるだろうか？　現状のデータからは、それは期待薄だろう。なぜなら婚姻継続時に、すでに彼らは父親としての役割を放棄しているからだ。

だとしたら考えられるのは、養育費負担が別れた妻へのいやがらせに使われる可能性である。現在の単独親権のもとでも、すでに子との面会をめぐって、養育費の支払いが交渉材料に使われているケースが多く報告されている。単独親権のもとでも面会要求は成り立つ。面会が権利か否かについては議論があるが、これが共同親権になれば、さらに夫方の権利行使は強まるだろう。平等主義的な法理のもとでは、共同親権は単独親権よりのぞましく、面会は父の利益にも子の利益にも資すると考えられている。だが、夫は本当に子どもへの愛情や責任感から、子との面会を望むのだろうか？　すでに国内外の事例から、そうではないばかりか、面会が子の利益を損ねる事例を、残念ながら数多く見てきた。

たとえば、DV が原因で離婚したケースの場合、たとえ子が直接暴力を受けていなくても、面前 DV によって子が父に対して怯えを持っている場合がある。そういう場合には、面会前にも面会後にも子どもはナーバスになるし、その前後のケアに母親は心を砕かなければならない。また子の歓心を買おうとして過度に金品を以て子を甘やかしたり、別れた妻の悪口を吹き込む場合もある。そうなればその後の子どもとの関係に母親は問題を抱えることになる。アメリカの事例では、児童の性的虐待が疑われる場合でさえ、面会が強制される。子ども、とくに女児を送り出す場合に、母親は虐待を疑わざるをえない。子どもがネガティブな反応を示しても、子どもの自己決定が受け入

れられる場合は少ない。というのも、子どものネガティブな反応は、しばし
ば「母親が別れた夫に対して嫌悪や憎悪を吹き込んだせい」と解釈されがち
だからである。あきらかに目に見える虐待ならともかく、性的虐待について
は、子ども自身も恐怖や怯えからそれを秘匿しようとする傾向がある。しか
もその子どものリスクには、生命の危険まで含まれている。そのことは、離
婚後、面会時に別れた夫が、子どもを殺して自殺した凄惨な事件からもあき
らかである。復縁殺人は、別れた妻に対するペナルティの行使だが、子殺し
もまた、もっとも妻が大切に思う対象を損なうことで、妻に対する報復を果
たしているのだ。

　フランス映画『ジュリアン』[1]は、フィクションでありながら、離婚後の
子との面会について「あるある」感満載の映画である。夫のDVが原因で
11歳の息子を連れて逃げた妻。単独親権を求める妻に、裁判所は共同親権
を裁定する。夫は面会を要求するが、息子は面会の度に怯える。面会のつど
父親が息子を連れて行くのは自分の両親の家だ。つまり父は息子と接点がな
く、養育力もないために、祖父母に頼らざるをえないのだ。その両親とも断
絶して、夫は追い詰められる。夫は息子を脅迫して妻の居場所を教えさせる。
母と息子が恐怖に耐えて潜む部屋のドアを、暴力的にこじあけようとする夫
が、危機一髪で警察に拘束されるクライマックスで映画は終わる。この映画
では、子どもは徹頭徹尾、夫が別れた妻を脅かす道具として使われる。ある
のは子への愛情ではなく、妻への報復感情だけである。そうか、フランスで
もそうなのか、と、共同親権「先進国」の実情に、わたしたちは暗澹とせざ
るをえない。

　同じことはハーグ条約批准についても言えるだろう。別れた配偶者が国境
を越えて子どもを連れ出すことを違法化し、原状回復を求めるこの条約は、
一見両親に対して平等主義的で子の利益に叶うように見える。だがこれも国
境が関わるだけの違いで、もし同じことが国内で強制されたらどうだろう？
DV妻が子どもを連れて緊急避難した場合に、子を連れ戻すよう法的強制力

---

1)　『ジュリアン』はグザビエ・ルグラン監督のフランス映画（2017年）。上野千鶴子解説
　　「単独親権か共同親権か？」『ジュリアン』パンフレット所収、アンプラグド、2018年。

が働くとしたら？　多くの妻たちはふるえあがるだろう。夫婦の勢力関係が非対称でその間に暴力が関わるとき、この現実を前にして、法の形式平等は無力なばかりか、犯罪的でさえある。ちなみに日本の夫婦のDV経験率は2005年の内閣府調査によれば26.7％、ほぼ4人に1人と、決して少数ではない。

ポスト平等主義のフェミニズム法理論

　フェミニスト法学者、マーサ・ファインマンは「ポスト平等主義のフェミニズム法理論」を唱える。ファインマンによれば、「フェミニズム法学」の創設者世代は、「もっぱら男女の間に法的に妥当な差異はない、と考える平等化戦略をとった。……同化が目標とされ、平等が明確な基準となった。……平等を男性との処遇の同一としてとらえる法理上の解釈は、女性が現状の社会的制約の中で遭遇する経済的、社会的問題に対する解決策の立案と実行にとって、概念上の障害になっている」[2]と指摘する。その彼女が唱えるのは「ポスト平等主義のフェミニズム法理論」すなわち第二段階にあるフェミニズム法理論である。

　ファインマンはまた「父親でなければできない子育てがある」という考え方をきっぱり否定する。子育てには親の性別にかかわらずマザリング（養育）しかない、という。「男性は（母）親役割をやれるし、すべきである。もし男性が子どもたちに近づく法的権利を得たいのなら、母親業をみずから実践しなければならない。つまりケアに直接手を染めるべきだ」と[3]。

　ケアをめぐる男女のこれほどの非対称性を目の前にするとき、男には共同親権を要求する準備がまだない、というべきだろう。

---

2)　マーサ・A・ファインマン、上野千鶴子監訳解説『家族、積みすぎた方舟：ポスト平等主義のフェミニズム法理論』（学陽書房、2003年）55頁。
3)　前掲注1）259頁。

1 共同親権で Win-Win？

可児康則　弁護士

1　共同親権は良いことずくめか

　離婚後の共同親権に肯定的な立場から次のようなメリットが語られる。子どもは離婚後も両親が自分に関わってくれることで自らが愛されていると感じられ気持ちが落ち着く。両親との関係を保つことで自らのアイデンティティを確立でき自尊心も高まる。父母ともに子どもとのつながりを維持し続け、その成長に関わり続けることができるし、子育てを一人で抱え込む必要がなくなるなどである。これらが事実なら共同親権は良いことずくめである。親にとっても子にとっても「Win-Win」であろう。しかし結論からいえば、いずれも事実とは言い難く、フィクションに過ぎない。

　平穏に離婚し、離婚後も子どものことで互いに連絡を取り合い、時には相談もしつつ子育てをしている親たちもいる。このような協力的な親たちによる子育て（以下、「協力子育て」という）は、子どもにとっても、親にとっても理想的だし「Win-Win」といえるかもしれないが、共同親権は協力子育てと同じではない。協力子育てが親どうしの信頼を背景に協力して行われる現実の子育てであるのに対し、共同親権とは離婚後も親権を一方の親でなく双方の親に分属させることである。両親間の信頼関係の存在は、共同親権にとって不可欠の要素ではない。信頼関係があれば単独親権でも協力子育ては可能だし、実際に行われてもいる。単独親権か共同親権かは協力子育てとは無関係である。

　ところで現在の単独親権のもとで協力子育てが出来ているような親たちから共同親権を望む声はあまり聞かれない。むしろ協力子育てが困難な親たちから共同親権を求める声が挙がる。監護親との信頼関係がなく子どもに関与

できない状況を、共同親権化により、強権的に実現しようとしているように見える。

2　親にとっての共同親権

離婚後共同親権を採る国でも離婚後に父母が均等に子育てに関わる事例（共同身上監護[1]）は例外的である[2]。多くは親権者の一方を監護親とし、監護親が日常の監護に関わる事項を単独で決定し、重要事項のみを親権者が共同で決定している（法的共同監護）。

単独親権の場合、離婚後の子どもに関する事項はすべて親権者となった親が決定する。その際に他方親の意見を聴くかどうかは親権者の判断である。これに対し、共同親権の場合、居所の指定、教育、重大な医療方針などの重要事項は共同での決定が必要となる。監護親といえども単独では決められない。

例えば子どもがA高校への進学を望み、監護親もこれを了解した場合、単独親権であれば子どもは問題なくA高校へ進学できる。これが共同親権となると、A高校への進学には別居親の同意が必要となる。別居親の同意が得られなければ家庭裁判所に調停を申し立て、調停委員らの関与のもとで協議することになろう。調停でも協議がまとまらない場合、裁判官の判断（審判）に委ねられる。現行の家事事件手続を前提とすれば、調停申立てから解決までに数か月から半年程度はかかる[3]。いずれかの親が審判を不服として高等裁判所に抗告すれば、さらに数か月を要する。この間、子どもは

---

1)　詳しくは、長谷川京子「共同身上監護──父母の公平をめざす監護法は子の福祉をまもるか」梶村太市・長谷川京子・吉田容子編著『離婚後の共同親権とは何か──子どもの視点から考える』（日本評論社、2019年）を参照。

2)　各国の離婚後の親権制度に関する調査研究業務報告書7頁（ドイツ・稲垣朋子）、同42頁（フランス・栗林佳代）、同96-97頁（アメリカ・山口亮子）、同144頁（オーストラリア・小川富之、宍戸育世）、同232-233頁（韓国・金亮完）、同269-270頁（オーストリア・渡邉泰彦）。

3)　共同親権となれば協議不能な重要事項の解決が家庭裁判所に持ち込まれるため、家庭裁判所に係属する事件数は大幅に増加すると予想される。裁判所のスタッフの大幅増員がなければ事件は滞留し、解決までに要する時間はさらに長くなるであろう。

A高校へ進学できるか否か不確定な状況で過ごすことになる。子どもが家庭裁判所の手続に協力しなければならないこともある。

　高校進学の場合、それでも子どもの意向が尊重される可能性が高く、時間と手間、負担を甘受すれば妥当な解決に至る可能性も高い。しかしこれが幼稚園・保育園への入園や小学校入学の場合、果たして家庭裁判所が適切に解決できるのかといった問題もある。監護親が近隣の公立小学校へ、別居親が母校の私立小学校へそれぞれ子どもを通わせることを望んで対立した場合、裁判所は、子の福祉の見地から合理的な基準による妥当な判断ができるであろうか。不安を感じる。

　教育の問題は進学だけではない。障がいがある子どもを特別支援学級に通わせるか否か、不登校の子どもをフリースクールに通わせるか否かなど子どもの事情によりさまざまな事柄があり得る。教育のほか、居所の指定、重大な医療方針の決定なども最終的には家庭裁判所を通じて解決を図るほかなく、同様の問題がある[4]。

　別居親も子どものことを考えるし、子どもの意見を尊重するから、両親間で意見が対立し家庭裁判所まで持ち込まれることは多くないはずとの見通しは楽観的に過ぎる。離婚時に激しく対立する親は互いに相手への信頼を喪失している。「同居親に洗脳されている」などと子どもが表明した意見に耳を傾けない別居親も珍しくない。家庭裁判所の関与のもと離婚に至った夫婦では特にそうである。何が子どものためかは一義的に明確でない。考え方、価値観による部分も大きい。そういった事柄につき、不信感や嫌悪感、ときに憎悪や恐怖さえも抱く相手との協議である。互いの意見を調整し合意に至るのが相当に困難であることは想像に難くない。ビジネスライクに協議すれば良いなどといった声も聞かれるが、あまりに他人事で無責任である。ビジネス相手に積年の感情的しこりはないし、憎悪や恐怖も抱かない。

　重要事項の決定場面は一度限りではない。子どもの成長に伴い何度もあり得る。その度に家庭裁判所を利用した場合、金銭的にも肉体的にも負担が大きい。仕事を休んで裁判所に出向けば収入は減る。弁護士を頼めばその費用

---

4)　詳しくは拙稿「離婚後共同親権は子どもの利益とならない」前掲注1）70-77頁。

は民事法律扶助を利用しても馬鹿にならない。子育ての負担が母に偏っている現状から、共同親権となっても多くは母が監護親になるであろう。重要事項決定にかかる経済的負担は母子の生活を一層困窮させる。

離婚後も子どものことで拒否権を持ち[5]、その行使を通じて子育てに介入し、干渉したい親にとって共同親権はメリットもあろう。しかしながら、子どもを現実に監護する親（監護親）にメリットはないし、協力困難な事例では子育ての負担が増しデメリットが大きい。

3 子どもにとっての共同親権

共同親権が子どもにとってメリットなら監護親はそのデメリットを甘受すべきともいえようが、以下のように子どもにもメリットはない。

協力子育てであれば「両親が自分に関わってくれる」からと子どもが親の愛情を感じて気持ちが落ち着くことや、「両親との関係を保つこと」で自尊心が高まることもあるかもしれないが、共同親権≠協力子育てである。共同親権になったとして両親が互いに協力しつつ子どもに関わる保障はない。監護親の決定に対する不同意、すなわち拒否権の行使により、対立が深まる。共同親権になったからとて子どもが親の愛情を感じたり、気持ちが落ち着いたり、自尊心が高まることはない。むしろ自分に関することで別居親から干渉、介入され、繰り返し紛争に巻き込まれれば、子どもは別居親の愛情に疑問を感じ、不信感を抱くであろう。気持ちも生活も落ち着かない。

別居、離婚により両親が対立する環境で暮らさなくてよくなることで気持ちが安定する子どももいる。気持ちが不安定になる子どももその要因は単純ではない。親との別離に限られず、友人との別れ、転校なども要因となりうる。新生活に落ち着かない監護親の影響を受ける場合もあるかもしれない。複雑な要因で不安定化した子どもの気持ちは協力子育てによってさえも安定するとは言い切れない。ましてや共同親権で気持ちが安定することはあり得ない。また離婚が必ず子どもの自尊心を低下させるわけではない。自尊心を

---

5) 木村草太教授は共同親権が他方親の決定に対する拒否権であることを鋭く指摘する。「離婚後共同親権と憲法——子どもの権利の観点から」前掲注1) 27-28頁。

傷つける親の言動にさらされていた子どもはそういった親との別離でさらなる自尊心の低下を免れるし、その回復にもつながる。共同親権で親の干渉が維持されることは子どもの自尊心の回復に明らかにマイナスである。

　加えて共同親権は子どもに現実的な不利益ももたらす。前述のように子どもは別居親の同意が得られなければ自らの望む高校へもすんなり進学できず、解決に至るまで何か月も不安定な地位におかれる。子どもの意見を探るために行われる家庭裁判所調査官による意向調査等に協力しなければならない場合もある。同級生が受験校を決めて勉強に励んでいる時期に自らは受験校も決まらない不安定な状況で勉強を続けなければならない。そればかりか家庭裁判所の手続のために貴重な時間も割かねばならなくなる。自らに何ら責任がない親の離婚のため子どもが要らぬ負担を負わされることになるのである。自分にとって大事なこと（重要事項）の決定を互いに信頼を喪失している両親の合意に委ねることは、子どもにとって大いなる不安要素である。

　離婚と子どもをめぐる研究は「分離それ自体よりも親の争いのほうが、子どもに広範で破壊的な影響をもつ」こと、「もっともストレスを受ける子どもたちは、これまでに立証されているように、住むところとか、面会権とか、養育責任をめぐる両親の辛辣な個人的、法的戦いの的となった子どもたち」であること、「子どもたちのために、争いの経験ができるだけ短くて済むことを第一の目的に、緊急の問題として心の健康に関する資格をもつ専門家による介入が行われるべき」ことなどを示唆する[6]。単独親権でも親権者の決定等をめぐり子どもが争いに巻き込まれることはあるが、共同親権となれば子どもはより長きに渡り、しかも繰り返し争いに巻き込まれる。共同親権でも監護親を決める必要があるため離婚に要する時間は短縮されないし、離婚後も住まいや教育、医療などさまざまな場面で"法的戦い"が再燃するからである。

　子どもにとっても共同親権のメリットは見出しがたい。むしろデメリットこそ目立つ。

6）　H.R. シャファー著、無藤隆・佐藤恵理子訳『子どもの養育に心理学がいえること　発達と家庭環境』（新曜社、2001 年）156-157 頁。

4 その他の"メリット"

　共同親権とすることで養育費の支払いが促進されるとの声もあるが、米国の父親たちによる共同親権を要求する運動が養育費の取立強化へのバックラッシュとして生まれた歴史[7]に鑑みるならば根拠のない空想の類である。共同親権が身上共同監護の場合には養育費の減額につながる可能性もある。養育費は子どもの生活の糧であり、扶養義務に基づき支払うべきものである。養育費の支払い確保は、不払いへの罰則強化、国や自治体による立替払い制度の創設等によるべきだし、その方がよほど効果的である。

　また、共同親権が虐待防止に役立つとの声も根拠がない[8]。子ども虐待の防止は児童相談所の機能の充実や職員のスキルアップによるべきである。

5　DVや虐待がある場合のリスク
——共同親権が被害者、子どもを危険にさらすこと

　DVに起因し離婚に至る事例は相当数存在する。男女間の暴力に関する内閣府の調査によれば女性の3人に1人が配偶者からの暴力被害を受け、7人に1人は何度も受けたと回答しているし[9]、家庭裁判所が関与する離婚でDVの割合は2割を超えている[10]。DV曝露の子どもへのダメージは大きく、面前DVは子どもへの虐待でもある（児童虐待防止法2条4号）。

　子どもへの直接の虐待が存在する場合に共同親権が不適切であることは今さら説明不要であろうが、DVがある場合も共同親権とするのは適切でない。

　DVがある父母の関係は対等ではない。同居中から被害者は加害者を怒らせないように気を遣って生活している。被害者の判断は加害者により容易に

---

7)　千田有紀「共同親権は何を引き起こすのか？——映画『ジュリアン』を手掛かりにして」
　　前掲注1）18-25頁。
8)　「面会交流と共同親権は虐待防止に役立つか」参照。本書第1章2。
9)　2018（平成30）年・内閣府「男女間の暴力に関する調査報告書」
10)　2018（平成30）年度の司法統計年表によると、妻からの夫婦関係調整調停の申立て動
　　機のうち「暴力を振るう」が20.8%、「精神的に虐待する」が25.2%ある。その割合は毎年
　　大きく変わらない。

覆されるし異論も封じられる。被害者が始めから加害者の意向を忖度することも珍しくない。婚姻中は共同親権であるが被害者の決定権などないに等しい。加害者と離れても被害者がDVの影響から脱するのは簡単でなく、加害者への恐怖は長きにわたって拭い去れない。加害者の顔色を窺う必要のない単独親権でもそうである。これが共同親権となり重要事項につき加害者と協議し、その同意を得なければならないとしたら、加害者への恐怖は一層長きにわたって続くことになる。加害者への恐怖から婚姻中と同様その意向を忖度した対応を余儀なくされることもあるし、協議の場面でDV再燃のリスクもある。加害者による拒否権を通じた支配を可能にし、離婚後までDVの関係性が続く。被害者である監護親の決定権は婚姻中のように事実上失われる。被害者の心身の回復は進まず子どもの養育にも負の影響が及ぶ。

　共同親権への被害者、支援者からの懸念に対し、DVや虐待がある場合は単独親権とする例外を設ければ良いとの意見もあるが、現行制度を前提とする限り、DV、虐待のあるケースを漏れなく捕捉し、単独親権にするのは不可能である。離婚の約9割を占める協議離婚の場合、署名押印済みの離婚届を役所に提出して受理されれば離婚が成立する。離婚届を持参した夫婦にDV、虐待があるかを役所の窓口で把握することはできない。DVがあっても虐待があっても共同親権として離婚届が出されればそのまま受理せざるを得ない。

　裁判所が関与する離婚でも同じく捕捉は容易でない。DVや虐待は家庭という密室で起こるため客観的な証拠が存在しづらい。身体的暴力で怪我までしていれば怪我の写真や診断書などが残っていることもあるが、怪我まではしていなかった場合や精神的虐待（モラル・ハラスメント）の場合、客観的証拠などないことがほとんどである。暴力を軽く考えたり、精神的虐待を暴力と思っていない者も多く、加害者が自らDV、虐待を認めることは期待できない。暴力の認定に消極的な裁判所[11]が、客観的証拠もなく、加害者が

11）　暴力の認定に関する裁判所の消極姿勢につき、拙稿「フレンドリー・ペアレント・ルールは子どもを害する」梶村太市・長谷川京子・吉田容子編著『離婚後の子の監護と面会交流──子どもの心身の健康な発達のために』（日本評論社、2018年）131頁。

暴力を認めない場合に DV、虐待を踏み込んで認定し、単独親権とすることは期待薄である。裁判所を通じた離婚でも DV や虐待は見逃され、共同親権となる。

　DV 施策が貧弱な日本で被害者ができることは加害者から逃げ、隠れることくらいであるが、共同親権となればそれすら封じられかねない。DV、虐待のケースでの共同親権は、被害者にも子どもにもメリットがないどころか同人らを危険にさらすことになる。

6　共同親権は Win-Lose である

　共同親権になったとて協力子育てができるわけではない。信頼関係がなければ協力子育てできない。強制できる性質のものではない。共同親権となることで頻回な面会交流を期待する向きもあるが、面会交流は親権から導かれるものではなく、親権の有無は面会交流の頻度、内容に影響しない。

　共同親権で実現されるのは監護親の子育てに対する別居親の干渉、介入の機会である。これらは信頼なき父母間でこそ特に強く作用し、激しい対立の火種となる。

　監護親と激しく対立してでも子育てに干渉し、介入したい別居親にとって共同親権はメリットであろう。しかし監護親や子どもにとってはデメリットでしかない。DV、虐待ケースでは、単なるデメリットに留まらず、被害者である監護親、子どもの生活を危険にさらす。DV 施策が貧弱な日本において、逃げ隠れさえも封じられることは被害者にとって致命的である。

　離婚後の共同親権の導入は、監護親と子どもの負担のもと、子育てへの別居親に対し、子育てへの干渉権、介入権を付与することに他ならない。Win-Win ではなく Win-Lose である。

　共同親権の議論はフィクションでなく事実に基づき行われる必要がある。

2 面会交流と共同親権は 虐待防止にも役立つか

岩佐嘉彦　弁護士

　本稿は、冒頭の問いかけについての筆者の考えを述べるものであるが、こ
れに関しては、おそらく直接的なエビデンスはないと思われるので、関係す
る研究成果を参考にしながら、筆者の考察を加える。

　冒頭の質問に対する筆者の考えは、「面会交流の実施が、監護親の子育て
の手助けになるようなものであれば、役立つと思われるが、そうではない場
合は、かえって不適切養育[1]を促進するおそれがある」ということである。

　以下、その理由を述べる[2]。

　この問題を検討する前提として、「子どもの虐待は、さまざまな個人や集
団による種々の原因によって引き起こされるきわめて複雑な現象であるから、
虐待やネグレクトの発生数を大幅に減少させることを期待できる、単純なプ
ログラムなど存在しない」[3]こと、虐待の予防のためのアプローチは、個別
の事情をふまえた包括的全体的なものである必要があることを認識すべきで
あることを強調しておきたい。「面会交流が虐待の予防に役立つか」といっ

---

1) なお、タイトルの問いにある「虐待」には、さまざまなタイプの背景にある原因はそれ
ぞれ異なるのであって、ある予防戦略があらゆる種類の虐待に有効かどうかといった観点
からの検討も必要になる。メアリー・エドナ・ヘルファほか編『虐待された子ども――ザ・
バタード・チャイルド』（明石書店、2003 年）1094 頁。

2) 冒頭の問いのうち、共同親権とすることがどのような影響を与えるかについては、共同
親権をどのようなものと想定するかにもよるが、いずれにしても、離婚後の子どもの監護
への非監護親の関わりを強める方向での議論と思われるので、本稿では面会交流の実施に
よる効果を検討している。

3) ヘルファほか・前掲注1) 1086 頁。

た、面会交流の対象となっている家族の状況や面会交流の質をふまえずに、漠然としてなされた、問いかけそのものがどの程度意味を持つのかという問題があることを意識する必要がある。

　最初に、すでにさまざまな文献で指摘されている、子どもの虐待の受けやすさを増加させる要因（リスク要因）と、受けやすさを減少させる要因（保護要因）について、ふれておきたい。

（1）　虐待のリスク要因

　虐待のリスクについては、個人要因、関係性要因、地域要因、社会的要因に分類されることが一般的である[4]。

　個人要因は、子どもや保護者が有する個人的な特性である。

　関係性要因は家族内の他の構成員や友人等との関係を示す要因、地域要因は近隣や職場等の要因、社会要因は例えば貧困に対する支援施策が十分ではない等基盤となっている社会の状況を示す要因である。

　面会交流の実施との関係で着目すべきは、関係性の要因である。関係性要因として掲げられているもののうち、本稿での検討に関係すると思われる要因は、次のとおりである[5]。

　　①　家庭崩壊——すなわち結婚や親密な関係に問題が生じること——により、結果として子どもまたは大人におけるメンタルヘルスの問題や幸福でない状態、孤独、緊張感、口論等を引き起こす。

　　②　家庭内暴力、養育パートナー同士の暴力、子ども同士の暴力、養育パートナーと子どもの間の暴力

　　③　他者との関係性の中で生ずる、ストレスに満ちた、困難な状況を援助する支援ネットワークの欠如

　　④　拡大家族から育児支援が得られないこと

　他方で、保護要因（保護要因についての系統だった調査はほとんど行われ

---

4)　トニー・ケーン編『エビデンスに基づく子ども虐待の発生予防と防止介入——その実践とさらなるエビデンスの創出に向けて』（明石書店、2011 年）34 頁以下。
5)　ケーン編・前掲注4) 36 頁。

ていないとして、レジリエンス[6]の要素（「子ども虐待の被害者への衝撃を和らげる要素」の意味で使われている）に着目して、保護要因としている[7]ものとしては、

　　　・子どもの小児期に、父親が質の高い養育を行うこと
　　　・虐待を行っていない親との関係が、温かく、支持的であること
が、本稿での検討に少し関係していると考えられる。

(2)　面会交流が虐待を防止するかという問いについてどのように考えるべきか

　本稿で検討するのは、監護親が現に子どもに不適切な養育を行い、または不適切な養育を行うおそれがある場合の面会交流についてである。

　上の指摘から明らかなとおり、虐待の予防には、監護親に対する温かい支援がなされることが重要であり、面会交流が虐待の予防に役立っているというためには、非監護親による面会交流がかかる要素を備えていることが必要である。

　離婚または別居した夫婦において、高い葛藤を抱えているケースでは、監護親は非監護親と連絡等のやり取りをすること自体も大きなストレスになることが多い。また、非監護親の側も、高い葛藤を抱えるに至った原因が監護親にあるとして監護親に大きな不信を抱いていることが多く、このような姿勢が監護親にさらなるストレスを与える結果となってしまう。

　さらに、面会交流を行う子どもにとっても、面会交流を通じて、高葛藤状況に巻き込まれてしまうと、どうして良いか分からなくなるなどして、ときにはこれがきっかけで問題行動に出るなど「育てにくい」状態になり、これがさらに不適切な養育を促進する結果となりかねない場合もある。

　このような実情を考慮すると、面会交流を実施するための日時や方法の取決めや面会交流の実施を、監護親のほうが自分の子育ての助けを受けていると感じるようにするには、相当の努力と工夫を要する。当事者だけの努力と工夫でこれを乗り越えることは非常に困難であることは想像に難くない。し

---

6)　逆境状況において、これを乗り越えていく機能・過程。
7)　ケーン編・前掲注4) 38頁。

たがって、面会交流の実施を支える継続的な第三者の支援があり、監護親も非監護親も支援する第三者との間で良好な関係が保てていることが、まずは前提となる（あくまでも前提であり、良好な関係を保てているから、当然に面会交流が支援的になるとはいえない）。とりわけ乳幼児の面会交流は、面会交流の場における父母の協力・共同作業が必須であり[8]、かかる点が大きな課題となる。

(3) 定期的な面会交流が監視として役立つか

これに対して、仮に面会交流が監護親に大きなストレスを与えるとしても、面会交流によって定期的にモニター（監視）をすることになるので、虐待防止に役立つのではないかとの意見があるかもしれない。

しかし、定期的に面会をする者やその目的等に関わりなく、面会そのものがモニターとして虐待予防に効果があるとの報告は見当たらない。

本件との関連は直接的ではないが、新生児に関し、いわゆる家庭訪問が虐待予防にいかに役立つかとの研究は数多くあるようである。ここでは、家庭訪問の効果が有効になされるための重要なあるいは決定的ないくつかの要因の一つとして、「家庭訪問サービスは母親の積極的な自由意志に基づいたものである必要がある」「母親がサービスを受け入れることを可能にするために必要な、援助者との信頼関係を確立するための独創的な対策を開発する」ことが掲げられている[9]。面会交流が監護親に大きなストレスを与えるとしても、面会交流によるモニターが虐待防止に役立つとは考えにくい（もし、モニターによる防止を考えるのであれば、監護親と親和的な関係機関による定期的な訪問を優先するほうが効果的であろう）。

(4) まとめ

以上の要素をふまえると、非監護親との面会交流が子どもにとって良好な

---

8) 拙稿「Q52 乳幼児と非監護親との面会」梶村太市ほか編著『Q&A 弁護士のための面会交流ハンドブック』（学陽書房、2018 年）。
9) ヘルファほか・前掲注1) 1092 頁。

ものであれば、一定の保護的な要素になる可能性はあり、面会交流そのもの
が子どもの監護を担当していない実親と交流できるというプラスになる要素
となる可能性があるものの（ただし、これも状況によるので、単純に面会交
流がどのような場合であっても子どもにプラスになるとはいえない）[10]、単
純に子どもの養育状況をモニターすることによる虐待防止の効果は期待でき
ず、他方で、不適切な養育に陥り、または陥るおそれのある養育者にとって、
実施される面会交流が、大きなストレスをもたらすような場合や婚姻時に受
けた暴力をフラッシュバックさせるような場合等、面会交流を実施すること
がむしろ虐待リスクを高める可能性があるといえる。

10）　ケーン編・前掲注4）では、レジリエンスの要素を保護要因としているので、このよう
　　な交流ができれば、虐待を防止できるのではなく、虐待があってもそれをはね返していく力、
　　それによって人生が悪化していことのないような力が子どもに備わるということを意味す
　　ると思う。

3 「虚偽 DV」論

長谷川京子　弁護士

1　「虚偽 DV」主張の真偽の見極めこそ出発点
——「虚偽 DV」に利得はない

「虚偽の被害を訴えて、被害救済のための制度を悪用する」と聞けば、た
いていの人は制度悪用を憤慨する。被害救済の制度は、そんなずるい者たち
に悪用されてはならないからだ。しかしここで、賢明な人は立ち止まって考
える。私たちの憤慨や不安を掻き立てる「訴えが虚偽だ」という指摘は、果
たして本当か。仮にその指摘が「虚偽」で、被害の訴えが本当なら、その訴
えは正当で十分な被害救済が行われなければならない、と。

「虚偽 DV の訴えにより、妻が突然子どもを連れ去り親権を取り、離婚し
慰謝料をとり、子どもを面会させずに父子関係を断絶させる仕打ちが蔓延し
ている」——「虚偽 DV」論はまさにこの種の主張である。DV 被害の訴えに
「虚偽」のレッテルを貼ることで、母親が虚偽の DV 被害を訴え、被害救済
の制度を悪用して、子どもから父親を遠ざける、その影響は、子どもの親権
者の決定、面会交流の拒否、DV 被害者のための住民基本台帳法上の秘匿措
置申請など多岐に及び、父を苦しめていると "被害" を演出し、煽情的なメ
ディア記事、思慮を欠く議員発言[1]を引用して社会問題になっていると喧伝
する。多くの監護裁判で、DV 被害を訴えた当事者の相手方が、お前の訴え
こそ「虚偽 DV」だと決めつけ、DV の訴え自体が害意に基づく制度悪用で

---

1)　例えば、平成 27 年 4 月 7 日第 189 回国会参議院法務委員会における真山勇一議員は、
　　DV 防止法の陰で、住所非開示と「虚偽 DV という問題」が起きているとして、DV 被害者
　　への支援措置について質問している。

あると指弾する定型的な弁論に援用する。裁判で「虚偽DV」の主張が多数にのぼることが、あたかも、「虚偽のDV被害の訴えにより、被害者救済のための制度が悪用されている、それが流行している」ように演出されている。

　しかし、「虚偽DV」の主張が虚偽だったらどうだろう。DVは直接の加害対象である母親のみならず、目撃する子どもにも危険で大きな被害をもたらすから、母親が避難時に子どもを連れるのは賢明な処置である。避難決行を加害者に事前に相談しないのも当然である。加害者からの報復を避けるため、避難後の住所地を秘匿したり、加害者と子どもとの面会接触を制限することが必要になることもある。被害親子の安全確保と自立のために諸制度をその実情に応じて運用するのは、もとより正当であり、侵害された被害者の人権を回復するために必要だ。被害者の保護と支援が必要な事案で、救済措置の利用を非難、制限するような議論に陥り、被害者を見捨てたり被害者支援の諸制度を後退させることがあってはならない。

　そもそも「虚偽DV」にメリットはない。離婚しなければ、住まいも生活費も共同親権もある。しかし、全体では7人に1人とされる子どもの貧困率は、ひとり親家庭では2人に1人に跳ね上がる[2]。離婚は、母親にとっても経済的苦境と直結する。その経済的打撃は数百万円の慰謝料では到底埋まらない。離婚後の親権者指定にしても、親権者指定の要因である「監護の継続性」を、大抵の母は、子の出生以来、主に子の監護を担うことで備えており、親権獲得のために子連れ別居をする必要はない。母子が「DVがあった」と訴えても、裁判所は面会を命じるから、父子の面会接触を断つことはできない。だから、虚偽のDVを訴えるメリットは皆無である。こういう状況で、母親が訴えるDV被害が「虚偽だ」という主張は、本当か。「虚偽DV」主張の真偽こそ精査しなければならない。

2　「虚偽DV」の意味

　「虚偽DV」すなわち「DVの訴えが虚偽である」というのは、「DVがなかった」ということと、それにもかかわらず制度を悪用するため「DVがあ

---

2)　厚生労働省「平成28年国民生活基礎調査の概況」（2017年）

ったと積極的に虚偽の訴えをする」ことを意味している。単なる DV 不存在の主張ではない。

　筆者は、そんな「虚偽 DV」事案が公式に確認された例を知らないが、論者は「蔓延している」とさえ言うから、このギャップは大きい。そこで以下では、「虚偽 DV」を主張する者がいかなる根拠で「虚偽 DV」と判定しているのか、紛争をめぐる主張の整合性を検討し、「虚偽 DV」論の虚構ぶりを明らかにする。

3　紛争当事者の「虚偽 DV」主張

　頻繁に出会うのは、本人の主観を拠りどころにした「虚偽 DV」論である。離婚や監護の裁判で、DV の訴えを受けた当事者が、相手方を攻撃するために展開する。その内容は、相手方が DV として訴えるような言動は事実としてなかったとか、DV にはあたらないとかいうものである。「突然の別居」や DV の訴えの背後には、相手方の未熟な人格や親権取得目的があると主張する者も多い。これに対して、相手方は、DV があった、そのために婚姻共同生活が継続できなくなった、自身と子どもの生命と健康を守るために家を出たなど、自身の立場で紛争の原因と経過を主張する。このように、紛争当事者の間で、事実の有無や評価をめぐる主張が対立するのは、裁判の日常の光景である。双方当事者は、互いに相手の主張を、事実でないと争い、虚偽であると主張することも稀ではない。これを見て、公平な第三者なら、一方当事者の言い分だけに従って、「虚偽 DV」である、それが横行しているなどとは言わない。それらはあくまで、一方当事者の一方的な言い分でしかないからである。

　紛争当事者の隔たる主張を前提に、紛争を法的に解決するために裁判という制度があり、審判や訴訟では裁判所が事実を認定し、評価し、結論を示す。その結果、DV の訴えが認められ、「虚偽 DV」論者が敗訴することもある。したがって、裁判を経ない紛争当事者が「虚偽 DV」を主張しても、それ自体は「虚偽 DV」の存在を示さないし、どれだけ多数同様の主張がなされても、それで「虚偽 DV」が横行している証左とはいえない。

4 「暴力の事実が認められない」という事実認定

では裁判で妻がDV被害を主張したのに、DVの事実が認定されなかったら、妻のDVの主張が「虚偽」だといえるだろうか。これに対しては、「DVの事実が認定されないこと」と「DVがなかったこと」とは違う、「DVの訴えが虚偽であること」とも違う、といわなければならない。

「DVの事実が認定されないこと」はしばしば、裁判上の証明責任の分配に起因して起こる。証明責任の分配とは、裁判で、白か黒かが争いになったときの事実認定の方法として、証明責任を負う方が「黒である」ことを証明する責任を負い、審理の結果、裁判所の心象が「グレーだが、黒とまでは言えない」場合には「黒とは認められない」と認定するというルールである。裁判でDVの有無が争いになるとき、「DVがあった」という事実は被害者が証明する責任を負い、証明に成功しなければ「DVがあった」とは認められない。密室の支配関係のもとで繰り返されるDVの暴力には、客観的で直接的な証拠は残りにくく、裁判に提出することはしばしば困難である。だから、裁判では「DVの事実が認定されない」という結果が起こりやすい。その結果の「DVの事実が認められない」という事実認定である。「グレーだから黒とは言えない」という認定が「白である」という認定と違うように、「DVがなかった」という事実を認定したわけではない。

加えて、「虚偽DV」といえば、DVがあると積極的に虚偽の主張をしたことを意味するが、離婚や子の監護の裁判、あるいは保護命令の裁判でも、「虚偽の主張をした」という証明が行われることはない。したがって「虚偽の主張をした」という事実認定がされることはない。裁判所が「DVがあると虚偽の訴えをした」と認定した例を、筆者は寡聞にして知らない。

「虚偽DV」論者は、裁判所の「DVの事実が認められない」という認定を「DVがあると虚偽の主張をした」という全く別のことにすり替えて、あたかも裁判所がこれを認定したように伝え、「虚偽DV」現象を喧伝しているのである。

5 判決内容をすり替えて伝える「虚偽DV」論

「虚偽DV」論のすり替えを実際の裁判でみてみよう。名古屋地裁平成30・4・25判決[3] についての報道である。

この事案は、妻が、DV被害者に対する住民基本台帳事務上の支援措置——DV被害者の住所等情報を加害者に知られないようにする——を申請したことが夫の権利を侵害したとして、夫が妻らに賠償請求したものである。同支援措置を行うには「DV被害を受けた者であること」（被害者要件）と「更なる暴力により生命・身体に危害を受ける恐れがあること」（危険性要件）が必要で、被害者要件の範囲はDV防止法1条2項に規定する被害者と定められている[4]。

同地裁判決は、被害者要件の認定にあたり、なぜかDV被害の範囲を身体的暴力に限定した。そして、被害者が訴える暴力は医師の診断書等客観的裏付けがないという理由で認めず、加害者が認めた行為は暴力といえるか評価を濁しつつも、妻に「DV被害を受けた者であること」という被害者要件は認めた。しかし、危険性要件については、身体的暴力の危険性だけを念頭に、夫が面会接触時に暴力をふるう素振り等を示さなかったから認められないとし、そういう状況を認識しながら、面会を阻止する目的で支援措置申し出をしたから、不法行為にあたるとした。他方で、同判決は、妻の申告が「虚偽であると積極的に認定できるほどの証拠は提出されて（いない）」として、被害者要件に関する虚偽申告を理由とする夫の請求は斥けた。すなわち、地裁判決は、再加害の危険性を認めず、妻の被害申告が面会交流阻止目的で行われたから違法としたが、妻をDV被害者と認め、かつDV被害に関する妻の訴えがいわゆる「虚偽DV」であるとは認めなかった。

ところが、これを、例えば産経新聞は、「虚偽DV見逃しは違法 妻と愛知県に異例の賠償命令 名古屋地裁 支援悪用、父子関係絶つ」という見出

---

3) 名古屋地判平成30・4・25判例時報2413＝2414合併号55頁。
4) 昭和60年自治省令第28号住民基本台帳法の一部の写しの閲覧及び住民票の写し等の交付に関する省令4条2項1号参照。

しで、煽情的に報じた。その記事で、名古屋地裁判決が、あたかも妻の支援措置申請を「虚偽DV」と認定したかのように伝え、「社会問題化している“虚偽DV”をめぐり、相手親……の賠償責任を認定した判決は極めて異例」と称賛した[5]。あるいは東洋経済ONLINEの記事[6]も、「突然子どもに会えなくなる『虚偽DV』の悲劇 これまでは制度欠陥が「悪用」されてきた」という見出しのもと、「これまで、被害者の申立の真偽……はほとんど考慮されてこなかった。その意味では画期的な判決である」と、やはり「虚偽DV」を認めた判決として紹介している。これらは引用する判決の結論に反して、判決が「虚偽DV」が認めたと宣伝している。

　ところで、地裁判決は、支援措置要件の被害者要件につきDV被害を身体的暴力に限定した点で前記のとおり明白な誤りを抱え、危険性要件をもっぱら身体的暴力再発の危険性に限定して評価した点でも、支援制度が非身体的暴力からもDV被害者を守ろうとする趣旨に反する判断をしていた。そこで、この点、名古屋高裁平成31・1・31判決[7]は、被害者要件の暴力が非身体的暴力を含むことを明言し、けがの写真、過去の相談の事実、夫の自白等から、身体的暴力と言葉による暴力を認定して被害者要件を認めた。危険性要件については、身体的暴力のみならず非身体的暴力による危害を受けるおそれも含むとの解釈を示したうえ、父との間に多数の法的紛争が長期に継続し、子の求めに反した父の学校訪問のあと子が錯乱状態、不登校になり、母も心身不調に陥っていたことから、夫の非身体的な暴力により妻が危害を受けるおそれがあったことを認め、危険性要件があると判断した。それにより、妻の支援措置申請を違法とした地裁判決を取り消し、夫の請求を全面的に斥けた。そしてこの決定は、令和元年9月19日最高裁の上告棄却決定により確定した。

---

5)　産経新聞2018年5月8日「虚偽DV見逃しは違法　妻と愛知県に異例の賠償命令　名古屋地裁　支援悪用、父子関係絶つ」。 https://www.sankei.com/affairs/news/180508/afr1805080001-n1.html　（最終閲覧2019年8月21日）

6)　西牟田靖「突然子どもに会えなくなる『虚偽DV』の悲劇　これまでは制度欠陥が「悪用」されてきた」東洋経済ONLINE　2018年7月12日公開（最終閲覧2019年8月21日）

7)　名古屋高判平成31・1・31判例時報2413=2414合併号41頁。

6　被害者要件を認めた地裁・高裁判決に立って振り返ってみれば

　さて、妻が「DV被害者であった」ということは、彼女の夫はDV加害者だったということである。夫は、加害の経験がありながら、被害者のDVの訴えを「虚偽DV」と決めつけ、「突然子どもに会えなくなる悲劇」を演出し、被害者が支援措置を受けたことに報復するため損害賠償を請求した、ということになる。地裁と高裁の判決に従えば、虚偽の訴えをしていたのは、終始夫だったということになる。DVに関して嘘をついたのは自分なのに、被害者の正直な訴えを嘘だとするのは、心理学でいう「投影」（他人に敵意を抱いている時、逆に相手が自分を憎んでいると思い込むなど、自分の感情や性質を無意識のうちに他人に移しかえる心の働き。『大辞林　第3版』）という防衛機制である。つまり「虚偽DV」論は、DV加害者が、自分から逃げ、DV被害を訴える被害者に向けて抱く憎悪を、逆に被害者が自分に向けていると思い込み、自分が嘘をついても加害を否定する傾向を、被害者の被害の訴えに移し替えて被害の訴えを虚偽と思い込むことで、自己を正当化しようとする心理的なメカニズムから生まれた虚構である。

　一方、夫の賠償請求を認容した地裁判決を称え、「虚偽DV」を宣伝していた前記の記事は、DV加害者の言葉に乗って、DV被害者が支援制度を利用することを非難し、行政の被害者支援を萎縮させ、加害者が被害者の住所を知り再加害できるよう加担していたことになる。地裁が危険性要件の不在を理由に支援措置申請を違法と判断し損害賠償を認容したのは実に軽率な判断であるが、それに乗じて、彼らは、DV加害者の被害者への報復成功を喝さいした。そして、高裁判決が地裁判決を取消し確定したにもかかわらず、その事実は、判決後1年を過ぎても伝えず沈黙している。まるで彼らの世界には、高裁判決による取消しも最高裁の上告棄却も存在しなかったかのようである。つまり「虚偽DV」論者は、地裁・高裁判決が妻を「DV被害者であった」と認めても、地裁判決が「虚偽DV」を否定しても、高裁判決と最高裁決定が妻の支援措置申請を適格と認めても、妻のDVの訴えは「虚偽DV」だと主張するのである。「虚偽DV」論こそ、根も葉もない虚構だと言わなければならない。

そして、以上のように少しばかり立ち止まって吟味すれば「虚偽DV」論のいかさまぶりはわかるにもかかわらず、「虚偽DV」論が、政治家やメディア、一部の裁判関係者にも抵抗なく受け入れられるのはなぜだろう。それは、彼ら受け手にとって、男性の卑劣な暴力支配の事実より、女性の被害の訴えが嘘という、ジェンダー差別を支えるファンタジーが好ましいからである。「虚偽DV」論は、例えば性暴力被害を訴えた被害者に対する苛烈な二次的集中攻撃と同様、「（男に歯向かう）女は嘘つきだ」というジェンダーバイアスと女性蔑視・男性支配を支える価値観に歓迎され、支持されて広がっている。「虚偽DV」論は、卑劣な暴力による男性の女性支配を覆い隠すための、虚構の蓋なのである。

4 不分離は子どもの権利条約が謳う権利か
——国連・子どもの権利委員会から日本への勧告について

鈴木隆文　弁護士

1　国連子どもの権利委員会の第4回・第5回政府報告書審査について

　日本は、国連子どもの権利条約を含め、大半の中核的な国連人権条約を批准している（ただし日本はこれらの条約に関連する個人通報制度にはいずれも批准等していない）。中核的な国連人権条約では、締約国による条約の国内での実施状況について国連の独立専門家の委員会（子どもの権利条約については子どもの権利委員会）に対して定期的に報告し（子どもの権利条約の場合は5年ごと）、その委員会が実施状況を審査して締約国への勧告を発表し、各締約国での条約のさらなる実施を支援する仕組みが設けられている。

　日本からは、2017年に定期報告書が提出され、会期前作業部会、事前質問事項を経て、2019年1月に国連子どもの権利委員会での審議が実施され、このやりとりに基づいて同年2月に数多くの勧告事項を含む「総括所見」が公表された。

2　第4回・第5回政府報告書審査の総括所見27段落について

　その総括所見の27段落に、家庭環境に関する勧告として、下記の記載が含まれている。

　27．委員会は、締約国が、以下の目的で、充分な人的資源、技術的資源及び財源に裏づけられたあらゆる必要な措置をとるよう勧告する。

　（a）　家族への支援について（略）

　（b）　子どもの最善の利益に合致する場合には（外国籍の親も含めて）子どもの共同監護（shared custody）を許容する（allow）よう、離婚後の親子関係について定めた法律を見直すこと、並びに、子どもが非同

居親との人的関係及び直接の接触を維持する子どもの権利が定期的に行使できることを確保すること。

（c）　養育費等について（略）

（d）　ハーグ条約について（略）

3　総括所見についての説明

　総括所見を、どのように解釈して、実現していくかについては、単なる文言を形式的に当てはめるのではなく、実施の対象となっている条約全体、さらには関連する国際人権条約との整合性を踏まえるべきことは当然であるが、本稿では、今回の総括所見の文言、国連子どもの権利条約との間の整合性、他の国際人権条約との整合性（第3章2）の順に説明する。

（1）　今回の総括所見の文言について

①　27段落冒頭部分について

　まず、この段落の冒頭で、充分な人的資源、技術的資源及び財源に裏づけられたあらゆる必要な措置をとるよう推奨している。日本では、家庭支援について社会資源が圧倒的に不足しており、自己責任・弱肉強食・不公正の放置がまかり通っている[1]。家族支援のためのインフラ整備が不充分であり、DVや虐待対策も子どもの貧困対策も脆弱であり、家庭裁判所・家族司法の分野では児童福祉の専門家が不足している。特に慎重な配慮が必要であり、かつ、熾烈な争いになりがちな児童虐待及びDV事案について時間をかけて丁寧に関与できる専門家[2]が圧倒的に不足している。日本では面会交流事案の増加に対して、この10年ほどの間、専門人員を増やすのではなく、子ど

---

1)　例えば、各国の家族関係社会支出の対GDP比の比較では、日本は、1.31％（2015（平成27）年度）となっている。国民負担率などの違いもあり、単純に比較はできないが、フランス（2.92％）やスウェーデン（3.64％）などの欧州諸国と比べて低水準となっており、現金給付、現物給付を通じた家族政策全体の財政的な規模が小さいことが指摘されている（国立社会保障・人口問題研究所による社会保障費用統計2015年度）。

2)　後述の第3章2注9）Jeffries, Samanthaの論文では、従来の専門家の専門知識についても、継続的な支配的暴力の視点を持ち合わせているのかと、疑問を投げかけている。

もの最善の利益を犠牲にして、「面会交流原則的実施論」という「判断」構造の導入によってこれを解決しようとしてきた傾向が見受けられる[3]。そのため、子どもの最善の利益について充分な吟味・調査がされることなく、時に発言力の強い方の当事者の欲望に根負けし、時に当事者の事情を踏まえず一般論・原則論により、先に結論ありきの調整が進められて、「合意」形成や裁判所の判断がなされる。また、その後の履行段階においても専門家の関与が貧弱なまま、子どもの最善の利益から離れたそのような法的文書が独り歩きし、ひとたび法的文書が作成された後は子どもの最善の利益に沿った充分な支援を得る機会が乏しいまま、時に離別後の虐待や暴力を招き、時に子どもの最善の利益に合致しない事態が起きている[4][5]。

② 27 段落(b)について

この(b)部分に限れば、前半は共同監護について、「子どもの最善の利益に合致する場合に」という限定付で、共同監護を許容できるよう、法律の見直しを推奨している。後半では、離婚後について「子ども」が非同居親との人間関係と直接接触を保つ子どもの権利の定期的な行使のための環境整備について触れており、この部分については総括所見上では明確な限定文言は記載されていないものの、子どもの権利条約9条3項を踏まえた勧告である以

---

3) 大阪高決 2009・1・16（家月 61 巻 11 号 70 頁）、東京高決 2015・6・12（判時 2266 号 54 頁）等が原則実施論の判断構造を示したものと評価されているが、その後、東京高決 2015・7・3（判タ 1393 号 233 頁）では、原則実施論に依拠しつつも、事案での子の福祉への有害性を具体的に吟味しており、東京高判 2017・1・29（判時 2325 号 78 頁）も継続性の原則を踏まえて原則実施論に歯止めをかけ、さらに東京高決 2017・8・4（判時 2365 号 76 頁）は原則実施論を明示せず、面会交流についての子どもの成長に資するという一般的性格と、別居の経緯や子どもと非監護親との関係等を個別の比較衡量をしている等の原則実施論の弊害を緩和・修正する動きも見られ始めている。

4) カナダの BC 州での新自由主義に基づく家族法改正において、政府の支援の欠如を指摘したものとして、下記参照。Rachel Treloar and & S B Boyd, "Family Law Reform in (Neoliberal) Context: British Columbia's New Family Law Act" (2014) 28:1 International J L Pol'y & Fam 77.

5) 第3章2でアメリカでの現状を示すが、日本でも、面会交流の実施中に監護親が非監護親に殺害され、又は、子どもが非監護親によって殺害される事件が報じられている。

上、子どもの最善の利益に反する場合は除外されることが前提となる。

(2)　総括所見の文言の前提条件

　この段落の前段の共同監護を許容する法制と、後段の子どもとの定期的接触の確保とは、子どもの負担も、実現するために必要となる親同士の間の関係も異なってくるため、共同監護については子どもの最善の利益に合致する場合に限定している。総括所見は前段ではどのような法制にすべしとは言及しておらず、締約国の現状やインフラによって決まると思われる。この点、上記総括所見後に刊行された書籍において、岩志和一郎教授[6]は、条約批准が直ちに離婚後の共同親権や共同監護を導入する義務と結びつくものではなく、現在の日本の法律状態（民法 766 条 1 項は離婚後の養育への共同の関与を完全には排除していない）と条約との間には決定的な齟齬はないと説くことは傾聴に値する。

　なお、ここでの共同監護（shared custody）の内容については、この勧告の中では具体的に言及されていないが、物理的な共同監護を指していることが多い[7]。この点、日本では、親権や監護権という言葉が用いられているが、親の義務や権利については、世界的にも、歴史的にも、さまざまであるが、大局的に見ると制度や解釈は、子に対する支配権としての親権（父権）から、親の責任や義務へと変化しつつある。

4　不分離は子どもの権利条約が謳う権利か

　では、勧告の後段が前提とする面会交流についての 9 条 3 項には何が記載されているのか。

(1)　国連・子どもの権利条約の 9 条の条文は以下のとおりである。

　　1　締約国は、子どもがその親たちの意思に反してその親たちから分

---

6)　岩志和一郎「親の離婚と児童の権利条約」若林昌子他編著『家事事件リカレント講座 離婚と子の監護紛争の実務』（日本加除出版、2019 年）に収録。

7)　そのほかに、子どもについての重要事項の法的な決定を共同にする法的な共同監護もある。

離されないことを確保する。ただし、権限のある当局が司法の審査に従うことを条件として適用のある法律及び手続に従いその分離が子どもの最善の利益のために必要であると決定する場合は、この限りでない。このような決定は、親たちが子どもを虐待し若しくは放置する場合又は親たちが別居しており子どもの居住地を決定しなければならない場合のような特定の場合において必要となることがある。

　　2　すべての関係当事者は、1の規定に基づくいかなる手続においても、その手続に参加しかつ自己の意見を述べる機会を有する。

　　3　締約国は、子どもの最善の利益に反する場合を除くほか、親たちの一方又は双方から分離されている子どもが定期的に親たちのいずれとも人的な関係及び直接の接触を維持する権利を尊重する。

　　4　3の分離が、締約国がとった親たちの一方若しくは双方又は子どもの抑留、拘禁、追放、退去強制、死亡（その者が当該締約国により身体を拘束されている間に何らかの理由により生じた死亡を含む。）等のいずれかの措置に基づく場合には、当該締約国は、要請に応じ、親たち、子ども又は適当な場合には家族の他の構成員に対し、家族のうち不在となっている者の所在に関する重要な情報を提供する。ただし、その情報の提供が子どもの福祉を害する場合は、この限りでない。締約国は、更に、その要請の提出自体が関係者に悪影響を及ぼさないことを確保する。

（2）　条約9条の前半の1項・2項と後半の3項の適用場面は異なる。

　条約では9条という一つの条文ではあるが、前半の1項・2項と後半の3項・4項では、どのような場面を想定するかが異なっている。

　9条1項、2項は、国家等による強制的分離、身柄拘束場面を中心に、第三者が強制的に子どもを親から分離させる状況についての規定である。親たちのもとから国家等が子どもを強制的に分離する場面での親からの分離禁止原則を定めて、その例外的な分離場面の厳格な手続保障を規定している。子どもが今生存している場所を、国等が安全基地ではないと判断して分離する場合について、子どもの安全基地となっているはずの親らの意思が子どもの利益を代表しているとして親らの意思に反して分離されないことと、分離す

る場合には厳格な適正手続を設けた規定であると考えられる。

　これに対して、3項は、1項・2項のような場面を含むものの、幅広く分離が生じてしまった状況全体についての内容であり、子どもの安全基地である主たる監護親との関係は継続している中で、親同士の事情によって、これまで同居していた親が非監護親となった分離の場合も含み、富裕国の議論ではそのような両親の離別の場合を想定することが多い。そのため、1項が締約国が分離されないことを確保するという表現となっているのに対して、3項は、不分離を定めた規定ではなく、離別等によって分離が生じた場合について、締約国は、子どもが関係と接触を維持する権利を尊重するという表現となっている。誰の権利かという点については、3項では、子どもの権利として明確に記載されており、また1項とは異なり、親らの意思等が判断の基準として挙げられていない。子どもの権利であり、子ども以外の者の権利に対応した義務ではない。子どもの成長にとって有益だから認められる権利である。もちろん面会等が成長に有益なこともあるが、誰と面会するか、どのように面会するかによっては有害な場合もある。そもそもこの3項は、1項、2項とは全く異質の場面を想定したものであり、当初の原案には存在していなかったが、オーストラリアの提案によって追加された条項であり、1項、2項が想定するこれまでの安全基地を完全に失ってしまう場合に対して、3項は両親の離別場面、つまり非監護親とは分離する場面も含めて、つまり監護親と子どもとの親子の関係性は程度の差はあるにしても、子どもにとって安全基地である状態が形成されている場合にはその安全基地としての機能を損ねないように留意しつつ、非監護親との接触を検討する場面である。現実には離別により関係が良好でないこともしばしばであるうえ、その中でDVによる悪影響が残っている場合が多々存在する。子どもの最善の利益に反する場合には子どもが面会するのは相当であるとは位置づけず、子どもの最善の利益に反しない場合には、子どもが非監護親と関係と接触を維持する権利があることを前提に、締約国はこれを尊重すると規定されている。

(3)　3項は原則・例外の判断構造を示すものではない。

　なお、3項は「除くほか（except if）」との表現を用いているが、この部

分は、原則・例外の構造を示したものではなく、これを手続規定や推定規定と読み替えてよいなどとはどこにも規定されていない。当然のことであるが、子どもの最善の利益に反するにもかかわらず、監護親が非監護親と子どもとの面会等が子どもの利益に反することを証明できない[8]からといって、または、子どもの最善の利益に反するかどうか吟味するだけの人的、時間的資源が不足しているからといって、子どもの最善の利益に反する扱いを許容する手抜きを正当化するものではない。

5　子どもの権利条約と子どもの最善の利益

(1)　子どもの権利条約における子どもの最善の利益

これまで、子どもの最善の利益という概念を当然の前提として説明したが、子どもの権利条約全体を貫く重要な指導理念として、その「子どもの最善の利益」がある。

子どもの権利条約3条には、「子どもにかかわるすべての活動において、その活動が公的もしくは私的な社会福祉機関、裁判所、行政機関または立法機関によってなされたかどうかにかかわらず、子どもの最善の利益が第一次的に考慮される。」（子どもの権利条約3条1項）と記載されている。

子どもの最善の利益については、この3条に説明があるほか、9条、18条、20条、21条、37条にも登場する。子どもの最善の利益については、主張する論者によってさまざまに使用されてきたものであり、相いれない主張をする際に、どちら側も子どもの最善の利益についてのそれぞれの説明をして理由づけることもしばしばある。子どもの権利委員会は、その一般的意見14においてさまざまな局面の子どもの最善の利益について指針を示している。9条3項も、子どもの最善の利益の点から判断されるものである。

---

8)　家庭内の出来事についてすべて証拠を保管していることはまれである上、DV被害が続く中、根気よくDVについて証明するエネルギーを喪失していることも多い。推定によって、DV被害者や子ども虐待を主張する監護親が、面会等の具体的危険を証明できない限り、面会が命じられることになってしまう。

（2）　子どもの権利委員会一般的意見 14

　国連の各条約機関は、各締約国の条約の実施状況の審査、（日本はいずれの条約に関しても批准していないが）個人通報事例についての審議等の活動のほか、やや一般的な文言になりがちである条約についての解釈等を補足する一般的意見という文書を作成している。

　2013 年に公表された一般的意見 14[9]「自己の最善の利益を第一次的に考慮される子どもの権利（3 条 1 項）」において、46 段落では最善の利益の判断にあたり、(a)第一に、「当該事案の特定の事実関係において、何が最善の利益評価に関連する要素であるかを見出し、その具体的内容を明らかにし、かつ、各要素が他の要素との関係でどの程度の重みを有するかについて判断する。(b)第二に、その際には法的保障およびこの権利の適切な適用を確保する手続にしたがう。」と記載している。47 段落では「『最善の利益』評価は、特定の子ども個人または特定の子ども集団について、特定の状況において決定を行なうために必要なあらゆる要素を評価し、かつ比較衡量することから構成される。」と記載している。49 段落では「何が子どもの最善の利益に則った対応であるかの判定は、その子どもを他に比べるもののない存在としている特有の事情の評価から開始されるべきである」と、丁寧な利益衡量を省略して安易な推定をすることにむしろ否定的な立場をとっている。

　また、子どもの最善の利益の判断要素として、子どもの利益、アイデンティティ、家庭環境の保全・関係の維持（9 条の家族の一体性の保全も含む）、子どものケア・保護・安全、脆弱な状況、健康への権利、教育への権利があげられており、その中で安全については、73 段落において「子どもの最善の利益の評価には、子どもの安全、すなわち、あらゆる形態の身体的または精神的暴力、侵害または虐待（19 条）、セクシュアルハラスメント、仲間からの圧力、いじめ、品位を傷つける取扱い等からの保護、ならびに、性的搾

---

9)　本章及び第 3 章 2 で引用した一般的意見及びイスタンブール条約の翻訳は、平野裕二の作成・翻訳にかかる子どもの権利・国際情報サイト―アットウィキ　https://w.atwiki.jp/childrights/sp/　をもとにした。

取、経済的搾取その他の搾取、薬物、労働、武力紛争等からの保護（32〜39条）に対する子どもの権利も含まれなければならない。」と子どもの最善の利益の解釈について触れている。

子どもの観点から親との関係を考える際、子どもが親を必要としているのは自らが安全に生きるためであることが大きな比重を占めていることから、監護や面会の基準となる子どもの最善の利益の解釈・判断において、安全であること、安全な環境を確実に保証することが最優先されるべきである。他方で、物理的な共同監護を含めて、親の欲求に基づく過剰な接触については、子どもの最善の利益にとって有益な場合にのみ認められるべきであり、けっして原則論となるものではない。

6　暫定的なまとめ

以上より、今回の総括所見と子どもの権利条約9条3項は、子どもの最善の利益に合致する場合に離婚後の養育への共同の関与を許容するよう法的枠組みの見直しを求め、面会交流について条約9条3項のより確実な実施を求めているが、そもそも、その前提としてインフラの整備を求めている。かかるインフラや環境が整わない中、子どもへの接触の法的枠組みだけを先行して強化することは、結局、子どもたちや監護親の負担や犠牲を増やすことになり、拙速との批判を免れないだろう。

子どもに対する直接的な暴力や虐待があった場合はもちろんのこと、DVが存在する場合には、子どもの権利条約19条を優先し、重視して子どもの最善の利益を判断すべきであり[10]、また、面会等が子どもの最善の利益に合致しているかどうかについては、推定されたり、デフォルト設定されたりすることを正当化するものではない。むしろ子どもの最善の利益の判断には数多くの要素を踏まえなければならない。

第3章2では、子どもの権利条約の解釈の背景や関連する人権条約の観点から、この勧告や条文の読み方について検討したい。

---

10)　子どもの権利条約一般的意見13の21段落eも、DVの目撃は、子どもに対する精神的暴力の一類型として明示している。

5 「ハーグ条約に基づく子の返還」と「子の監護裁判」は関係する?

吉田容子 弁護士

1 これって本当?

このような主張を聞いたことがないだろうか。「日本も締結したハーグ条約では、親の一方が他方の同意を得ずに国境を越えて子どもを移動させることは違法であり、子どもを元の家に戻さなければいけない、とされている。だから、日本国内でも、親の一方が他方の同意を得ずに子どもを移動させることは違法で、子どもを元の家に戻さなければならない。」

ここでいう「ハーグ条約」とは、「国際的な子の奪取についての民事面に関する条約」のことである[1](以下「本条約」という)。名前だけは有名になったこの条約の締結を理由とするこの主張は、しかし、本当だろうか?

以下に、本条約の目的と内容を確認のうえ、上記主張の誤りを指摘する。

2 本条約の目的

(1) 常居住地国での裁判管轄権の確保

本条約の目的は、子の監護をめぐる法的紛争についての国際裁判管轄を子の常居所地国に認めることにある。

本条約が起草されたのは 1970 年代後半である。当時、世界的に人の移動や国際結婚が増加し、一方親による子の移動や監護権をめぐる法的紛争が多発し、この紛争をどこの国の裁判所が扱うべきかという国際裁判管轄の問題

---

1) 「ハーグ国際司法会議(HCCH)」は 30 以上の国際私法条約を作成したが、その一つ。

を解決する必要があるとの認識が指摘されるようになった（当事者が自分の都合の良い国の法律による裁判を漁ることを認めてはいけない、複数の国の裁判所が矛盾する判断を示す事態はさけねばならないとの認識）²⁾。

　そこで、国際私法（国際民事訴訟法を含む）³⁾に関する規則の漸進的統一を目的とする政府間国際機関である「ハーグ国際司法会議（HCCH）」⁴⁾が検討し、その結果、子どもの監護に関する紛争の解決に必要な子の従前の生活環境や双方親の監護の実情などについての証拠を収集しやすいのは一般に子がそれまで住んでいた地であること、適用法もなるべく子に関連する地の法律が好ましいこと等の理由から、子の常居所地国の裁判所に管轄を認めることとし、その目的を担保するため子を常居所地国に返還することとしたのである。

　しばしば誤解されるが、本条約が定める子の迅速な返還は（その問題点は後述）、条約の目的ではなく、子の監護に関する法的紛争の実体審理を子の常居所地国で行うという目的を担保するための手段にすぎない⁵⁾⁶⁾。実体審理に入らず、特別な例外にあたる場合以外は原則的かつ迅速に返還するとしたのも、そのためである。

---

2)　外務省も「……一方の親による子の連れ去りや監護権をめぐる国際裁判管轄の問題を解決する必要性があるとの認識が指摘されるようになり……国際私法の統一を目的とする「ハーグ国際司法会議（HCCH）」は、この問題について検討することを決定し、1980年10月25日に「国際的な子の奪取の民事上の側面に関する条約（ハーグ条約）」を作成し……」としている。https://www.mofa.go.jp/mofaj/fp/hr_ha/page22_000843.html
3)　国際的な法律問題のうち特に私人や企業が主体となる家族関係及び取引関係などの私法問題を取扱う法分野について、いずれの国（地域）の法律を適用するのか（準拠法）、いずれの国（地域）の司法制度を利用するのか（国際裁判管轄）等を定める法分野。
4)　外務省　https://www.mofa-irc.go.jp/link/kikan_hcch.html
5)　外務省も「……子の監護をすべきかの判断は子の元の居住国で行われるべきであること等の考慮から、まずは原則として子を元の居住国へ返還することを義務付け……子がそれまで生活を送っていた国の司法の場で、子の生活環境の関連情報や両親双方の主張を十分に考慮した上で、子の監護についての判断を行うのが望ましいと考えられているからです」と説明する。
6)　手段だからといって問題がないわけではない。むしろ深刻な問題がある（後述）。

(2)　子の監護に関する裁判は管轄についての裁判ではない

　これに対し、国内での子の監護に関する裁判（子の監護者指定や子の引渡し）は、本条約の返還審理とはその目的も手続もまったく異なる。

　国内での子の監護に関する裁判は、実体審理を行い、終局的な判断を示す（管轄についての判断ではない）。

　子の監護とは、子が独立した個人としての社会性を身に付けるために、子を肉体的に監督・保護し（監護）また、精神的発達を図るための配慮である[7]。監護親が、子どもと対話しながらそのニーズを汲みとり、その重要性や緊急性を勘案しながら、適時適切に時間やエネルギーを配分して対応していくという、日々の連続した地味な営みである。これこそ親の責任であり「親権」の中核である。

　家庭裁判所も、監護に関する事件（親権者の指定や変更を含む）が申し立てられれば、まず「監護者」として相応しいのはどちらかを検討する。その際、①出生から別居時までの主たる監護者・監護の実績、監護の継続性、②子の年齢、子の意思、父母との情緒的な結びつき、③監護態勢、監護能力（経済力、居住条件・居住環境、心身の健康・性格、養育能力、監護補助者など）などを考慮するが、最も重視するのは①であり、子の成長するにつれて②も重視する。親の一方による虐待や面前 DV があればもちろんそれも考慮する。これらはすべて「子の最善の利益」を守るためである。

　一方、前述のとおり、本条約の目的は「常居所地国での裁判管轄権の確保」であって、「子の最善の利益の確保」ではない[8]。

　このように、本条約による子の返還命令と、国内の子の監護に関する事件の判断とは、その目的も手続もまったく異なるものであって、混同してはならない[9]。

---

7)　内田貴「民法Ⅳ　補訂版　親族・相続」（東京大学出版会、2004 年）210 頁以下参照。

8)　横山潤「国際的な子の奪取に関するハーグ条約」一橋大学研究年報　法学研究 34 巻（2010 年）5 頁は、「留意すべきは、条約の想定している"子の利益"は、個別・具体的事案における子の利益とは必ずしも一致しない、という点である」としている。

3 本条約の内容

（1）　本条約は、子の監護をめぐる法的紛争にかかる国際裁判管轄を子の常居所地国に認め、それを担保するために、締約国に子の原則返還を義務付けている。すなわち、一方の親（TP）が、他方の監護権を持つ親（LBP）の同意なしに、16歳未満（満15歳まで）の子を連れて国境を越えた場合に、LBPから返還の申立てがあれば、原則として、締約国は子を常居所地国に迅速に返還しなければならない。

　〈子A（16歳未満）が両親BCとともに甲国に居住していたが、BがAを連れて乙国に移動し、その際、Cの同意がなかった〉という事例で考えてみる（甲乙はいずれも本条約の締約国とする）。

　Cが甲国の中央当局（本条約を所管する政府機関）にAの返還を求める申立てをすると、その申立ては乙国（Aの所在地国）に送られる。乙国の中央当局はABを探し出し、Aを甲国に返還するよう、Bに促す。

　任意の返還がなされない場合に、Cの申立てがあれば、乙国の裁判所はBに対しAを甲国（Cではない）に返還するよう命じる（申立てから決定まで原則6週間以内）。

　返還命令の発令要件は、①Aが「常居所地国」（甲国）から他国に移動したこと、②その移動がCの「監護権」[10]を侵害したこと、の2点である。移動する前のAの監護状況、移動の理由、移動後のAの監護状況、BCの監護者としての適格性など、通常、子の監護に関する判断に不可欠とされる事情は、一切考慮されない（考慮してはいけない）。つまり、Cに虐待やDVがありAを監護させるのが不適当な場合であっても、乙国の裁判所はBに対し、Aを甲国に返還するよう命じる（Cのもとに渡せない場合は、Aを

---

9)　国内の子の監護に関する事件でも本案とは別に保全があるではないかという意見があるかもしれない。しかし、子の引渡しの保全事件は、あくまでも本案の保全である。他方が不同意だから取りあえず子を返還するというような制度は日本にはないし、そのような制度は「子の最善の利益」を無視するものである。

10)　条約にいう「監護権」の範囲はかなり広く、Cが子どもを日常的に養育している必要はなく、居所指定権の要素を含めばこれに該当する（3条）。

里親や養護施設等に預ける）。

　Ａが甲国（Ｃではない）に返還された後、ＢとＣは甲国の裁判所で、子の監護に関する審理を行う。そこでは、裁判所は、移動前のＡの監護状況、移動の理由、移動後のＡの監護状況、ＢＣの監護者としての適格性など、通常、子の監護に関する判断に不可欠とされる事情をすべて考慮し、子の最善の利益の観点から、ＢＣのいずれが監護者として適格であるかを判断する。

(2)　もっとも、以下の事由に該当する場合には、乙国の裁判所は、例外的に、子の返還を命じないことができる（返還を命じなくても条約違反にならないというだけで、返還を命じてもよい）。

　　①　「連れ去り」から１年以上経過し、子が新たな環境に適応していること（12条）

　　②　返還することによって子が心身に害悪を受け、又は他の耐え難い状態におかれることとなる重大な危険があること（13条１項b）

　　③　子が返還されることを拒み、かつ、その意見を考慮に入れることが適当である年齢及び成熟度に達していると認められること（13条２項）

　　④　返還要請を受けた国における人権及び基本的自由の保護に関する基本原則により認められない場合であること（20条）

しかし、返還の審理は「迅速性」が重視され、原則として書証・物証による証明しか受け付けない。これらの返還例外事由の存在は、被申立人が証明しなければならないが、DVや虐待の多くは密室で発生するうえ、証拠を確保せずに避難せざるを得なかったケースは多く、証明が困難な場合が多い。そうなれば、原則どおり子の返還が命じられる。

　しかも、これらの事由は限定列挙であり、かつ極めて制限的に解釈されている。そのため、子の異議や虐待、DVが証明された場合でも、実際には多くが返還されている。例えば、②について、返還が子を主監護親から引き離すことになる場合であっても「重大な危険」とは認定されないし、子自身への虐待の証拠がある場合でも「重大な危険」とは認められにくい（父による性的虐待を一応認めるべき証拠があり父の監護には戻せないが、もとの国へ

の返還そのものに重大な危険はないとして返還を命じた事例など)。また、母に対するDVはそもそも返還例外事由に含まれていないし、DVの目撃による子のダメージも、PTSD発症の確証があるなど極めて例外的場合以外は「重大な危険」とは認定されない[11]。③の子どもの異議も、ほとんど考慮されない（返還が母との別離になると考えた8歳・9歳の子の異議は母の影響によるから同項に該当しないとした事例など）。人権保護に関する④も、考慮の外である。

4　本条約の締結国

日本政府は2014年3月に本条約を締結した[12]。2019年10月現在、欧米諸国を中心に101国が本条約を締結している。

もっとも、子どもの権利条約の締約国・地域196（2019年8月現在）の中には本条約を締結していない国・地域が相当ある。また、日本に締結を強力に迫った米国はいまだに子どもの権利条約を締結していない。本条約が国際裁判管轄に関する条約であって、子の最善の利益を守る条約ではないことが、ここからもわかる。

5　「1」の主張の誤り

(1)　国内での子連れ別居について、そもそも本条約は無関係である

本条約は、一方の親が16歳未満の子を連れて国境を越えた場合を問題にしている。本条約の締結にあわせて制定された「国際的な子の奪取の民事上の側面に関する条約の実施に関する法律」（以下「実施法」という）も、「子をその常居所を有する国から離脱させることを目的として当該子を当該国か

---

11)　多くの場合、DV被害者である母親は返還される子に付き添うことになるが、米国司法省委託調査（2010年）は、子の返還後にDVや虐待が再開・継続する場合が多いことを報告している。

12)　本条約の締結は、数年来、主要な外交課題の一つであって、米国・フランス・イギリスなど欧米主要国から日本政府に強い圧力がかけられていた。本条約にはDV被害や虐待を受けた女性や子の権利保護が後退する重大な懸念があり、日本政府もこの懸念を否定しなかったが、結局は「政治判断」が優先された。

ら出国させること」や「子が常居所を有する国からの当該子の出国の後において、当該子の当該国への渡航が妨げられていること」を問題にしている（2条3号、4号）。

　日本国内で生じた子連れ別居事案は、国境を越えていないし、未成年の子の監護の問題だから、そもそも本条約とは無関係である。

（2）　本条約による返還先は「残された親」ではない

　本条約は、所定の要件があれば原則として子を「常居所地国」に返還するとしているが、それは「残された親」への返還ではない。国際裁判管轄の確保が目的だから、「常居所地国」に返還することさえ決めれば十分で、常居所地国内のどこに戻すかは問題にならないからである。実際、虐待事案やDV事案では必要に応じて里親や養護施設等に子を預けることが行われる。

（3）　本条約や実施法が適用されることはないとしても、本条約の趣旨は国内手続に反映されるべきだとの主張[13]も、誤りである。

　①　「当事者が自分の都合の良い国の法律による裁判を漁ることを認めてはいけないし、複数の国の裁判所が矛盾する判断を示す事態もさけねばならない」について

　日本では、子の監護に関する事件の土地管轄は法律で決まっており（審判の場合は子の住所地を管轄する裁判所、調停の場合は相手方の住所地を管轄する裁判所[14]）。当事者が自分の都合の良い地域の裁判所を選択することは、制度上、できない。また、その裁判所が適用する実体法（民法）も民法という同一の法律であり、当事者が「自分の都合の良い地域の法律」を選択する余地はない。

---

13)　子をめぐり多発している法的紛争として、両親の別居や離婚の際の親権者指定事件や監護者指定事件、子の引渡し請求事件がある。これらの事件の審理において、一方親の同意なく子どもを移動させた他方親の行為は、それだけで違法と判断されるべきで、子どもは直ちに一方親（残された親）に引き渡されるべきだ、と言いたいのであろう。

14)　他に合意管轄もある。家事事件手続法150条・245条。

② 「連れ去りをした者が有利になる自力救済を放置すべきでない」について

まず何よりも、子の監護は親の「有利」「不利」で論じられるべきではない。

そして、虐待やDVからの救済が得られない場合に子と自らの安全を確保するため主監護親が子を連れて移動することは、「正当行為」であって（主監護親の責任の履行でもある）、「違法な自力救済」ではない。そもそも、子を連れた移動が「違法な自力救済」なのか「正当行為」なのかは、事案の実情（移動の事情、子の監護状況、子連れ親の監護者としての適格性など）を慎重に吟味しないとわからないのであり、実情をみないで「違法な自力救済」と決めつけるのは間違いである[15]。

③ 「子の返還は原状回復にすぎないから子に不利益はない」について

子の成長とは安定した愛着（アタッチメント）の対象を得て人格的な成長を遂げていく過程であり、子が成長の拠り所とする愛着対象者と同居できる環境を保障することこそ、「子の最善の利益」に合致する。子を連れて家を出た親が子の愛着対象である場合、その親から引き離して返還することは子から愛着対象を奪うことになる。それによって子の生活環境・監護状態は大きく悪化するのだから、「原状回復」にはならない。

本来、子にとっての「常居所地」とは、子が成長の拠り所とする保護者（愛着の対象者）の常居所地であり、両親の別居に際しても、子がより大きく依存する親と生活する場所が子の常居所地と考えるべきであるが、本条約の迅速原則返還はそのような認識を欠いている。

④ 「子の移動の理由は虐待やDVだけではないし、仮に虐待やDVがあるなら移動前の場所で保護を受けるべきだ」について

虐待やDVの被害者保護の制度があっても、被害者がその地で実際に適切な保護と支援を受けて生活できるとは限らない。日本には20年近く前から児童虐待防止法やDV防止法があるが、虐待死を含めた悲惨な被害が続いている。確実に虐待やDVから逃れるためには、加害者から確実に離れる必要

---

[15] 実情もわからないのに「連れ去り」という強い非難を含意する言葉を使うのも間違いである。

があり、それによって安全と安心を取り戻した後はじめて安定した生活の再建が可能となる。被害者の安全と安心を犠牲にして避難前の土地に裁判管轄を限定するのは、被害親子の利益に反する。

　結局、本条約が締結されたからといって、日本国内で生じた子連れ別居事案について、残った親に子どもを引き渡せと要求する権利が認められたという事実はまったくないし、そのように解釈することもできない。

6　結語

　すべての子は人権の主体であり、子の最善の利益は一人ひとりの「その子」に帰属する。何が「その子」の最善の利益になるかは、「その子」の置かれた状況により、「その子」の視点で検討しなければならず、その結論は、さまざまに異なりうる。ところが、本条約の締結を奇貨として「国内であっても一方親の同意のない子連れ別居は違法である」と強硬に主張し、同じ流れで「離婚後共同親権」を強硬に主張する動きがある。そもそも「親権」の実質は「子の権利」「子の利益のための親の責任」であって「親の権利」ではなく、親は責任と義務を負う立場である。ところが、この基本的視点さえ置き去りの主張が氾濫している。正確かつ冷静な思考が、今こそ求められている。

　最後に、本条約は「LBPの同意なく子を移動させる行為」はLBP（残された親）の監護権（居所指定権を含む）を侵害すると考えている。しかし、両親の公平のために子の居所を双方の「共同決定」に委ねるべきだという考え方は、子の監護は、両親間の公平ではなく、「子の最善の利益」が判断基準であることを忘れている。また、「共同決定」は力関係で優位に立つ者が決められる制度であり、「子の最善の利益」を担保しない。しかも、ハーグ返還審理では、移動前・移動後の子の監護状況、移動の理由、両親の監護者としての適格性など、「子の最善の利益」判断のために必要な事情を一切考慮しない（前述）。加えて、子の「常居所国」の大半はLBPの出身国で、一般に裁判所や行政機関を含む社会は自国民に優しく（言語、文化、知識、支援者などあらゆる面で自国民と外国人に差があることは自明）、LBPの本国で監護裁判を行うと定めた本条約は、最初から監護裁判でもLBPの優位を約束した制度である。この条約の下で「子の最善の利益」は守られない。

第 2 章

◆

離婚後の「共同」推進の
かげで起きていること

―――誰のための「子どもの利益」？

当事者からみた監護紛争と裁判、裁判後の実態

◆

　子の最善の利益というものは、個別具体的な子どもごとにその内容を検討し決めていかなければならない。子どもの監護の決定は、子どもの状況、親の状況、子どもとそれぞれの親との関係等が一件ごとに異なるのであるから、「その子」の置かれた特定の状況にしたがって、個別の背景やニーズなどを個別に考慮して検討し決めなければならない[1]。多数の子どもがこうだからと多数グループを想定した内容を押し付けることは許されない。このことは、個別紛争を解決する裁判でも、裁判規範を定める法律の検討でも同じである。それゆえ、父母の離別時の子どもの監護において、子の最善の利益を議論するためには、従前の家庭裁判所の面会交流原則的実施の方針のもとで無理を生じている事案があることを知り、そうした事案の子どもにも最善の利益を保障できるような法政策を検討する必要がある。

　ところが、これまで、面会を強いられ苦しんだ子どもの体験や子どもに危ない面会をさせてしまった監護親の体験は、マス・メディア等で取り上げられにくく、世間ではほとんど知られていない。例えば、米国で最も有名な離婚後の子ども研究の一つを行った、J.ワラースタインは、25年間にわたり、多数の裁判離婚親子に5年ごとにインタビュー調査を重ねた末、2000年に出した最終報告報告 'The Unexpected Legacy of Divorce' 邦訳『それでも僕らは生きていく』（PHP、2001年）の中で、裁判所命令による面会ないし共

---

1)　国連子どもの権利委員会第62会期 CRC/C/GC14・一般的意見14号「自己の最善の利益を第一次的に考慮される子どもの権利（3条1項）」

同身上監護（邦訳では「共同物理監護」と訳されている）が大人の都合でスケジュールが決まり、いったん設定されたら子どもたちの都合や希望に合わせた調整が利かず、融通の利かない面会を強制された子どもがそれを強いる親と裁判所に怒りを向けるようになること、暴力があったり両親が対立している家庭では特に子どもに有害であること——すなわち子どもが面前DVから深刻な害を受ける、不調をきたす、子どもが双方の親を保護者として信頼しなくなるなど——を詳しく報告しているけれど、同人の調査研究でさえ、こうした部分はまともに取り上げられず、かえって調査結果は歪曲され面会実施を進める根拠に引用されている[2]。

　ここに紹介する当事者の体験や裁判例は、面会裁判全体を代表するわけではない。面会交流の必要性と効用を強調し原則的に面会を実施する法政策のもとで、子の最善の利益が尊重されなかったと感じた当事者や子どもの体験を紹介することにより、こうした声にも留意しながら、監護における「その子」の最善の利益を確保する議論を進めたい。もとより法制度を検討するには、現在及び検討中の制度のもとで、困った結果が出ていないか、それはどんな困りごとか、それを解決するにはどういう原則に基づいて解決するべきかについて、視野と想像力を広げて考える必要がある。読者の皆さんには、以下の手記等を読んでいただき、このあと、さまざまな分野で「子どもの利益」を守ろうと展開される議論を吟味していただきたい。

（長谷川京子）

---

2)　例えば、細矢郁＝新藤千絵＝野田裕子＝宮崎裕子「面会交流が争点となる調停事件の実情及び審理の在り方——民法766条の改正を踏まえて」家庭裁判月報64巻7号。

1　娘を守りたかった

トゥモロー

　私は離婚した夫（これからは彼と呼ばせてもらいます）からDVを受けていました。娘が3歳のときに、離婚しました。彼が娘との面会交流を要求したので応じたのですが、結果として娘を殺されてしまいました。娘はそのとき4歳でした。とても賢く、思いやりがあった娘が亡くなったことが、いまだに現実だと思えません。私の話を聞いてください。

　彼とは1年ほどつきあってから結婚し、3年ほどして娘を授かりました。彼には離婚歴があり、私は結婚後、知人から彼の離婚原因は借金と暴力だ、彼から「妻のせいで子どもと会えない」と聞きました。私はDVというのは殴ったり蹴ったりすることと思いこんでいました。なので、彼は前の妻を殴って離婚になっていたけれど、私は殴られていないから、DVはされていないと思っていました。

　結婚して半年くらいすると、彼の暴力が始まりました。大声で怒鳴る、罵倒する、ものを投げる、私へのあてつけのために借金をして家計を回らなくするなどです。そしてついに、身体に向けた暴力も始まりました。月に1～2回はキレるので、私はいつも怒らせないように、顔色をうかがい、びくびくして暮らしました。

　キレる理由は本当にばかばかしいことです。私の返事が遅い、気に食わないなど。私の横で、携帯で出会い系サイトの女性に、「好き」とか「2人の世界を作りたい」とか送っていたこともあります。私が、「何やってるの?」と聞くと、「暇つぶしや」「俺のことを信用してないんやな」「しょうもない

女や」と逆切れしました。

　競馬に出かけ負けて80万円も借金してきたこともあります。私の実家に
助けてもらうしかなかった。カードを取り上げたのに、知らない間に100万
円くらいまで借りられるモビットカードを作っていたこともあります。それ
を聞くと「ここまでせんかったら、お前がわからんからやろが！　頭悪い
な！」と怒り、大声で「何を考えとるんや！」「何したいねん！」などの罵
声、そして暴力が始まりました。娘が生まれてからも別居まで、こうした暴
力は続きました。

　身体的暴力は、娘が0歳の時から離婚まで毎年ありました。

　例えば、娘がまだ4か月のころ、彼は、大声で怒鳴りながら、ものが乗っ
たままの机を私にぶつけてきました。そしてじゅうたんを引きちぎり、室内
をめちゃくちゃにしました。私が逃げると車庫まで追いかけてきて、フェン
ダーミラーを殴りつけ壊しました。私は左の腕と手首に怪我し、私の傍にいた
娘も飛んできた物が当たって、おでこに怪我をしました。

　娘が1歳の時には、彼は、台所で煙草を吸っていて腹を立て、そこにあっ
た箸を、リビングにいた私に投げてきました。ダーツのような手つきで何本
も投げるので、娘が怯え泣きました。私が娘を抱き上げ宥めようとしたら、
彼はそれをめがけて箸を投げてきました。娘がいるのにとびっくりして「止
めて」と言っても、彼は「そんなん知るか！」と言いました。いつもこんな
調子で、実家に避難するしかありませんでした。実家からLINEに「これは
DVです」と私が送ると、彼は「何が言いたいん？？何がしたいん？？ DV
です」と逆切れした答えを返してきました。

　娘が2歳の時には、彼は怒鳴りながら、私と娘の目の前でクリスタルガラ
スの大きな灰皿を床に叩きつけて壊し、10kgもお米の入った米びつを蹴り
あげて部屋中にお米を散乱させました。私たちが立っている傍にあった食器
棚の前面ガラス戸も拳で叩き破りました。私と娘は、頭上から降る大量のガ
ラスの破片を浴びて、娘はパニックになって泣き叫びました。私は、夢中で
娘を抱き上げて守ろうとしましたが、2人とも足や手をガラスの破片で切り
ました。

娘が３歳の時、彼に出会い系サイトでの不倫を問いただすと「暇つぶしやないか、何が悪いねん」「疑いやがって！お前は何がしたいねん！」と怒鳴りました。自分の携帯電話を私と娘の目の前で叩き壊し、暴れたので、娘は「怖いよー」と泣きだしました。

　その年の秋には、彼から自分が祭りで神輿を担ぐから見に来いと言われました。交通規制があって遅れてしまい、見られなかったことに彼は「俺の顔をつぶしやがって！」と激怒しました。帰宅後に娘の前で私を正座させ、何時間も説教しました。途中、娘が「パパ、ママを苛めんといて」と訴えても、不安から泣き出してもお構いなしで、私が娘を慰めることも許しませんでした。そんなことが１週間、毎日続きました。

　祭りの後、彼は、サラ金のカードを「隠しただろ」と言って私を責めてきました。私は、娘が触ってなくしてはいけないから引出しへ入れたと説明したのですが、カードを隠した、俺をコントロールしたいのかなどと被害妄想してしつこく責めてきました。

　そんなことが続いていたある祝日、私が娘と寝ていると、彼が夜中の２時にたたき起こしてきました。そして一方的に罵倒すると、「これに署名しろ！」と離婚届の用紙を出してきました。私はびっくりしました。それまで私は、彼のひどい暴力から娘を守らなければならないと考えて、暴力の後もう何回も離婚して欲しいと求めていたけど、そのたびに彼は、反省したから、もうしないからと弁解するだけで、離婚してくれませんでした。この時は不意のことではありましたが、すでに彼の性格とDVに嫌気がさしていたので、私は、その場で署名しました。それを、彼は自分で役場に出しに行き、離婚が成立しました。

　ところが、彼は、離婚届をだすと急に未練がましく付きまとってきました。そしてLINEで「ゴメンやった」「後悔している」とか「話そう」とか「２人で決めよう」とかしつこく復縁を求めてきました。私が応じないでいると、次は「３人で焼肉食べよう」とか「会おう」とか、娘をだしにして、娘との面会交流を求めてきました。

彼は、同居中暴力を振るって気が済むと、「好きやー」と言ってきて相手になるよう求めるような人でした。最初は下手に出ても、思いどおりにならなければだんだん今度はそれで腹を立て、また攻撃してくる人でもありました。このまま放っていたら、恨んで何をしてくるかわからない、実家に押し掛けてくるかもしれないと怖くなりました。彼は私が実家に帰っていることを知っているし、実家には両親と小さな娘しかいなかったからです。それで私は市役所と警察署に相談に行き、市役所では DV 相談を受けました。警察署では、110 番通報登録家から警察官の付き添ってもらったり、実家周辺のパトロールなどをしてもらいました。

　彼は再三娘との面会交流を求めてきました。彼は、「父親だから面会交流の権利がある」と言っていました。私が拒否すると逆恨みがエスカレートしてどうなるか、とても不安でした。それで友人に相談して、間に入ってもらって、面会交流をすることにしました。面会交流をすれば、彼をなだめることができるかもと思いました。
　友人に間に入ってもらった面会交流は、離婚してから 3 か月の間に、3 回しました。でも、彼はどんどん、「次はいつか、早く決めろ」「月 2 回はダメか」と要求をエスカレートさせ、「あいつ（＝私）が会わさへん、言うてるんやろ」などと友人にも詰め寄りました。これ以上友人に迷惑をかけられないと、面会交流は中断するしかありませんでした。

　面会交流を中断したあとの養育費等の調停で、彼は自分がしてきた DV を否定し、養育費も払わないと主張しました。また私の弁護士さんに何度も直接電話してきて、「娘に会いたい」とか「離婚するつもりはなかった」とか不満をぶつけてきました。結局彼は、面会交流の調停を申し立ててきました。
　こういう事情なので、養育費の調停期日で、面会交流のことも話し合うことになりました。調停委員は「娘さん、おもちゃ買ってもらって喜んでるなら大丈夫ね」といいました。私は、彼が娘には直接手をあげなかったこと、私にはひどい夫でも娘にはたった一人の父親には違いないこと、娘には私抜きで可愛がってもらって楽しい時間を過ごさせてやりたいこと、拒否してい

ると彼は私を逆恨みして押し掛けてくるようになるかもしれないことなどいろいろ考えました。それで、養育費の問題が決着したら再開してもいい、と言いました。

　私は、娘の受渡しの際に彼と接触することは怖いので彼の兄嫁に仲介して欲しいと主張しました。それなのに、調停委員は、面会交流の連絡用に、私のメールアドレスか LINE の ID を、教えるようにと繰り返し言ってきました。彼が付きまとってくるから、携帯電話もわざわざ変えて、メルアドも LINE も変えたのに、「じゃあ面会交流のことだけなら」と教えざるを得ませんでした。結局、この日養育費の調停が成立したその部屋で、私の弁護士さんと彼とが面会交流を約束しました。それで、彼が申し立てていた面会交流調停は、取り下げられました。

　娘が殺されたのは、裁判所で合意したあと、初めての面会交流の日でした。面会交流の 2、3 日前に、彼から酔っ払ってラリったような LINE がきました。知り合った頃、彼は前の離婚のことで精神安定剤を多用していたので、今度もそういう薬におぼれているのではないかと不安になりました。でもいったん決めた面会交流を変更することも難しく、私は自分の不安に蓋をして、当日、娘を面会交流に送り出しました。その日、娘は殺されてしまいました。
　事件後にわかったことですが、彼は勤務先に退職するといって、有給休暇を消化したあと、自暴自棄に陥っていたようでした。彼は、腹いせのために暴力をふるい、離婚後はつきまとい、娘の面会交流を要求し続けました。裁判所では、自分の暴力について嘘を言い、養育費も支払わずにです。自分から離婚を強要したのに私を逆恨みし、最後は幼い娘の命を奪いました。私は極力彼のキレている場面を娘に見せたくないと実家に逃げたり、無理にお出かけしたりしていました。離婚も娘の事を想うと離婚して良かった、これからはやっと安心して落ち着いて娘を育てられる、とホッとし前向きに考えていたところでした。私は娘を守りたかっただけなのに。娘を一番に考えて今まで行動してきたのに。ただただ悔しく悲しいです。

　第三者の立会いがあればよかったとは、いまは思えません。彼は、私が第

三者へ相談するといつも猛烈に怒っていました。「火に油注ぐことになるのが分からんか！」と。第三者が立ち会えば面会だけは無事にできたとしても、逆恨みがひどくなり、私か娘が殺されることになったかもしれません。結局、彼のコロコロ変わる気分やわがままに、私と娘がふりまわされていないと気が済まなかったように思います。

　娘は殺される前の面会でおもちゃをいっぱい買ってもらったので、彼と会うのをとても楽しみにしていました。私は、娘を喜ばせたい気持ちもあって、面会を認めました。私には暴力をふるっても、娘にはしないと思ったのです。でも振り返れば、娘の安全をもっと考えるべきでした。彼の近況、精神状態をしっかりと知って、はっきり安全だと判断できるまで面会をさせてはならなかった。いまは、そう考えています。

2　私は面会交流調停で、調停委員や裁判官からどのように説得されたか

A·R

1　はじめに

　私が経験した2回の面会交流調停。1回目は夫のDVから逃れるため、2人の子どもと実家に避難している時に、夫が申し立てた調停。そして2回目は、面会交流中にDVを受けて私が取消しを求めた調停。面会交流調停が裁判所でどのように進められているのか。あまり表に出ない、裁判所の信じられない実態を知っていただきたい。そして、"本当の"子の利益について考えていただければと思います。これ以上傷つく子どもが増えないために。

2　夫のDVに悩んだ婚姻生活

　婚姻期間中、夫から就寝中に突然体を拘束され、首を絞められる、妊娠中に腹を拳で思いきり殴られるなど、度重なるDVを受けてきました。作ったばかりの夕飯を皿ごとゴミ箱に投げ捨てたり、「ぶっ殺されてーのか！」と大声で罵倒したりと、子どもの目の前でも容赦なく行われてきました。離婚を考えたこともありましたが、夫が暴力をふるうのは私のみで、子どもに対して手をあげたことはなかったため、子どもが片親になってはかわいそうと思い、約5年間我慢して過ごしてきました。

　夫は、自分の思いどおりにならないと気が済まなく、私が子どもと自分の実家に向おうとすると、夫は私たちを追いかけてきて、高速の車が行き交うバイパス道で私の車を無理やり停車させ、車から子どもを強奪し、実家に帰らせないようにするなど、夫の行動はどんどんエスカレートしていきました。子どもにまで危険が及ぶようになったため、これ以上の婚姻生活は難しいと

考え、私は、子どもを連れて逃げるように実家に帰りました。すると夫は、私の留守を狙って実家に押しかけて、私の家族に馬乗りになって殴り怪我を負わせ、子どもを無理やり連れ帰ろうとしたところ、警察官によって止められました。

　しばらく実家に身を寄せている時に、夫は面会交流調停を申し立てました。同時に離婚調停も並行して行うこととなりました。

3　初めての面会交流調停

　これ以上の関係は身の危険があり難しい。そして何より、今までの数々のDV行為を、夫は私の虚偽発言だと言い、全く反省していませんでした。加害の可能性は高く、接点を持ったらまた何をされるかわからない。安全な面会交流どころか、身の安全すら保障されないため、私は面会交流を断固拒否し続けてきました。

　しかし、調停委員は、「面会交流をした方が子どものためにいいんですよ。」と一点張りで、私たちのようなDV家庭でどうして面会交流が子どものためになるのかという説明は一切されませんでした。そして、当時の私の代理人弁護士も、今の裁判所は、面会交流を行うというスタンスだから、応じるしかないという考えでした。話し合いは平行線のまま数回調停を重ねると、担当する裁判官が調停に出席し、裁判官から直接、「裁判所として、面会交流調停は『面会する』という結果に決まっている。あなたがどうあがいても、結果が変わることはない。このまま和解できずに審判に移行したら裁判官が勝手に面会交流の条件を決めるので、条件の悪い内容でやらざるを得なくなります。それだったら、少しでもいい条件で和解した方がいいのではないですか」と半分脅しのようなお話がありました。

　つまり、面会交流の実施が最初から決定付けられていたのです。それでも私は、父親の危険性や安全に面会交流を行うことができないことを裁判官に訴えました。しかし裁判官は、「DVがあっても何があっても関係ない。面会交流はやった方がいいというのが裁判所の見解だ」と言い、私はそれ以上返す言葉がありませんでした。

　そして、子どもが嫌がっていた試行面会を半強制的に行いました。父親に

よる連れ去り、待ち伏せに加え、私に対する父親のDVを目撃してきた長女は、父親に恐怖心を抱いており、試行面会で父親を見るや震え上がり、泣き崩れました。長男は、父親の顔を覚えていません。1人で黙々とプレイルームの目新しいおもちゃで遊んでいました。そこに父親が加わりましたが、接点を持つことなく1人で遊んでいたため、調査官が「パパと一緒に遊んで」と長男に声をかけました。長男は指示どおり受け身のまま終了時刻まで過ごすと、その後の調停では、直接交流で問題ないと誘導されていきました。

　長女の直接交流は難しく、写真や動画を父親に渡す間接交流に、また長男は特に問題がないため直接交流にと、一方的に和解に向けた条件調整へと話が進んでいきました。

　そもそも、そんな単純な話ではない。DVが原因で夫との生活が難しくなり実家に避難し、離婚調停を行っている。試行面会は、裁判所内だから夫はおとなしくしている。猫をかぶっていることを訴えても、相手にされることはありませんでした。

　長女は間接交流をも嫌だと言っていました。しかし、それでは「父親が納得しないから」と調停委員より何度も聞かされ、長女の気持ちが汲み取られることはありませんでした。調停では、子どもの気持ちへの配慮はなく、父親が納得するかどうかに焦点が当てられました。面会交流をするという選択肢しかない中で、条件の悪い審判ではなく和解するためには、父親が納得する条件に応じるしかありませんでした。

　面会交流調停を経験して知ったことは、「面会交流の実施が初めから決定付けられている」ということ。そして、それは何があっても覆らないということです。裁判官の「絶対面会」という方針には逆らえず、調停で面会交流を認めて和解するか、厳しい条件を突き付けられる審判に移るか、どちらかしかないのです。

　夫のDVから逃れるために別居しているという状況は全く考慮されないのです。

　私は、最も譲れない条件として「母親同伴」を主張しました。せめて自分の目の届くところで面会交流を行う。危険を承知で、でもそれしか子どもを守る方法がなかったからです。

4 夫は面会交流を悪用

　面会交流が和解した後、平行して行われていた離婚調停は不調になり、離婚訴訟は継続して進められていました。すると、夫は面会交流を悪用して親権を主張してきました。決められた面会交流を夫は自分から行わず、しかし母親が面会交流に応じないと嘘をついて履行勧告し、面会交流に応じない母親は親権者不適だと主張してきました。面会交流を約束し待ち合わせ場所で待っていても、夫はドタキャンして、母親が面会に応じないと嘘をついて履行勧告の申出をしたり、面会交流の約束を交わす電話でも、「お前の考え方が悪いんだ！」「覚えてろよ！」と責めたてたりと、面会交流の和解によって、夫の嘘に振り回され、暴言に怯える毎日に逆戻りする生活となりました。

　決められた面会交流にまじめに取り組もうとしても、それを阻止しようとする夫。面会を求めた夫が、子どもと会えることより、自分の離婚訴訟が思いどおりに進むように自分の欲を優先させ、面会交流を悪用していること、そして何より、DVを何とも思っていない夫の人間性は何も変わっていないことから、これ以上の面会交流の継続は難しいと考えていました。

　しかし、親権が母親に決まりそうになると、夫は面会交流の継続を条件に入れなければ離婚しないと言い出しました。離婚と面会交流は別の問題だから、離婚訴訟の中で話はできないと言われてきました。しかし、離婚訴訟の裁判官からも、面会交流は行った方が子どものためだし、面会に応じない母親はそもそも親としての資質を疑われると責められました。

　面会交流が実施できていないのは、夫の悪巧みで、まじめに取り組んでいないのは夫でした。しかしそんな事情を確かめることもなく、離婚訴訟の際でも面会交流を実施しないという選択肢はなく、面会交流に応じるほかありませんでした。

5 面会交流中に再びDVを受けることに

　離婚訴訟で憎しみが増し、さらに関係が悪化した私たちに信頼関係は皆無でした。そんな中で事件は起きました。

　親権を取ることができなかった元夫は、腹いせで、面会交流の最中、子ど

もに対して「ママはバカだから、ママの言う事なんて聞くな。」「ママなんか無視しろ。」と、私の悪口を頻繁に言うようになりました。そして、個室に子どもを連れ込もうとし、それを止めようとすると突然子どもの目の前で、私に対し凶器（ハンガーポール）を振り回し、後ろから首を絞めるなどして、私は10日間の加療を要する頸椎捻挫、左肩甲部打撲傷、左大腿部打撲傷と診断される怪我を負いました。しまいには、「必ず子どもを連れ戻しに行くからな！」と言い放ちました。

暴行の一部始終を見ていた子どもは、私以上に震えショックを隠せませんでした。暴行のあった面会交流以降、子どもはひとりで小学校の登下校ができなくなり、友達の家に遊びに行くことすらできなくなりました。おねしょをするようにもなりました。いつ父親が襲ってくるかと怯えながら現在も生活しています。

6　面会交流の取消しを求めて

子どもが心から父親に怯えている。日常生活をまともに送ることができなくなっている。これ以上の面会交流の継続は難しいと思い、私は意を決して面会交流の取消しを求める調停を申し立てました。

DV家庭で、何の根拠もなく面会交流を勧めるのには無理がある。実際、面会交流中に元夫から暴行を受けて怪我をした。これが現実だということを裁判所に訴えたかった。原則実施論ではなく、面会交流を実施する上で全くの弊害がないか、安全は確保されているのか、個々の状況をしっかり把握して、面会交流の是非を審理してほしいと思い調停に臨みました。

しかし、調停初日の開口一番、調停委員の男性から強い口調で言われた一言で私は絶望しました。

「何があったか（起こったか）なんて関係ない！　子どもにとって面会交流した方がいいに決まっているんですよ！」

そして、「面会交流を実施しない母親なんて最低だ！」と罵られました。

それを、もう一人の女性調停委員と調査官は、反論することなく静かに聞いていました。

子どもは怯え、もう父親に会いたくないと言っている。

私も傷ついたし、子どもも父親の暴行を目の当たりにして非常に傷ついている。それなのに、過去の出来事には目も触れず、調停という話し合いの場で、話すら聞く前に、面会交流「絶対実施」を突き付けられ、私は話す意欲どころか生きることに絶望しました。

　「先生」と呼ばれる調停委員は続けて、「子どもに対して直接の暴力がないならば、特に問題にならない。」と話しました。ある意味、私に対する元夫の暴力を肯定しているようにも感じ取れ、また父親の暴行を目の前で見た、傷ついた子どもの心まで配慮が至っていないところに、調停委員の人間性を疑いました。

　調停は、調停委員が中立な立場で両者の意見を聞き、解決に向けての話し合いを進めているものだと理解していました。しかし、実際は大違いでした。最初から「面会交流絶対実施」という結論が決まっているということを、調停委員の発言が裏付けていました。

　なぜ、面会交流を実施した方がいいのか明確な理由などなく、面会交流をやった方が子どものためだと決めつけ、面会実施を推し進める。これが私の経験した面会交流調停の実態でした。

3　子どもの心を守ってほしい

　　　　　　　　　　　　　　T

　私は現在19歳で、つい最近まで、嫌なのに面会交流をしなければならないという境遇に置かれていた。その心境を述べたいと思う。

面会交流とその裁判の経過

　私が1歳の時に母は協議離婚した。離婚時の約束に入っていた面会交流を求めて、まもなく別居親が裁判を起こし、裁判で面会交流が決まり、6歳のころ別居親との面会交流が始まった。年に4回会わなければならないという決まりで、最初はどんな人かなというくらいの気持ちで行ったが、会ってみたら嫌な感じがした。その後は「嫌だ」という自分の気持ちを面接交流のたびに訴える日々が続いた。私の会いたくないという心に対して母が責められる光景、いつまでたっても届かない思い、そして回を重ねるごとにさらに「会いたくない」という気持ちが膨れ上がっていった。その後母は見直しを求めて裁判を起こしたが、その間も調査官の方が部屋に入って何度も別居親との面会を強要された。結局、裁判では見直しはされず、面会するということに変わりないままだった。それからも私が面会を拒否し続ける中、母には罰金を払えという裁判も出された。そして私が18歳になる少し前、子どもの声を必ず聞く決まりがあると聞き[1]、すぐに母に頼んで裁判を起こしてもらった。そこで、私は、これまでと同様何度も裁判所の調査官の方に「もう

---

1)　家事事件手続法152条は、面会交流を含む子の監護に関する審判をするには、15歳以上の子の陳述を聴かなければならないと定めている（編者注）。

一生会いたくない」ということを言った。その裁判の結果、やっと、私が会いたいという意思表示をするまで、会わなくてもよいということになった。こうして、面会交流裁判が始まってから約17年、私が訴え続けて12年、やっとこの長い闘いに区切りがついた。

面会交流の体験で私の心に刻まれたこと——押し付けへの怒り

面会交流をめぐる体験を通して、今私の心に残っていることは、他人に対する不信感と、子どもより大人優先、子どもの声を大人が平気で押しつぶすことへの怒りである。思い出すだけで不愉快な経験であり不愉快な過去でしかない。肝心の子どもが、強く拒否しているのに、面会交流を子どもに押し付けて、何の意味があるのか理解できないし、そんなことを子どもに押し付けようとする裁判には疑問しかない。

生まれてからの19年間で、私にも、ものごとへの考え方や感じ方が成長につれ変化することはあった。変化はするが、何かに対して、好き・嫌いと感じ、会いたい・会わないという考えは、もの心ついた時から自分の中にはあり、自分ではっきりわかっていた。自分の気持ちや考えをはっきりと感じてわかることに年齢は関係ない。それを表したときに、子どもがまだ幼いからと、大人が無視したり、反対の結果を押し付けるようなことは、あってはならないことであると思う。

「人に裏切られた」という思い

次に、他人に対する不信感のこと。家庭裁判所での経験でとても印象深い記憶がある。裁判所での面会交流では常に、最初の時間に調査官の方が私の話を聞き、私がはっきり嫌だと話すと「わかった」と何度も答えるのだが、まるで右耳から入った情報がすぐに左耳から抜けているかのように、次の瞬間には「じゃあ（あの人を）呼んで来るからね」という言葉が飛び出す。小学生の私が、これだけ真剣に自分の意志を伝えようと泣け叫び、どうやったら聞き入れてもらえるのだろうかと考え訴えかけていたのに。それにもかかわらず、私の思いは届かなかった。いったい何が「わかった」と調査官は答えていたのだろうか。あの当時のことを考えると、今でもつらい気持ちにな

る。ただ悲しいなどという単純な気持ちではなく、大人に裏切られたというより、人に裏切られたというような感じだ。

　またある時、私が裁判所の調査室で調査官の方といたときのことである。その部屋には真っ黒なガラス窓のようなものが壁にはられていた。何かの拍子に私はそこにあの人とその弁護士の姿が映って、隣の部屋から私の姿を観察していたことがわかった。何も知らされずにいて、隣室から見られていたことに気づいた時のショックは言葉では表しにくい。ぞっとする、怒りと恐怖がない交ぜになった感情が突き上げてきた。

　その他にも、味方のはずの弁護士に裏切られたと感じたこともある。私が6歳ころに面会を拒否した時のこと、母が頼んだ弁護士が母に私を面会させなければいけないと言い始めた。私には、その人が別居親とその弁護士と一緒になって、3対1で母を責めていると感じられた。その時の光景は今でも頭に焼き付いている。3人の、母に対する激しく長い叱り声を聞きながら、母の弁護士への不信と怒り、子どもの気持ちを考えない大人たちへの不信と怒りが、私の中で渦を巻いた。

　あるいは、失敗に終わった裁判の後、日々の生活はとても穏やかで楽しいのに、母から面会交流の日が知らされるたび嫌な記憶が蘇り、ネガティブな気持ちに襲われて落ち込んでしまい、日常が壊されるといった感覚を味わった。

大人優遇

　実は、隣室からの観察の話では、私も同じような経験をしたことがある。それは最後の裁判で、私が、別居親と調査官の方が話をしているところを観察するように言われた時である。私がそのように観察をする側に回されたのは、私の年齢が成人年齢に近づいてきたからではないかと思う。それまでの年月ではすべて大人であるあの人が優遇され、その意志が、私の意志より尊重されてきた。しかし、子どものことを決める裁判で最も重要視するべき子どもをないがしろにして、大人の意志ばかり尊重するというあり方は改めるべきだと強く思う。そもそも面会交流の裁判になる子どもの年齢層は、私の様な小学生が多いのではないだろうか。その様な年齢層は、いろんなことを経験して人格を形成していくときで、感受性も強い時期なのではないか。も

ちろん個人差はあるし、嫌がる子どもだけでないことも確かである。しかし、そんな多感な時期に私のように多くの大人に裏切られたと感じてしまうような経験をしたらそれはその人の考え方や性格に大きな負の影響を与えてしまう。そのようなマイナスの影響があるということをしっかりとわかってほしい。私は、自分のなかに他人を信用できない人間不信の部分があり、何に対してもネガティブに受け止めたり、疑り深い傾向があると感じている。

すべての子どもは同じではない

　裁判所はもっと子どもの素直な気持ちや感情表現に耳を傾けるべきだ。年齢に制限を設けるのではなく、一個人・立派な一人の人間としてその子どもの意見を聞いてほしい。嫌だと訴える相手に会えと押し付けても嫌の度合いが増すだけである。はっきり拒否の意思表示をする子どもに面会を押しつけたら、それは意志を押しつぶされる嫌な記憶・トラウマにしかならない。面会交流がプラスに働く子どもがいるとしても、すべての子どもが同じではないのだ。だから、面会交流の是非をしっかりと見極め、悪い記憶を積み重ねないということが重要だと思う。

　私は18歳を過ぎてやっと面会中止の裁判がでたけれど、それでうれしいといった心境には全くならなかった。「やっと終わったのか」「解放される」「私の気持ちが通じるには時間がかかりすぎだ」、そんな気持ちしかなかった。もっと早く私の純粋な訴えに真摯に耳を傾け聞き入れてほしかった。もし、裁判所が面会交流をこれだけ引き延ばしていた理由が、面会を続けていればもしかすると、スムーズに面会交渉がいい方向へと進んでいくかもしれないからという理由なら考え直してほしい。そうではなく、その子どもが成長していく中で、会いたいという感情が芽生える可能性を信じてそっとしてあげてほしい。私と同じような思いをする子どもは増やしてはいけない。

　これらはあくまで私の体験である。しかし、少なからず私と同じような経験をしている子どもは家庭裁判所の周りにいる。そんな子どもたちの存在も頭において、面会交流のあり方について考えてほしい。何より子どもの心を守ってほしい。

4　面会裁判が子どもを壊す

長谷川京子

1　子どもの不利益は隠蔽される

　家庭裁判所は、面会交流の原則実施政策をとり、子どもの意思に反しても面会を命じ、強制している。その判断が子どもに及ぼす悲惨な実態はなかなか知られることがない。監護する親が見かねて面会裁判の変更を申し立てても、次の裁判所がやはり原則実施政策に立ち、面会裁判の不都合な結果を否認するため、事実として認定されないからである。そのなかで、名古屋高裁平成29年3月17日決定[1] は、子どもの明白な拒絶に反した面会裁判が、いかに子どもの利益を害するかをつぶさに認定した珍しい裁判例である。教条的な裁判によって子どもは壊される。そのリアリティを決定が認定した事実から見ていこう。

2　前件審判前に示された子どもの一貫した拒絶

　本件の子どもは、母が里帰り出産し、そのまま父母が別居離婚に進んだため、父と同居したことがない。裁判前の接触といえば、0歳の時、父が訪ねてきて、そばにいた母の頭等を叩いたり口論になったのを目撃した程度である。父は、子どもが5歳の時までに4回面会交流を申し立て、取下げ・却下・却下・調停をしない措置で終了したあと、子どもが6歳の時5回目の面会申立てをし、8歳の時に直接面会を命じる前件審判が出て確定した。

　子どもは、一貫して父を拒絶していた。0歳から始まった数回の試行面会

---

1)　判時2367号58頁掲載。

で、父を見ると泣き出す状況が回を追うごとに強まる様子が観察された。3〜4歳の時の試行面会では子どもが不安を示したのに父は笑顔を見せず、子どもが調査官に「会いたくない」「怖いから」と拒絶し、場所をかえた試行面会でも、子どもは父が近づくと明らかに避けた。6歳の時、子どもは調査官の会えるかという質問にその都度首を横に振り、父には嫌な思い出がある、母がダメというから会わないのではないなどと言明した。その後、母によれば試行面会の予定を知ってから落ち着かず当日には下痢と吐気があり、1回目の試行面会では母の退室を嫌がり離れず鼻血を出し、2回目には「（父に）きょうはぜったいあいません」と書いた紙を調査官に示して拒絶し説得に30分を要し、母によれば終了後チック症状が出、3回目には会いたくないと拒絶し、退室する母に抱きつき激しくぐずり、4回目には「行かないに決まっている」と裁判所に行くこと自体を拒絶した。審判での心情調査を前に、子ども（当時7歳）は、母によれば数年ぶりにおねしょをし、一時的に視力低下をきたし、調査官には、試行面会で父はゲームに圧勝して満足していたが自分は楽しくなかった、父と会うのは嫌だ、「嫌いだから嫌い。全部嫌い」などと訴えた。

3　面会実施の裁判と子どもへの悪影響

　これだけの拒絶にもかかわらず、前件審判は面会を命じ、抗告も棄却されて確定した。果たして面会はできず、父は間接強制を申し立て、裁判所は母に面会不履行ごとに12万円の間接強制金を支払うよう命じ、父の数次の申立てを受けてその金額を24万円、36万円、50万円と引き上げた。母は教員として働き給料を得ていたが、多額の間接強制金を支払えず、父から給与の差押えを受けたり親戚から借りるなどして、母子の経済生活はひっ迫し、聡明な子ども（当時8歳）はその事情を鋭く察知し、「嫌がったのは自分なんだ。母は関係ない。自分なんだ。」と叫んだり、「絶対にお金は払わせないから」と言って車の中に立てこもったり、間接強制のお金は自分が払うと言って布団の上にお金を並べ「足りない！足りない！」と取り乱し、混乱と不安定な様子を示した。

　こうした状況を打開すべく、母は、本件の面会禁止審判を申し立てた。そ

の調査官面接で、子ども（当時9歳）は、質問に答えなかったり、質問を遮って面会交流の話題に抵抗し、「うんち」と繰り返したりはいはいしたり床に寝転がるなど幼児的で退行した振る舞いを示したほか、調査官の「（父も）大事に思ってくれていると思うよ」という発言に対し「そんなことない」「絶対に違う」「ただの嫌がらせ」などと明確な拒絶を表明した。また、子どもの心理と発達に関する複数の専門家（P1・P2）からは、「本件の面会は子の福祉にはかなわない」「子の強い希望である『面会交流を止めて』という願いを実現することが子の利益のためには最優先されるべきである」、「このまま実施することは、子どもを追い詰め、家出や更に重い身体症状を生じさせ、健康な自己肯定感の形成を阻害する、父子関係を修復不可能な状態まで悪化させる」（P1）とか、「子どもが現時点で身体によるストレス反応を示し、同じことが繰り返されれば抑うつ反応、自傷行為、自殺などへ悪化する可能性があるので、現時点で面会の強要を止めるべきである」（P2）という専門意見が提出された。

　こうした事実を認めながら、本件の審判も、面会交流要領に微小な変更を加えた以外、前件審判どおりの直接面会を命じた。事件が抗告審に移った後到来した所定の面会日に、母が全力で子ども（当時10歳）を説得して面会に連れて行ったが、その途中で子どもは「頭痛い、気持ち悪い」と訴え泣き出し、降車せず抵抗し、子どもに声をかけることなく母を非難する父の前でしゃべらず、フードコートで行方不明になり、見つかり泣きながら連れ戻されても、再びトイレに逃げ込んで面会を拒否した。帰宅後は、父のことを「会ったこともない変な人だ」「気持ち悪い。腕をもみもみした。」などと言い、両手足の甲に湿疹ができ、寝付けず、うなされ、翌朝目覚めてから泣き、発熱し食欲なく、解熱しても湿疹のかゆみが続いた。これを診察したP2医師は「ストレス反応・退行状態」と診断し、拒否に反することが行われることで、自律神経を巻き込んだ反応、身体症状を起こし、それへの防御のため退行反応が起こっている。「自分を守ってもらえない体験を繰り返すことになっていて」、その影響が心配される、今は悪夢となり眠りを中断しているが、このまま繰り返すことは「社会に対する不信感を増大させて」いき、「より大きな反応を起こす危険が大きく、精神保健的には明らかに危険な状

況である。」との所見を述べ、抗告審に提出した。

4　面会実施の害に目をつぶる面会裁判は「子の利益」を守らない

　前述のとおり、ついに名古屋高裁決定は、遅くとも最後の面会交流において、その実施の心理学的、医学的弊害が明らかとなった、それが子の福祉に反することが明白になった、直接の面会交流をさせるべきでないことが明らかとなったとして、前件審判が命じた直接の面会交流を禁止した。子どもは10歳を過ぎてようやく苦痛な面会交流から解放された。

　面会交流の原則実施が強力に推進されるなかで、この決定は、実に勇気ある決断であったと思う。とはいえ、子どもが強く拒絶する面会を強制されることで大きなストレスを受け、身体反応など心理学的、医学的弊害を呈することは、7歳時の試行面会での鼻血やチック症状の出現に始まり、調査時におねしょや一時的視力低下があったという報告により、前件審判時からわかっていたことである。つまり、面会の弊害が現われていたのに、前件審判・高裁棄却決定・5回の間接強制決定・原審判と実に8つもの裁判所がそれを無視し、「子の利益」の名のもとに直接面会させる判断を重ねてきた。その理由には、空虚な面会効用論と、子どもが固く拒否して実現しなかった面会でも裁判所が命令すれば実施できる、それで良好な父子関係が形成されるという根拠なき楽観論、そして子どもが幸福な子ども時代を奪われ健康な発達を害される不利益への徹底的な過小評価が用いられた。これは、事件担当裁判官が、裁判所で採用する原則実施の方針に従うために、子どもが有害な面会交流の強要にどれだけ追い詰められていても、その害から目を逸らせた結果である。それで「子の利益」は守れない。子どもへの責任を果たし司法の信頼を回復するために、真摯な検証が必要だ。

1 米国の共同親権制度に翻弄される子どもたちの怒り
——「安心」は子どもの人権の土台

森田ゆり　エンパワメント・センター主宰

共同親権制度は、離婚後の両親の葛藤に子どもをさらし続ける

2018年9月25日、米国連邦下院議会提案 H.CON,RES.72「離婚後の子の監護及び面会交流の裁判所判定においては子どもの安全が第一優先事項である。州裁判所は家族内暴力が訴えられた場合の子どもの監護の裁定のあり方を改善する必要がある」との決議が出された[1]。

離婚後の面会交流などで子を元伴侶に殺された親たちのネットワーク、子どもの虐待や DV 被害者への支援団体、子どもの権利を守る団体等々、この決議のためにロビー活動を続けてきた多くの全米各地の団体と個人が、喜びの声をあげた日だった。

「子どもの安心・安全が他の何よりも優先されなければならない」という当たり前の裁定の前提が、非監護親の権利主張を優先することでないがしろにされてきた。その結果、この決議案の中にも記載されている「調査報告が明らかにしているように、子どもの監護権訴訟において DV、子ども虐待、子どもの性的虐待がしばしば不問にされている」「調査報告が明らかにしているように、暴力的な親が監護権を与えられたり、監視無しの面会交流を許

---

1)　H.Con.Res.72 Concurrent Resolution-Expressing the sense of Congress that child safety is the first priority of custody and visitation adjudications, and that State courts should improve adjudications of custody where family violence is alleged. 115th Congress (2017-2018).

されたりして、子どもを危険にさらしている」現状への改善案が具体的に提言されたのである[2]。

2017年1月に長崎県諫早市で2歳の息子を離婚後面会交流に連れて行った母親が父親に刺殺された。同年4月には兵庫県伊丹市で、離婚後面会交流中に父親が4歳の娘を殺害し自殺した。

そのニュースに接した時、日本でもこの問題が起きるようになったことに戦慄を覚えた。日本では数年前から家庭裁判所が、非監護親による面会交流の申立ての増加に対し、個々のケースにおける子どもの安全リスクの検証を優先せずに面会交流原則実施政策をとるようになった。アメリカでは、この問題ゆえに今まで多くの子どもたちが犠牲になってきた。上記の連邦下院議会の決議は、州裁判所で起きているこの問題に対して連邦議会が問題の深刻さを認定した結果だった。

米国で繰り返されてきた性的虐待とDVのバックラッシュ攻撃

子ども虐待と家族・知人間暴力に関する情報、とりわけフォレンジック治療や司法課題などに関する情報センターのLeadership Council on Child Abuse and Interpersonal Violenceによれば、アメリカでは結婚したカップルの約半数が離婚し、そのうちの10%が家庭裁判所の判定を求めて訴訟になっている。さらにそのうち、毎年5万8000人の子どもが離婚後共同親権制度のもとの裁判所命令によって、暴力的な加害親に監護権や面会交流権が出されていると推定されている。

筆者がカリフォルニア州社会福祉局の子ども虐待防止室トレーナーを勤めていた80年代からこの問題は少しずつ表面化し始め、90年代に子どもの性的虐待が広く社会問題化されると、主として裁判において、子どもの虚偽証言だ、あるいは子どもに嘘の証言をさせた冤罪だとの訴えの声が次第に大きくなり、まもなく子どもの証言を信じる親やセラピストに対するバックラッシュ攻撃が猛威をふるった[3]。

---

2) 前掲注1)参照。

その理論的支柱となったのが「false memory syndrome」（嘘の記憶症候群）[4]や「Parental Alienation Syndrome」（片親疎外症候群）など統計的エビデンスのない個人的見解に基づく説だった。性的虐待やDVの虚偽の訴えをされたと主張する親、教師、聖職者らのネットワークは、彼らの弁護を専門にする心理学者、精神科医、弁護士らをそろえて論陣をはるようになった。

　リチャード・ガードナー（1931～2003年）の考案した「Parental Alienation Syndrome」（片親疎外症候群, PAS）は、子どもへの性的虐待が発覚して離婚となり、共同監護権の争いの渦中にいたクライアントの依頼に答えて、精神科医のガードナーが提出した自費出版の論説だった。ガードナーは子ども虐待の通告義務制度に反対したばかりでなく、嘘の虐待の訴えをされた人をサポートするプログラムに連邦予算を確保することを主張していた。またペドファイル（子どもへの性暴力常習の病理）は、それを勧めるわけではないが誰にでもある人間のセクシュアリティの一つの可能性であるとも公言していた。彼の片親疎外症候群は、アメリカのみならず世界の多くの国々で離婚後共同監護権の裁判所の判定、日本では面会交流原則実施政策の根拠となってきた[5]。

　米国では、2008年から現在（2020年1月）まで、離婚または別居中に一方の親に殺された子どもは730人になる（Center for Judicial Excellenceの調査報告[6]）。その中には、元伴侶等による子ども虐待やDVなどから子どもの身を守りたいという監護親による訴えを、裁判所が退けたことで起きた悲劇もある。死には至らなかったが、加害親との面会あるいは同居を命じられたことで、心身を深く傷つけられ続ける子どもたちはどれほどいるのだろうか。

---

3)　Berliner, L & Conte J.R. 1993年 Sex abuse evaluations: Conceptual and empirical obstacles. Child Abuse and Neglect, 17, p.111-125.

4)　森田ゆり『子どもへの性的虐待』（岩波新書、2008年）の第6章で性的虐待へのバックラッシュの歴史的展開を論じている。

5)　Meir, J.S. 2009 Jan. Parental Alienation Syndrome and parental alienation: Research reviews. National online Resource Center on Violence Against Women.

6)　https://centerforjudicial excellence.org/（2020年1月確認）

被害者たちの証言

Center for Judicial Excellence（司法のエクセレンス・センター）は、カリフォルニア州で 2006 年から離婚後共同監護制度の機能不全ゆえに加害親の暴力の犠牲になり続ける子どもたちと、子どもを加害親から守ろうとする親たちのアドボケート組織として、家庭裁判所の機能改善のためのロビー活動を展開していることで知られている。全米レベルのマスコミで引用されている、先述の離婚後に殺された子どもの統計数値をアップデートし続けている。また、この団体は先述した米国連邦下院提案 H.CON,RES.72「州裁判所の出す判決が家族内暴力と子どもの安全を、他のどのような事柄よりも最優先にすることを求める」決議を可能にした指導的役割を果たしたことでも知られている。

2019 年の 10 月に、この Center for Judicial Excellence が企画した「家庭裁判所での DV と性的虐待被害の子どもサバイバーを守るために：トラウマ理解の対応へ」と題した全米レベルでの 3 日間の会議がカリフォルニアのサンタモニカで開催された。

家裁による監護権決定または面会交流命令のもとで、元夫や元恋人に子どもを殺された何人もの親たちが参加していた。男性の参加者も少なくなかった。10 代の子どもたちもいた。退職後の裁判官、心理学者、ジャーナリスト、ロビイスト、アドボケートなど約 150 人の人々が全米各地から参加していた。海外からの参加はイギリスでこの問題の調査報道を続けてきたジャーナリストと私の 2 人だった。

基調講演者のアナ・フェスティベスは当時南ロスアンゼルスの小学校の校長で、3 年前、唯一の息子「ピキ」（5 歳 2 か月）を裁判所命令の面会交流の際に元夫の手で殺された母である。元夫には DV 接近禁止令が裁判所から出されたことがある。しかし、ピキを元夫に面会させたらピキの身の安全は守れないとのアナの訴えを裁判所は退け、元夫の要求通り監視なしの面会交流実施を命令した。その日、元夫はディズニーランドでピキを 1 日遊ばせた後、車のなかでピキを絞殺し、山のなかに遺体を遺棄。ラスベガスから国外に逃亡する途中で逮捕された。アナから最も大切なものを永久に取り上げること

で、元妻を支配し続けようとする復讐心が動機だった。

　離婚前から元夫の悪口はピキには言わないと決めていたアナは、裁判所命令で元夫の面会交流に行かせなければならない時も「マミとダディは一緒に暮らせないけれど、どちらもあなたを愛しているのよ」と言い続けたという。しかしそのダディが首を締めてきた時、ピキは一体何を思っただろうか、アナはただ泣き崩れる。

　その後、アナは家庭裁判所とCPS（日本の児童相談所の役割を持つ行政機関）が、親の権利ではなく子どもの安全を第一に優先する機能改善を求めて、州と連邦レベルでの啓発ロビー活動を展開した。裁判所の判事やメディエイター（日本では調査官・調停委員に当たる）などにDVと子ども虐待の研修を義務付けることなどを含む州議会の決議「ピキの提言」を出させることにも成功した。アナはこれまでの功績で、「カリフォルニア2019年の女性」に選ばれた。

　会場の前方には、この問題で一方の親によって命を奪われた子どもたちの名前と年齢を刻んだアートオブジェが飾ってあった。アナと同じように裁判所命令の面会交流中に元夫によって娘を殺された、フィラデルフィア州から参加しているキャッシー・シャーロックによる子どもたちへの鎮魂の作品だ。彼女の元夫は、娘を殺した直後に自殺した。

　サンタモニカのビーチにある会場に海からの風が入ってくると一人ひとりの名を刻んだオブジェが触れ合い、風鈴のように微かな音を立て、さらに風に揺れて陽光を反射し輝いていた（写真参照）。

元夫のDVや虐待の事実を言うと不利

　母親側の弁護士の多くは、共同身上監護権、面会交流権で有利な判定を裁判所から得るためには、元夫のDVや虐待の事実は出さない方がいいと助言している。それは個別の見解ではなく、たくさんの判例に裏付けられた助言なのである。

　例えば、『Family Law Quarterly』60号に掲載されたアッカーマンらによる1997年の研究は、36州の家庭裁判所で離婚後監護権を判定する201人の心理学者たちへの調査で、離婚相手がDVをしていたことの訴えはほとんど

子どもたちへの鎮魂のアート：作品名は「# KaydensKorner」by Kathy Sherlock
撮影 Cheris Morrison

考慮しないことがわかった。その心理学者らの4分の3は、離婚相手のDV
を訴えることで「子どもを相手の親から疎外する行動のある親」には、単独
または共同監護権を与えるべきではないと裁判官に助言したと答えている。
このような統計調査報告は、80年代後半からたくさん発表されている（前
述のLeadership Council on Child Abuse and Interpersonal Violence のウェ
ブサイトを参照）。

　直近で報道された調査研究に、ジョージワシントン大学の臨床法学の教授
ジョアン・S・マイヤーによる、2005～2014年の4388件の全米各地での離
婚後監護権裁判ケースの分析がある。ワシントンポスト（2019年7月29
日）は、「驚くべき割合で、母親の訴えが退けられ、父親の主張を入れる監
護権判定が行われている調査結果」だと報告している。

　マイヤーの調査によると離婚後監護権の裁判で、父親による子ども虐待や
DVを報告した28%の母親が監護権を失っている。しかし父親が母親による
虐待を報告した場合父親が監護権を失うのは12%にとどまる。父親の虐待
やDVが裁判で証明された場合でも、父親の虐待を訴えた母親の13%は監

護権を失っている。が、母親による DV が証明された時に、監護権を失う父親は 4％にすぎない。母が元夫の子への性虐待を訴え、父が元妻の子への片親疎外行為を訴えている場合、性虐待の訴えを取り入れられたのは、51 ケースにつき 1 ケースのみである。

国家による大量の人権侵害行為

サンタモニカでのいくつもの興味深い講演やパネル企画のなかでもとりわけ参加者に深い感動をもたらしたのは、ティーンズ・パネルトークだった。

13 ～ 18 歳の少年少女たち 5 人が、共同監護権の争いの只中で日常生活も心もみくちゃにされながら育った苦悩のトラウマ体験を語り、司法への不信と怒りをぶつけた。

18 歳の女子 A は隣に立つ 13 歳の妹と一緒に語り始めた。「母は父が私たちを性的に虐待していたために離婚したのですが、裁判所は虐待の証拠はないとして、監護権を父に与え、私たちは 200 日間、母に会うことを禁じられました」「裁判所は、父からの性虐待があったと母が私たちに嘘を言わせているとの疑いから、私たちには PAS（片親疎外症候群）の症状の治療が必要だということで、2018 年 12 月に 4 日間の心理キャンプに行くことを命じました。それはとても嫌な経験でした。妹は自殺しようとしました。なぜ裁判所は私たちの言葉を信じてくれないのか。そして何一つ悪いことをしていない私たちにまるで拷問のようなひどいこと、母と会うことを禁じ、虐待をしてきた父親と住むことを命じたのです。一番下の妹は今も父と住んでいます」[7]

17 歳の少女 B は、父親による B への虐待を訴えて離婚した母が監護権を

---

7) 片親疎外症候群から子どもを回復させるとうたうプログラムは全米各地で実施されている。その最も広く実施されているものに「Family Bridge」がある。NBC テレビはこのプログラムが子どもにとって役に立つのか、あるいはさらなる被害を与えているのかをドキュメントしたニュースの中で、裁判所命令で参加を余儀なくされた 3 人の今は成人となった人たちへの取材を報じた。プログラムへの 3 人の怒りの声と共に、参加費用が 4 日間で 4000 ドルと高額であること、裁判所命令のため親はその費用の工面をしなければならないことなどを指摘した。

by Valkyrie Vanguard　撮影筆者

　失い、父と住むことを命じられ、父と同居する兄からのさまざまな暴力に苦しんだ「地獄のような日々」を語った。そのなかで発症した PTSD の苦しみに耐えるために、ただ絵を描き、詩を書くことで死なずに生き延びてきたことを、豊富な語彙でしっかりと、しかし時に体を震わせ涙を流しながら語った。彼女の絵と詩は会場の隅に展示してあった（写真参照）。

　「私はあそこにある鎮魂オブジェの１人だったかもしれないのです。どれだけ死にたかったか。でも私は生き延びた。国家による大量の人権侵害行為の被害者の１人として。私が８年間にわたって経験したことは子どもに対する国家的テロリズムです。隣にホロコーストの生存者が住んでいました。その人は、収容所に連行された時、近所の人は皆見て見ぬ振り、そっぽを向いたと言っていました。それと同じことを裁判所とのやり取りの年月のなかで私は経験してきた。兄と父の暴力から守ってほしいとの訴えを、母以外の誰も聞いてくれなかった。児童福祉司も、心理学者も、調停委員も、判事も耳を貸さなかった。そして母の訴えは嘘だと断罪され、私は虐待者の犠牲になるために同居を命じられ彼らのなかに投げ込まれた。これがアメリカ国家によるホロコーストでないとしたら何なのですか」。

　少女Ｂが読んだ詩は、黒一色の豊かな言葉の世界だった。そういえば彼女の服も黒一色だった。

「最後に一つだけ、これだけは言いたいということは何ですか」との司会者の質問に、5人のティーンズが口を揃えて言ったことは、子どもの声に耳を傾けてほしい、だった。

「子どもの声を聞いて、尊重してほしい。たとえ14才以下の子どもの主張でも」

「家族問題の専門家なら、小さな年齢の子どもの言葉を理解するスキルがあるんじゃないんですか」

「私たちの声に耳を貸す義務があります。裁判所のメディエイターも判事も『子どものために』ということで給料をもらっているんでしょう。詐欺をしないでください」

「父の虐待を恐れる私を、母の吹き込む嘘にまどわされているだけだと判断するなんて、どこまで子どもを馬鹿にしているのか」

「何が安心で、何が恐怖かを知っているのは子ども本人であって、メディエイターや心理士や児童福祉司や判事ではない。子どもの感情、考えを尊重してほしい」

17歳の少女Bは、昼食の時間に私にこう語った。「裁判所のメディエイターも判事も私が父親と兄からの虐待を訴えても、信じてくれない。母親に吹き込まれた嘘を言っているだけだと。PAS症候群なんて、私たちがまるで精神病であるかのような診断をして、リハビリ教育キャンプへ行くことを命じる。そこでは母に会うことが禁止される。不安や混乱に苦しむ。これが『子どもの最善の利益』なの？　これは司法による『子どもの人権侵害』。『新しいタイプの子ども虐待』です」[8]。

---

8)　Center for Judicial Excellence のホームページでは、望まない親との同居命令で傷ついた若者たちの証言、元裁判所判事による内部告発、元メディエイターの内部告発、元夫の性的虐待を主張したため PAS と判断され監護権を元夫に渡されたのちも、性的虐待を子どもが受け続けている症候を見ている母親の訴えなどのビデオを視聴することができる。このうちのいくつかに日本語訳サブタイトルをつけたものは筆者のエンパワメント・センターのウェブサイトに 2020 年 3 月以降アップされる。

日本の単独親権制度

　法務省は 2018 年 7 月に、離婚後の単独親権制度を共同親権制度に変えることの検討を始めると発表した。離婚後の親権者は、戦前は家制度のもと母には権利がなく、原則父に与えられた。戦後は男女平等原則のため、子どもとの愛着関係が長く強い方にということから、今日では 9 割で母親に渡されている。こうしたなか、親権を失った父親たちが子と面会交流する機会を制限されるのは「不平等だ」「子の利益に沿わない」とのロビー活動が活発になり、政府は離婚後共同親権制度導入を検討するというのである。「欧米並みに日本も男女平等の共同親権制度を」と一見もっともなキャッチフレーズが飛びかう。

　アメリカの共同親権制度が DV と虐待から子どもを守るどころか虐待者に子どもを差し出すような制度になってしまっている恐ろしい現実のほんの一部をここでお知らせした。

　3 日間の会議参加中に、法制度に詳しい人から、日本の単独親権制度は子どもとの愛着関係の度合いで親権者を決める子どもの利益に沿った合理的な制度だ。それを共同監護制度に変えるなんて馬鹿なことをさせてはいけない。との意見をもらった。

歴史的背景—女性と子どもの人権を求める社会運動

　トラウマ研究の第一人者であるジュディス・ハーマンはかつて「政治運動の支えなしに心的外傷の研究が推し進められたことはなかった」（『心的外傷と回復』みすず書房、1999 年）と述べた。それに倣うならば、政治運動の支えなしに性的虐待と DV 防止の研究と取り組みが推し進められたことはなかった。その政治運動とは、20 〜 21 世紀の女性と子どもの人権確立を求める社会的運動に他ならない。しかしそれが政治の力学の影響を受けるものであるゆえに、性的虐待と DV 問題は女性と子どもの権利が強くなると、それに不安を覚える既得権者たちによるバックラッシュに見舞われる。

　北米ではゆうに 130 年を超える子ども虐待防止の歴史の中でもそれは何度も起きた。80 年代の中頃から福祉行政及び司法が子どもの性的虐待に真剣

に取り組み始め、性的虐待の起訴件数が増えるとまもなく、被害児の言葉を信じるセラピスト、弁護士、人権アドボケートたちが攻撃の対象とされ「子どもの嘘の訴えを真に受けている」「子どもに嘘を言わせている」「冤罪だ」などの批判がおきるようになった。この動きの先頭にたった団体にVOCAL（子ども虐待防止法の犠牲者たち）がある。

80年代の後半、私は実際にこの団体の人々によって、講演会場の入り口にピケットを張られたことがあった。「家族の破壊者」「魔女狩り」などのプラカードを掲げて門の前を塞いで私たちの入場を阻んだ。そして90年代からは先に述べたように、「嘘の記憶症候群」運動が燎原の火のごとく全北米に広がり、筆者の友人のセラピストの中には廃業を余儀なくされた人もいた。

アメリカで単独監護親権制が共同監護親権制度に初めて変わったのは、1980年のカリフォルニア州で、それは父親の権利団体の活発なロビー活動の結果だった。その後全米各地に次々と広がった共同監護法の法制化の時代背景には、70年代の女性と子どもの人権を求める大きな運動の展開に対する揺り戻しもあった。

共同親権制度の父とも呼ばれるジェームス・クックは、自身の離婚裁判で子どもの監護権が元妻に与えられたことを不服とし、法改正に取り組みカリフォルニアの共同監護法の法案を起草した。その後も彼は父親運動のリーダーとして、他州、他国に共同監護親権制度を広げることに力を注いだ。

暴力を被害者の視点から分析する─その基盤は人権

性的虐待とDVが社会的に認知されるには、1960年代から高揚したフェミニズム運動の方法として広まったCR（コンシャスネス・レイジング＝意識向上）運動が不可欠だった。女性たちは社会変革をもたらす方法論をキリストやマルクスやマルクーゼに依拠するのではなく、自らの人生を自分の言葉で語り、それを他の女性たちと共有するCRの方法を活用した。そうして、自分の生き難さや苦悩が自分だけにおきているのではなく、他の多くの女性たちの抱えている問題でもあることに気がついた。自分が悪いから、自分の家族が異常だからと個人のみに原因があるのではなく、女性や子どもが発言の機会や決定権を奪われてきた社会の構造的な問題にあることに気がついた。

自分を語る無数のCRグループを世界中に広げるという運動の中から、それまで家父長制の闇の中に隠されていた性暴力やDVに光が当たり、名称がつけられ、社会問題としての地位を獲得するに至ったのである。

　こうした運動の中から、被害者の視点から問題を分析し解明するというスタンスが確立し、性暴力やDVに関する優れた先駆的研究や援助方法が次々と生まれていった。

　それらの先駆的研究の内、日本で最もよく知られているのは先述したジュディス・ハーマンの著作であろう。彼女が1998年に来日した時、東京講演の最後に、2枚のスライドを見せて話を終了した。スライドの一枚は、大通りいっぱいにたくさんの女性たちがデモ行進をしている。その先頭は、「NO MORE RAPE NO MORE VIOLENCE」と書いた横断幕を前にして横並びに腕を組みあうノーブラのラディカルフェミニストたち、尼僧たち、小学生の女の子たちだった。

　「こんなにも多様な女たちの連帯がこのプログラムを作りました」と彼女は言い、次のスライド「CAP（キャップ）プログラム」の研修テキストの写真を見せた。そのテキストには、Safe Strong Free（安心・自信・自由）という言葉が書いてあった。

　ハーマンが紹介したCAPプログラムのSafe Strong Free（安心・自信・自由）は日々の生活の中で心のレベルで理解する子どもの人権のことだ。3歳の子どもでも安心・自信・自由を身体ポーズを使って大きな声で叫んで、自分の内的強さの芯にする。それを使っていじめ、誘拐、性暴力を防ぐスキルを学ぶ[9]。

　1970年代の女性たちの手による性暴力とDV被害者援助の運動が生み出した暴力の分析と予防技法の凝縮がこのプログラムだった。

　人権を条文で理解するのではなく、心のレベルで理解するとそれは安心・自信・自由の三つになる。この三つは決して奪われてはならない生きる力。

---

9)　森田ゆり『エンパワメントと人権』（解放出版社、1998年）。「安心・自信・自由」は1995年以来日本各地で約110のグループが活動を続けているChild Assault Preventionプログラムの標語（1979年に米国オハイオ州のWomen Against Rapeが開発した）。

周りの大人から安心・自信・自由を尊重され大切にされることで輝きを増す生きる力。それを人権と呼ぶ。

（1）　暴力を受けると人は恐怖または強度の不安を感じる→**安心の権利が奪われる**

1970年代までセクシュアル・ハラスメントが人権侵害行為であるとは、世界のどこの国も認めなかった。それは2人の間の個別の確執、男女間では当たり前の出来事、些細なこととしてしか見なされてこなかった。その従来の反応はセクハラをする側の見解だった。しかし被害者たちはその出来事がもたらした恐怖や不安のために職場にいけなくなったこと、安心感がなくなりうつ病に陥ったことなどの深刻な被害を証言した。世界で最初にセクハラを人権侵害行為とみなす米連邦地方裁判所の判例が出たのは1976年だった。被害者の視点から人権が再検討された最初の裁判ケースだった。

子どもへの虐待が暴力で、人権侵害行為であることが認められたのも同じように70年代で、それまでは虐待はしつけの一つとされ、子どもの教育に必要であるとすらみなされていた。しかし被害者の視点すなわち子どもの視点に立ってみると、それはトラウマをもたらす恐怖であり、発達を大きく妨げる安心のはく奪であることが認識されるようになった。

また同じようにDVが暴力であり、人権侵害行為であることがアメリカで認められるようになったのも70年代だった。それまではDVは「夫婦の確執」「痴話げんか」にすぎず、「犬も食わぬ」と思われていた。被害者の声に真摯に耳を傾けたとき初めて、それは時には殺人に至る暴力で、被害者は恐怖とマインドコントロールで支配され無力感に陥り、逃げるという行動選択肢も失ってしまうことが明らかになった。

（2）　暴力を受けると人は無力化（パワレス）される→**自信の権利を奪われる**

力によって自分の心身が支配されてしまう体験は、自分の無力さを心の中に強烈に刻印する。そのトラウマは何をしてもどうせダメという無力感に発展する。問題は解決できるという信念は奪われ、自分への自信を失う。

（3）　暴力を受けると人は行動の選択肢を奪われる→**自由の権利を奪われる**

　路上で通り魔にあった人は、たとえその道が近道であったとしてもしばらくはその道を１人で歩けなくなる。近道を１人で歩くという行動の自由を奪われたのである。DV の被害者は、暴力の恐怖とマインドコントロールに晒され続けることで相手の支配に怯えながら生きるようになり、自分で考えることも行動を選ぶこともできなくなる。

　CAP プログラムをアメリカの小学校で実施した時、「自由ってなに？」と質問したら、１人のアフリカ系アメリカ人の４年生が「自由って奴隷でないこと」と答えた。妙に納得した。奴隷には選択肢がない。誰とどこにいつ住むか、何を食べるか、何を着るかも奴隷には選べない。自由とは自分で選べること。自己選択しながら生きていくことだ。日本で同じ質問を中学校でした時、よく返ってきた答えは、「自由って好き勝手なことができること」だった。人権意識とは「自分の心と体を大切にしたい」と思う心の有り様に他ならない。自分の「安心・自信・自由」を大切にしていきたいと思う心だ。そしてだから「あなたもあなたの安心・自信・自由を大切にしてね」と願う心だ。

　このとき子どもにとって何より大切なのは「安心」だ。安心が保障されて初めて自分への自信という自己肯定感が育まれる。安心が保障されて自信ができて初めて自分で選ぶという自由の行動化が可能になる。

家庭裁判所の方々へ

　面会交流を裁定する裁判所の調査官や判事は、子どもを偏見のない目で見ているだろうか。たとえ言語で表現することができない幼児や障害のある子どもも、安心や不安や恐れに対しては敏感な感情表現をしている。１歳にして安心と不安な対象を識別でき、２歳、３歳では自分の気持ちを言葉にすることができる。ただし、子どもの力を尊重し聞く姿勢をもつ大人の前でなければ子どもは本当の自分を出さない。

　この子は、どちらの親といるとき「安心・自信・自由」だろう。この子の安心は保障されているだろうか。安心を常に念頭において、子どもと、ダイ

アローグをしてほしい。

　一人ひとりの置かれている個別の状況を考慮して子どもの安心のニーズを図ろうと対応しているだろうか。一つひとつ異なるケースを過去の判例やテキストに当てはめて一律に解釈・判断してはいないだろうか。

　元伴侶のDVを訴える親を、瑣末な葛藤に対処できない愚かな親とみなしていないだろうか。たとえDVを振るっていても子どもには暴力を振るわなかったから安全と判断して面会交流命令を出していないだろうか。DV加害者の多くが元伴侶への復讐として子どもに危害を加えた事例を丁寧に検証しているだろうか。子どもが訴える非監護親の性的虐待は監護親に吹き込まれた嘘と決めつけてはいないだろか。

　離婚後も両方の親と面会を続けることが子どもの利益になるとの前提で、面会交流が原則実施されているが、その根拠はどこにあるのだろう。世界の専門諸学会ではその妥当性をすでに否定されている理論が、たとえ裁判所のスムーズな実務処理に都合が良いとしても、判定の根拠になっていないだろうか。

　裁判所が監護親の訴えを退けて、面会交流原則実施の結果、子どもが非監護親の暴力にさらされる事件が日本でも続発する前に、今こそ本格的な再検証が必要である。非監護親のDVや虐待を監護親が物的に証明することの困難さは裁判所側もよくわかっているはずだ。ならば子どもの安心・安全を最優先にするためには、子どもの安全が少しでも保障されないケースに関しては、疑いがあるうちは面会交流をすぐには実施しない判定を下す方がはるかに合理的ではないか。

　児童虐待の実務では疑いがあれば保護するのが原則である。子どもの安全を保証するために必要な原則だからだ。それをしなかったために虐待死が起きると、なぜ一時保護しなかったのか、なぜ一時保護を解除したのかと児童相談所は激しい批判の的になってきた。面会交流でも同じだ。暴力の可能性が少しでもある場合は、面会交流を少なくとも裁判所命令で実施しないことだ。親の権利要求を満たすためではなく、子どもの安全・安心を危険に晒さないために。

共同身上監護は元親同士の関係悪化を継続させる

　筆者がアメリカで子どもを育てながら 20 年暮らしたなかで、友人や近所の知人の離婚後共同監護の様子を見ていた生活者としての経験から言うと、虐待や DV がない離婚カップルの場合でも、共同身上監護制度とは、離婚夫婦の葛藤にいつまでも子どもを巻き込み続ける欠陥制度だと実感することが何度もあった。

　まずは離婚しても共同監護制度では子どもが二つの家を行き来できる距離に住むことが大前提になる。私の友人は日本での昇進のポストが与えられたが、離婚後共同監護ゆえに日本に戻るわけにいかず、キャリアをあきらめた。また離婚後はなるべく距離を置くことで離婚夫婦の感情的な葛藤もおさまっていくものだが、共同監護制度ではそういうわけにいかない。両者はいやでも子どもの受け渡しのために接触を続けなければならない。

　アメリカ在住時隣家の D さんは、私の息子と同年齢の息子が 3 歳の時に離婚。元夫に DV や虐待があったわけではないが、子どもの受け渡し、その他で頻繁に会い続けなければならないために葛藤は高まる一方だった。子どもにとっても、平日は母の家、週末は父の家と決められていて、週末私の息子と一緒にしたいアクティビティに参加することは一切できなかった。父は再婚し妻と 2 人の子どもがいて、その家族からの疎外感を強く感じていて、彼は父の家をホームと思えたことはなかったと回想する。5 歳の時、寂しさから父の家から母に電話し、電話口で家に帰りたいと泣いた。すると電話の向こうで父が「いつまで電話してるんだ。電話代がもったいないじゃないか」と怒鳴りつける声が聞こえ、母は泣いている息子を叱る元夫に怒りをぶつけてしまう。結局彼は、そんな風にして自分のことでいがみあいになってしまう父母の葛藤の只中にいる苦痛に耐えて 18 歳になるまで、父の家に通い続けなければならなかった。

　現在、37 歳。コンピュータグラフィックに、音楽活動にと多才でハンサムな彼には、いつも恋人がいるが、結婚して子どもを持つつもりはないと言う。毎週末に父の家で過ごしたことが自分と父との関係にとってよかったとは思わない。むしろ父に会わずに育ち大人になってから再会した方が、父と

大人同士のいい関係になれたのではないかとも言う。夏休みはたとえ母が母方の祖母と旅行へ行くことになっても父の家で過ごす取り決めになっているから行けない。部活を週末もやりたいのに、父の家からは遠すぎるため諦めるなどなど不都合が多すぎた。失うことが多すぎた子ども時代だったという。

　共同親権制度では、子どもと同居や面会の時間配分も、住む場所も合意できなければ裁判所の判断を仰ぐことになる。そのほかの重要事項決定権、すなわち進学する学校、子どもの習い事に始まって、医療、セラピーを受けること、テレビゲームを買うか買わないかに至るまで、合意できない場合は、裁判所に持ち込まれる。Dさんが息子に歯の矯正をさせたいと言った時、元夫がそんなことに使う金はないと拒否したために裁判になったと聞いた時には驚いた。

　裁判所にとっては実に膨大な数の案件である。裁判所側のコストも巨額だが、親の方も弁護士料の支払いに首が回らなくなる。

　離婚後共同親権制度を導入することは、裁判所に新たな膨大な業務を課すことになる。そのための人材、予算の準備が日本にあるのだろうか。それをおろそかにして、安易に共同親権制度という大変革を導入したら、それこそアメリカ以上の子どもの人権が守られない無責任司法になってしまうのではないか[10]。

▼参考文献

森田ゆり『ドメスティック・バイオレンス：愛が暴力に変わるとき』（小学館文庫改定新版、2020年）
同『体罰と戦争：人類の二つの不名誉な伝統』（かもがわ出版、2019年）
同『多様性ファシリテーション・ガイド：参加型学習の理論と実践』（解放出版社、2019年）
同『虐待・親にもケアを：生きる力を取り戻す』（築地書館、2018年）
同『子どもへの性的虐待』（岩波新書、2008年）
同『子どもと暴力：子どもたちと語るために』（岩波現代文庫、1999年）
同『エンパワメントと人権：こころの力のみなもとへ』（解放出版社、1998年）

10）　この問題を扱ったドキュメンタリー映画「What Doesn't Kill Me: Domestic Violence and the Battle for Custody」（Rachel Meyrick. 2017年）は被害者の視点からドメスティック・バイオレンスと離婚後共同監護権を考える。

2 子どもと親の心理支援の現場から見た「子どもの利益」
——臨床心理学の立場から

平井正三　御池心理療法センター

　私は、心理的な問題を抱えた子どもの相談を受け、プレイセラピーという形で援助する仕事をしている。その中で、最近は、別居や離婚した家族の子どもの相談を受けることが増えており、それらの相談者の多くが、面会交流の可否をめぐって別居親と係争中である。その場合、別居親が同居親に暴力を振るっていた過去があったり、子どもにも虐待していた過去があったりすることもよくあり、そうした背景の中で子どもが別居親と会うことを恐れていたり不安になっていたりすることがある。そのような場合に、私たち臨床心理士（心理療法士）が心理療法での子どもの様子を元にした意見書を作成することが求められることがある。あるいは、初めから私たちが子どもの心理状態を査定して意見書を作成することを求めて相談に来られることもある。

　こうした仕事の中で親御さんと話していて、このような立場の同居親だけでなく、別居親も司法関係者も是非知っていただければと思うことをここでは述べていきたい。

1　子どもの主体性と主観性を大切にすること——発達研究と心理学の知見

（1）　発達研究の革新——赤ちゃんの社会的能力の発見

　ここ4、50年ほどの間に乳幼児の発達に関する科学的知見は大きく変わった。それ以前は、大雑把に言って、子どもの発達は遺伝的に定められたコースをとるとみる立場か、逆に「教える」ことで少しずつ賢くなっていくかの

どちらかであるとみなされていた。いずれにせよ、乳幼児が独自の能力を持っているという視点は希薄であった。ところが、1980年代頃から、人間の赤ん坊はかなりの能力を持って生まれてくることがわかってきた。それらは、例えば、生まれつき人間と人間でないものを見分けることができ、人間の顔に特別の注意を払うことなどである[1]。これらの研究が示す、新生児の持つ能力は、養育者と関わるための能力であることは明白であった。つまり、人間の赤ん坊は生まれつき、人を探し求め人と関わり、人と関わることで喜びを感じるように遺伝的にプログラムされていることがわかってきた。次に発見されたのは、新生児が模倣をできることである。例えば、新生児の顔の前で舌を出して見せると新生児はそれを模倣する[2]。従来模倣は、さまざまな認知能力が発達して初めて可能になるとされ、生後8か月以降に生じると考えられていた。しかし、新生児が模倣できるということは、そのような認知発達の結果起こるのではなく、生まれつき人間の赤ん坊は模倣する能力が備わっていることを示唆している。

　以上のことからわかってきたのは、人間の赤ん坊は、人と関わり、他の人の振る舞いをよく見てそこから人間関係の中でどのように振る舞い考えていくのか理解していくように生まれついているということである。人の情緒発達をこのようにみていく視点は現代の発達研究で有力になっており、それは間主観性、相互主体性という言葉で語られている。

　例えば、母親が生後3か月の赤ん坊に「うー」と話しかけると赤ん坊は「んー」と答えてくるかもしれない。そうして母子の間で「うー」と「んー」のやりとりが続くことがみられ、これは会話の原型という意味で「原－会話」と呼ばれている。ここで注目したいのは、生後3か月の赤ん坊がすでに「交代」で声を出すという形で互いの主体性を重視することができるという事実である。実は、こうした相互主体性の感覚は、子どもが健全な社会性

---

1) Music,G. (2011):Nurturing Nature: Attachment and Children's Emotional, Sociocultural and Brain Development. Routledge. 鵜飼奈津子監訳『子どものこころの発達を支えるもの――アタッチメントと神経医学、精神分析の出会うところ』（誠信書房、2016年）第3章参照。

2) Meltzoff, A, N, の研究がよく知られている。詳細は前掲注1）の第3章参照。

を発達させていく上で決定的に重要であると考えられている。さらに、生後9か月では、赤ん坊は目の前のミニカーを見るが、その同じミニカーを隣に座っている母親も見ていることを意識していることがわかっている。発達心理学では、この事態を「共同注視」と呼び、言葉の発達に決定的に重要な局面とされている。例えば、赤ん坊が犬を指さしたとしよう。母親が赤ん坊が指したものを見て、「ワンワン」と言ったとしよう。共同注視ができる状態の赤ん坊は、母親が自分が指さしたものと同じものに注意を向け、それを「ワンワン」と呼んでいることに気づき、その後、指を指す代わりに、「ワンワン」と言い始めるかもしれない。こうして、子どもは言葉の世界に参入していくと考えられる。

このように、現代の発達心理学の知見は、人間の子どもは、新生児の段階から、自分の視点でものを見て、人を判別し、理解することが非常に単純ではあるができる。また、自分のやり方で物事を行うとともに、人と協働して物事を行うやり方も学んでいく。その際に、まず子どもが自分自身の物の見方ややり方をしっかりと持っていくことが大切であり、それには子どもの養育者が子どもの主体性と主観性を尊重することが決定的に重要であることがわかってきている。

(2)　子どもの記憶力と理解力の発見

子どもの主観性や主体性を大切にするとしても、子どもの記憶力はどうなのだろうか？　しばしば、幼い子どもについて、「小さいときのことは覚えていない」とか「小さい子にはまだわからない」とか言われる。しかし、最近の記憶についての研究では、人間の記憶には、言葉によって思い出せる宣言的記憶と、そうした言葉によって思い出すことは難しい、手続記憶とがあることがわかってきている。例えば、「3歳の誕生日の時にお母さんが作ってくれたケーキがとてもおいしかった」というのは宣言的記憶である。これに対して、手続記憶は、歩き方とか自転車の乗り方といった手続に関する記憶である。自転車を意識しなくても乗れるのはその乗り方を記憶しているからである。

このように記憶には二種類あるが、生後しばらくは手続記憶が優勢で、宣

言的記憶は生後2年から3年の間に次第に優勢になっていくことがわかっている。したがって、ほとんどの人は「小さいときの記憶」、すなわち宣言的記憶について尋ねられれば、2，3歳以降の記憶しか出てこない。それ以前は、手続記憶が優勢なのである。その手続記憶のうち、非常に重要になるのが、養育者とのやりとりの記憶である。例えば、母親に対して気に入らないことを言うと殴られるというやりとりを想定してみる。言語的理解が十分でない時期は、子どもはこのような出来事を言葉で把握することは不可能であり、代わりに、このようなやり取りを、歩き方や自転車の乗り方を記憶するのと同じように、「母親に対してこういうことを言うと殴られる」という一連の「動き」として記憶するのである。そしてそのようなやり取りが何度も繰り返されれば、それは、その後に子どもが人と関わる際のモデルとなりうるのである。つまり、母親以外の人と関わる際にも、同様な出来事が起こると予期し、人の気に入らないことを言わないような振る舞いをするようになるかもしれない。

　このように、2、3歳以前の子どもは何も覚えていないのではなく、手続記憶という形で、その後の対人関係の鋳型となるような記憶を持っていることが現代の心理学ではわかってきている。このような事実を踏まえれば、「小さいときのことは何も覚えていないから大丈夫」とはとても言えないことがわかる。むしろ、幼いときに面前DVや身体的虐待、心理的虐待を受けたことはのちのちまで手続記憶として子どもの心の奥底に残り、その子どもの人との関わり方を左右しがちであることが知られている。のちに述べる愛着対象との突然の別離も子どもの心に傷として長く刻まれてしまうかもしれない。さらに、子どもにとって傷つくような経験は、のちに述べていくトラウマとして心の発達に悪影響を及ぼし続けるかもしれないのである。

　それでは子どもの理解力の方はどうだろう？　子どもは養育者との関係を記憶として心に刻んでいくとしても、それについて考えたり理解したりする力は相当限られているのではないかと一般に考えられている。実際、心理学においても、例えば、発達心理学者のジャン・ピアジェが示したように、子どもは小学校高学年になるまで抽象的な思考は難しいとされている。それが意味するのは、小学校高学年になるまでは、多くの子どもは身近な家庭、学

校、地域社会を超えた世界の成り立ちについて明確な理解を持つことが難しいということである。すなわち、法律や裁判、調停、審判、親権などといった、目の前の現実を超えた抽象的な概念を正確に理解することは難しい。

　以上が、これまでの心理学の理解であった。ところが、最近、子どもの理解力にも、明示的な理解と直観的な理解があることが示されてきた。例えば、他者が自分とは異なる意図や視点があること（「心の理論」と言われている）を理解しているかどうかを尋ねる、よく知られた「アンとサリーの課題」[3] という心理学の実験がある。サリーがあるところ（Ａとする）に玉を隠しておくのだが、サリーがいないときにアンが別のところ（Ｂとする）にその玉を隠す。子どもは、「サリーが戻ってきたときにどちらの方を見るでしょうか？」と問われる。5歳未満の子どもの大半は、Ｂと答えてしまう。それゆえ、他者の視点を考えることができる、いわゆる「心の理論」が達成されるのは5歳ころからといわれている。しかし、例えば3歳の子どものこの実験での振る舞いを詳細に調べてみると、「サリーはどちらを見ますか」と尋ねると、確かにＢと答えるのであるが、そう答える前にＡの方を見る子どもがとても多かったことがわかってきたのである。これは、この年齢の子どもは表面上は課題に失敗し、「サリーの視点を理解していない」（すなわち「心の理論」を持っていない）と判断できるのであるが、直観的には理解しているかもしれないことが示唆されているのである[4]。

　このように、従来心理学でいわれてきた発達年齢に先んじて、子どもには暗黙の、直観的な理解の能力が相当あることが最近の心理学ではわかってきている。つまり、子どもは従来思われているよりも、経験したことを覚えているし、また表面上は理解していないようにみえることも実は直観的に理解している可能性が高いことがわかってきているのである。したがって、「まだ小さいから覚えていない」「まだ小さいからわかっていない」と安易に考

---

3) Baron-Cohen, S, Leslie, A. M., & Frith, U. (1985): Does the autistic child have a 'theory of mind'?, Cognition, 21, 37-46.

4) 以下の論文を参照。別府哲・野村香代「高機能自閉症児は健常児と異なる「心の理論」をもつのか」発達心理学研究16号（2005年）257-264頁。

えない方がいいと思われるのである。

　両親の別居や離婚は、両親の判断で行われるわけであり、しばしば子ども
の思いや考えはないがしろになりがちである。しかしここまでみてきたよう
に子どもは大人が思う以上に多くのことを理解し、また覚えている。それゆ
え、子どもの気持ちや考えをできるだけ大切にする態度が大人に求められる
のである。

2　子どもの愛着（アタッチメント）関係を大切にすること

(1)　愛着理論

　発達心理学では、もう一つ重要な知見がある。それは、1950年代に児童
精神科医のジョン・ボウルビーが提唱した愛着（アタッチメント）という考
えである。ボウルビーは、幼少期に母性的養育が欠如すると、情緒的な発達
はもとより、知的にも、そして身体的発達においても深刻な悪影響があるこ
とを示した。そうして、人は、生まれた時から、自分のことを守ってくれる
養育者と愛着関係を持つことが発達上必須であるとした。愛着対象は、子ど
もに安全感を与え、子どもはそうした安全感があることで、自分の周りの世
界を探索し学んでいける。こうした愛着対象の持つ役割をボウルビーは「安
全基地」と呼んでいる。

　子どもの愛着の性質を見ていくうえで重要なのは、愛着対象との別れと再
会の場面での子どもの振る舞いを見ていくことであるとされている。比較的
幼い子どもの場合、愛着対象と別れるときに子どもが嫌がったり不安な気持
ちを見せたりし、再び愛着対象が姿を現せば喜んで近づいていくというのが
その対象と安定した愛着関係にある印とされている。子どもによっては、愛
着対象と離れたり再会したりすることに無関心に見える場合、あるいは逆に
大げさに泣き叫んだりする場合もあることが知られており、これらは不安定
な愛着関係にあるとみなされる。

(2)　愛着理論から見た別居親との面会交流

　ボウルビーのこの考えの正しさは、その後さまざまな調査研究で基本認め

られているだけでなく、現在に至るまでさまざまな考えが補足されてきている。例えば、このような愛着対象から突然別離を余儀なくされた場合、子どもはそれによってトラウマを被るかもしれないし、そうでなくてもその後の発達に悪影響を被る可能性が高いということも知られてきている。また、養育者であれば、だれでもいいかというとそうでもなく、子どもが安心感を持てる養育者と、子どもが混乱したり、脅えたり、不安定になったりする養育者もいる。後者はしばしば虐待などと関連付けられている。調査研究から浮かび上がってきたこうした事実が示唆しているのは、愛着対象との突然の別れは避けるべきだということだけでなく、親といっても子どもにとって安心感を与えないかむしろ不安や緊張を与える親がいるかもしれないということである。そして、そのような親との面会交流はその背景に虐待や面前DVなどがある場合むしろ行わない方がよいということである。

　愛着理論が示唆していることは、子どもの心の発達にとって安心感が何よりも重要であり、安心感を与えてくれる養育者との関係が保障されることが大切であるということである。養育者が複数の場合、そのそれぞれに子どもは独自の愛着関係を持つが、大抵の場合、より重要な関係とそうでない関係に分かれており、ほとんどの子どもにとって、最重要な愛着対象が明確にある。それが母親である場合、母親との関係を脅かすように思われる人と関わることには、通常子どもは不安に感じる。別居している父親が母親にDVをふるった過去があり、その父親に母親が恐れを抱いている場合、子どもからすると愛着対象を脅かす人と感じられ、そのような人と関わることはやはり子ども自身を不安にさせることになっているかもしれない。こうした状況で、面会交流を子どもが拒否するにもかかわらず、続けることは子どもを恒常的に不安と緊張状態にさせるかもしれず、情緒発達に悪影響を与えるであろう。

3　トラウマの問題と身体化表現

(1)　発達性トラウマとPTSD

　子どもが日常的に不安やストレスを過度に感じ続けることは発達に悪影響が与えられることが知られている。特に、直接の暴力は勿論、面前DVなど

も子どもに恐怖感を与え、トラウマ性の反応を引き起こす。トラウマ性のストレスは、子どもの脳に異常な反応を引き起こす。子どもが慢性的にこうしたトラウマ性のストレスを経験し続けると、子どもの脳には恒常的な変化が起こり、少しの刺激に対しても過剰に反応しやすくなったり、あるいはその反対に解離性といわれる意識状態の変容が起こりやすくなったりする特性を持つに至ることが知られてきている。こうした事態は発達性トラウマ（van der Kolk, 2014）といわれており、子どもが生涯にわたってそれによって苦しむかもしれないことがわかってきている。それは情緒不安定になったり暴力傾向や攻撃的、衝動的になったりするだけでなく、自尊感情が極端に低くなりうつ病になったり、あるいは自殺企図などにもつながるかもしれないとされている。こうした慢性的にトラウマ性のストレスにさらされていなくても、子どもが対処不能な恐怖や緊張を強いられる状況にさらされた場合、それによりいわゆる PTSD 症状を発症する場合がある。子どもが眠れなくなったり、同じような怖い夢を見続けたり、あるいは突然何の脈絡もなく様子が変わりぼうっとしたり、恐怖にひきつったような表情をしたりすることがみられる場合、その他子どもが突然普段と全く異なる行動をしたりする場合 PTSD を発症している可能性がある。

(2)　身体化表現

　最初に書いたように、子どもが実際に暴力を振るわれていた場合、暴力を振るった親と面会交流をすること自体が非常な苦痛を引き起こす可能性がある。しかし、しばしばこうした場合に子どもが表面上はにこにこする場合がある。その背景には、そうすることで虐待する親を怒らせないようにしてきたことがあるかもしれない。子どもが表面上は嫌がったりしないようでいても、前日眠れなかったり、食事がのどを通らなかったり、あるいは体調を壊したり、腹痛を起こしたりする場合も過剰なストレスが背景にあることを考えるべきだろう。子どもは複雑な感情を言葉で表現することができないだけでなく、自分でも意識できなかったりし、代わりに体が変調をきたすという形でそうした不安や緊張を表現する。逆に、こうした体調の異変という形で表れてきている子どもからのサインは極度の不安や緊張の兆しと捉え軽く扱

わない方がいいだろう。

　一方、子どもへの直接の暴力や暴言がなくても、先に書いたように愛着対象である親に対して他方の親が暴力や暴言を振るっているのを目撃した場合も、トラウマ性の経験になる可能性があることにも留意したい。

4　ケース提示

　以下に具体的なケースをご紹介する（これらは実際のケースに基づいているがプライバシー保護のため改変されている）。

*ケース：A君

　父親が、母親や兄に暴言や暴力を振るっていた幼稚園児のA君が、別居している父親との面会交流を嫌がるということで、私の相談室に本人の様子を見てほしいと、母子で来られた。母親は、家庭裁判所から面会交流をするように促されていたが、面会交流の日が近づくと本人が眠れなくなり、腹痛などを訴えるのでかわいそうになり面会交流を中止していた。高校生になるA君の兄は父親に殴られたこともあり、面会は拒否していたが、A君には直接暴力を振るったことがないだけでなく、父親はA君に愛情を持ち可愛がっていると主張していた。私の相談室で私と一対一になるとA君は最初しばらくぼうっとしていた。少し部屋にも私にも慣れてくるとA君は遊び始める。ミニチュアの動物のフィギュアを用いて、子豚と母豚が仲良くしているところを突然、ライオンが襲うという場面を嬉しそうに何度もやってみせる。徐々に、A君は豚の親子ではなく、ライオンに同一化しているようになり、ライオンは馬や牛、ニワトリなどに酷いことをしていく。

　A君は最初ぼうっとしていたが、このような反応は恐怖が背景にあり、解離状態である可能性が高い。そしてその後、彼は、恐れている状況を動物のフィギュアの遊びで表現する。子どもはこのように遊びを通じて自分が感じていることを表現する。それは、母親と子どもが安心している状態をライオン、おそらくは暴力的な父親が脅かすというものである。こうした場合に、しばしば起こりうることであるが、A君は、自分を脅かす暴力的な父親に

同一化しているように見える。精神分析家のアンナ・フロイトが「攻撃者への同一化」と呼んだ、こうした子どもの対処方法は虐待を受けた子どもにしばしば見受けられる。そしてそれは将来、その子どもが虐待する側にまわることにつながりうることが指摘されてきている。

　子どもがこのようなやり方を取るのは、虐待者に同一化するしか、生き延びることができない窮地に追い詰められていると感じていることが大きい。この時点で、A君は、虐待する側に回っているわけではなく、父親との面会交流によって、母親との生活が脅かされていると感じていることを訴えてはいる。こうした子どもの安心感を求める気持ちを大切にし、父親との面会交流をいったん中止するのはA君の健全な心の発達のためには必要であろう。

＊ケース：Bさん

　30代の女性のBさんは高度専門職に就き、人生において成功しているように見えていた。しかし、男性と付き合うと、その男性のことが非常に怖くなってしまい交際が続かないことが続く中でうつ状態になり、私の相談室にやってこられた。彼女の両親は、彼女が3歳のころに離婚していた。カウンセリングの中で、Bさんは、両親が離婚に至るまでに、父親が何度か非常に暴力的になった時のことを思い出していった。当初それらの記憶は何の感情も伴わなかったがあるとき彼女はとても怖かったんだと私との面接のなかで号泣した。そのときの恐怖経験が、彼女が男性と付き合う中で起こって来る、不合理な恐怖心の背景にあることがわかってきた。

　Bさんの場合、父親の面前DVを経験したのは3歳頃であった。しかし、Bさんは克明にその時のことを記憶していた。しかし、彼女は自分がどれだけ怖かったということには長い間気づかなかった。一般に、夫婦が離婚に至る場合、それぞれが自分自身のことを考えるのに精いっぱいになり、子どものことにまで、特に子どもの恐怖や悲しみなどの気持ちに思いをはせることが難しくなっている場合が多い。それはやむを得ない部分もあるが、結果的に子どもは自分が感じた恐怖や悲しみを一人で抱えてしまい、それが長い時間を経て、Bさんに起こったように、人生を自由に生きることを阻害し、う

つ状態を引き起こしてしまう場合がある。母親のひとり親家庭で育った子ど
ものBさんは、できない自分はダメと必死になって努力し続けた。職業的
には成功していたBさんであるが、その過程で傷ついた自分はすっかり置
き去りになってきたことに気づいた。Bさんの母親も、できるBさんが小
さいときのことをずっと覚えており、よもやそれに苦しんでいるとは夢にも
思わず、何の問題もなく育っていると考えていたようであった。

5 臨床心理士から見た、子どもの最善の利益

子どもの最善の利益は、一人ひとりの子どもが感じていること、考えてい
ることを大切にされることである。子どもは、しばしば覚えていないとか、
わからないといった扱いを受けてしまうし、残念なことに現在わが国の司法
では法制度的にそのような扱いになりがちである。しかし、子どもは、従来
大人が思っていた以上に記憶し、理解する力もあることを考えれば、子ども
の最善の利益は子ども自身がその答えを大筋知っているかもしれないと考え
る必要があろう。少なくとも子どもの意思を最大限尊重する姿勢が不可欠で
ある。大人は、それぞれの子どもの愛着関係をしっかりと評価する必要があ
ろう。これと関連して、親子であるからといって子どもに不安感を与える別
居親との面会交流を無条件で認めることには大いに疑問がある。子どものそ
の親との関係を注意深く観察し、子ども本人の意思も発達年齢に応じて重視
していくことは必須であろう。

参考文献)

・Music,G.（2011):Nurturing Nature: Attachment and Children's Emotional,
Sociocultural andBrain Development. Routledge. 鵜飼奈津子監訳『子どものこ
ころの発達を支えるもの——アタッチメントと神経医学、精神分析の出会うと
ころ』（誠信書房、2016 年）
・van der Kolk, B. A.（2014). The body keeps the score: Brain, mind, and body in
the healing of trauma. Viking. 柴田裕之訳『身体はトラウマを記録する——脳・
心・体のつながりと回復のための手法』（紀伊国屋書店、2016 年）

3 面会交流原則実施で何が起きているのか
——相談現場から見えてくること

信田さよ子　原宿カウンセリングセンター

はじめに

　2001年にDV防止法が制定されて以来、筆者はDV被害者のみならず、DV加害者、またその子どもたちを対象とした実践を継続してきた。いわばDVに関して、多層的・多角的・立体的視野から取り組んできたともいえる。そのような立場から、近年著しく増加している別居父との面会交流を半ば強制される事例をとおして、その実態を述べ、問題点や課題について述べたい。

DVの包括的支援

　筆者が運営する開業心理相談機関（以下センターと略す）には、年間平均約650名の新規来談者が訪れるが、DV関連の来談者（被害者・加害者・心配者）の占める割合はこの5年間全体の約20％を占めるようになっている。わが国ではまだ一般的にDV相談といえば被害者支援のことを指しているが、センターにはDV加害者の来談は多く、またDV心配者という独自のカテゴリーを設けている。例えば、娘がDV被害で実家に戻ってきた母、親しい友人が夫のDVで困っている人、妹から夫のDVを相談された兄などを指す。DV相談はこのように被害者のみならず、加害者はもちろんのこと、周辺で困っている人たち＝心配者も対象とすべきだろう。

　DV防止法が成立する以前の1980年代から、アルコール依存症などのアディクション問題をとおして多くの家族内暴力にかかわってきたが、現在はセンターの個人カウンセリング（加害者・被害者・心配者を対象とする）以

外に、次の三つの活動を実践している。

① DV 被害者のグループカウンセリング（2001 年〜）、センター主催
② DV 被害母子の同時並行プログラム（2007 年〜）NPO 法人 RRP 研究会主催
③ DV 加害者プログラム（2006 年〜）NPO 法人 RRP 研究会主催

　加害者・被害者・子どもの三者を対象とした援助の総体を DV の包括的支援と呼ぶが、公的機関や医療機関の外部に位置する民間の NPO 法人や開業心理相談機関だからこれらは可能だった。経済的基盤の脆弱さを伴いながらも、挑戦の自由さが大きな意味を持つ。
　本稿は、このような実践に基づいていることをお断りしておく。

DV 被害者のグループカウンセリング＝ AG

　2001 年以来、センターでは AG（Abused Women's Group）と名付けた DV 被害女性を対象とした有料のグループカウンセリングを実施している。2019 年 9 月までの参加者総数は 144 名であるが、後述するように非身体的 DV の参加者が 70% を超える。
　ウィークデーの午後 2 時間、センターのミーティングルームで実施され、月 2 回全 12 回（約半年間）を 1 クールとする。ファシリテーター（筆者）と 1 名の記録担当者（女性）が加わる。オープングループという構造なので、新規参加者、何クールも継続して参加している人が混在し、諸事情から中断する人もいる。毎回テーマが定められたプログラムではなく、前回から今回までに起きたことの発表を中心として運営される。精神的 DV 被害者が大多数であり、ニューカマーとアドバンスメンバーといった参加経験の多様な層が存在することが特徴である。運営の詳細は省くが、PTSD 等の精神的被害、子どもへの影響、調停の仕組みや家庭裁判所の役割に関しての法律等を情報として伝えることで、参加者のこれまでの「自分に足りないことがあった」「悪い妻・母ではないか」といった自責的自己認知のパラダイム転換を図ることが大きな目的である。もちろん彼女たちの「仲間」意識を涵養すること

もグループの意義であることはいうまでもない。

参加者及び子どもの問題について

年齢は20代から80代まで幅広いが、90％の参加者には子どもがいる。彼女たちの年齢の幅広さは、そのまま子どもの年齢の多様さを表している。60代以上の参加者には孫もいる。

最初からDV被害者として来談した女性もいれば、子どもの問題をきっかけに来談し、カウンセリングを通して夫からのDVを自覚してグループに参加した女性も多い。子どもの問題は、学童期であれば不登校・発達障害・チック・親への暴力など、思春期以降であれば、うつ・強迫性障害・引きこもり・摂食障害・自傷行為・さまざまな依存症などである。中には、娘や息子からDV被害を指摘され請われることで来談した女性もいる。

最大の特徴は、グループ発足当初より身体的DVを受けていない参加者が3分の2以上を占めていたことだ。多くの公的DV被害者支援が生命危機を伴う身体的DVを主たる対象としているため、民間のセンターには傷跡やあざのような客観的証拠に乏しい非身体的なDV被害者が訪れることになったのではないか。

精神的DVがまだ一般的には広がっていなかった2007年に、その被害を訴え夫から逃げた参加メンバーもいた。離婚をめぐる調停や裁判を果敢に闘ったが、残念ながら敗訴となった。日本では先駆け的な精神的DVをめぐる裁判だったと思う。モラハラという言葉が広がる前に、筆者が精神的DVの深刻さを知るきっかけになった忘れられない女性だが、その後残念なことに病没された。

このようにAGには、公的機関によるDV被害者支援から漏れ落ちる女性たちが多く参加し、結果的にはDVをめぐる先取り的問題や社会の変化が速やかに反映されるのが特徴である。

2012年から始まった変化

2011年の民法766条の改正が面会交流の半ば義務化につながったことはよく知られている。AGでは、それ以前から、別居・離婚した夫から子ども

の面会を求められる女性は多かった。2000年代から、養育費と引き換えに面会を半ば強制される女性、面会させると必ずその後身体的不調を子どもが訴えるという女性、逃げて居場所を隠していたのに、子どもの小学校下校時に待ち伏せされて警察に訴えた女性、などである。当時、そのような女性たちの仲介をしてくれる唯一の機関FPIC（エフピック）を紹介したり、逆に紹介されたりという交流を大切にしていた。比較的経済的に余裕のある女性には、センターとつながりの深い弁護士を紹介して実質上の面会交流の仲介をしてもらったりした。DV被害者支援において、弁護士の選定がその後の展開を半ば決めてしまうという現実は、AG開始当時から今まで、それほど変わらない。

　しかし2012年以降は面会交流によるさまざまな子どもの問題を訴える女性が激増した。さらにFPICの社会的役割が重要性を増すにつれて紹介するのがためらわれるようになった。

逃がすこと中心の被害者支援との矛盾

　2018年、関西の某市での講演が終了後に、幼い子ども2人の手を引いた女性が近寄ってきた。切羽詰まった様子で彼女は語った。

　　昨年、市のDV相談員のすすめで夫のDVから逃げてこの町にやってきました。そこで推薦された女性弁護士に依頼し、調停の末に離婚が成立したんです。ところが最近になってその弁護士さんが「面会交流は今では義務になっている、だから会わせなければならないんですよ」って言うんです。夫の暴力を相談に行ったら、役所のDV相談にまわされ、DVだからすぐに逃げろと言われ、言われるままにシェルターに入ったんですよ。住所も隠して2人の子どももいっしょにやっとアパートに住めるようになったのに、今度は元夫と子どもを会わせろっていうのは、矛盾してませんか？

　DVのことが誰よりよくわかっている弁護士だと公的機関が紹介した人が面会交流は「義務」になったと言えば信じるしかないだろう。このような現

実は、おそらく全国で数多く起きているのではないだろうか。

　面会交流を仲介する機関が公的に存在するわけでなく、多くは民間の仲介業者やアドヴォケーターなどに頼っているのが現状だ。都市部ならまだしも、そのような人材が不在の地方都市では、無防備な直接的な面会交流が行われ、そこで元夫から復縁要請が行われる危険性がある。それを拒めば傷害・殺害の危険が大きいことは言うまでもない。言い換えれば、逃げることを勧めるだけのDV被害者支援が、子どもの面会交流実施に伴い矛盾を呈するようになったのである。2019年の初めに話題になった女児虐待死事件においても、DVを受けていったん離婚した女性が、同じ男性と妊娠・再婚したという事実が明らかになっている。報道されなかったが、上記のような面会交流に伴う接触が存在していたと考えるのは筆者だけだろうか。

　家裁調査官の役割

　AGはすでに述べたように、公的機関を経ずに来談している女性がほとんどなので、面会交流に関する家裁の調査官との接触について語られることが多い。元夫と子どもの面会交流を彼女たちが拒む場合、家庭訪問して調査官面接を行うことはよく知られている。Bさんの子ども（小学校2年）は、自宅に調査官が訪れることを拒否したが、妥協点として信頼できるスクールカウンセラー（SC）の立ち合いのもと、学校の面接室で実施されることになった。もちろんそこには母であるBさんは入れない。そこでどんなやりとりがあったかについて、SCと子どもの報告から次のようなことがわかった。

　学校の面接室に入った調査官は、いろいろな話題を提供してやっと笑いが出るようになった子どもに、一枚の白い紙を渡して言った。
　「ここに家族の絵を描いてみましょう」
　子どもはそこにクレヨンで姉と母と父、そして自分の4人を描いた。すると調査官は父と母の間に線を引き、こう言った。「誰がこの線を引いたんでしょうね」
　Bさんの子どもは答えられず、じっと黙っていた。するともう一度「誰なんでしょうね」と念を押した調査官は、少したってあきらめたようにその紙

をしまった。

　Bさんの子どもは帰宅後いったん治まっていたチックが再発し、3日間学校を休んだ。Bさんの話を聞いて、筆者はもちろんグループ参加者全員が驚いてしまった。これは極端な例かもしれないが、家裁調査官による類似の対応は多い。子どもの言葉はすべて母親の影響下にあると決めつけて子どもの説明を信じない、お父さんはあなたのことを大好きだと説得する、子どもがいろいろ語る中から「お父さんが大好き」という部分だけ抜き取って報告される、といった具合にである。

あなたは虐待加害者です!

　グループ参加者の女性に対してはどうだろう。面会交流を拒否する彼女たちがDV被害を訴えたとしても、家裁の調査官たちはその通りに認識するわけではない。むしろ、DVかどうかはそれほど重要ではないと考えているのではないか。子どもには父親が必要、そのことを阻んでいるのは目の前の女性だという前提があり、彼女たちの語る内容をどこまで信じられるのかと疑っているのかもしれない。しかし調査官だけではない。

　Cさんは、小学生の2人の子どもたちの離婚した父親からの虐待記憶があまりに生々しいので、面会させることを拒んだ。道路で夫の乗っていたのと同じ車種が走ってくると固まってしまう、父親と似た男性とすれ違うと過呼吸を起こすといった具合である。長女は学校でのいじめにも遭っていた。家裁の調査官にそれを伝えると、「あなたも虐待加害者じゃないんですか?面前DVの影響は知ってますよね」と言われた。DV被害者支援に関わっているからと地方自治体から紹介された弁護士に相談したら、開口一番「あなただって虐待加害者なんですよ!」と言われショックを受けた。冷静に説明すればするほど周囲の専門家から敵視されるような気がした。自宅に戻れば2人の不安定な子どもが学校に行きたくないと言い、離婚した夫からは面会交流を拒んだと損害賠償を請求された。子どもの通う学校のSCから紹介されて来談したCさんは、憔悴しきっていた。筆者はすぐに別の弁護士を紹介し、AG出席を勧めた。

子どもたちの言葉

その後 C さんは仕事をしながら AG に通い、新たな弁護士の支援のもとで面会交流拒否の申立てをし、そのために必要な子どもの診断書を得るために小児科医療機関を受診させた。2 人の子どもはともに読書が好きで、文章を書くことで自己表現を試みていた。次に長女（小学 5 年）と長男（小学 3 年）の書いた文章を転載する。C さんが説明したら、2 人の子どもは「たくさんのおとなにわかってもらいたい」と要望し、自分たちの文章を転載することを許可してくれたものである。

長女の手紙(子ども人権委員会に宛てたもの)

『わたしが SOS ミニレターをかいたりゆうは、お母さんとりこんしたお父さんがわたしと弟にむりやり会おうとしているからです。なぜ会いたくないかというと、小さいころにおふろにしずめられたりふくをぬがされて、下着やはだかでろうかにせいざさせられたりしたからです。あうとそのいやなことを思い出すでしょう。

いつもりゆうもなくたたかれたりけられたりされていたので会うのがこわいです。また、お父さんのいえにつれていかれないかとてもしんぱいでこまっています。このあいだお父さんの写真をみたらまゆげがつりあがっていてとてもこわそうなかおでした。

ぜったいあいたくないしかかわってほしくなくて思い出すとおなかがいたくなります。お父さんの家のそばをあるくのがこわくて近づけません。どうしたらわたしのいやなことをなくせますか。』

長男の手紙(人権センター宛て)

『ぼくとお母さんと、お姉ちゃんは、お父さんからぼう力をうけて家をおいだされました。お姉ちゃんはお父さんにやられて学校でもいじめられて心のびょうきになってにゅういんしています。

ぼくは、ともだちにからかわれたりおもちゃをぬすまれたりもしました。

どうしてお父さんや友だちは、たいほされないんですか？
そのりゅうがおしえてほしいです。
さいばんしょも先生もぼくたちをたすけてくれませんでした。
助てください。（原文ママ）』

　長男が書いているように、長女はその後不安定になり受診先の小児病院に
入院してトラウマ治療を受けている。長男は剣道を習い始めてから「お父さ
んに会っても強くなったから逃げずにすむ」と言い、毎晩木刀を枕元に置い
て眠っているという。

法律は何のためにあるのか

　もうひとりの参加者Dさんも離婚後元夫から子どもとの面会交流を迫ら
れて、子どもにさまざまな症状が出現している女性である。小5と小3の2
人の息子のうち、長男は小児科を受診中で主治医からは面会交流はやめたほ
うがいいという意見書を書いてもらっている。にもかかわらず調査官による
家庭訪問が実施されているのが現状である。彼女自身も、グループ参加中に
元夫の精神的DV（問い詰めて3時間くらい責め続ける、最後は妻が自分が
狂っていますと言うまで解放しない、など）のフラッシュバックが起きると、
足の毛細血管がプチプチと切れて内出血するというPTSDによる症状が出
現している。
　小5の長男は夏休みの宿題の自由研究に「人権と法」というテーマを選ん
だ。その理由は、家庭裁判所の裁判官や調査官、学校の先生といった人たち
が、父親と会うことを拒む自分への理解が示されないと感じていたからだ。
国家公務員であるその人たちのさらに上に存在するのが憲法だと知ったこと
が、研究のモチベーションになったという。Cさんの長男も「どうしてお父
さんが逮捕されないんですか」と書いていたが、Dさんの長男も、この理不
尽な状況をどうすればいいのかと考えぬき、そして法律にたどり着いたので
ある。
　彼が研究のレポートの最後に書いた考察は次のようなものである（転載は
本人の許可を得ていることをお断りしておく）。

『ぼくは法律の事を調べて、生きていくために、大切なことをいろいろと、知りました。

　まず憲法は、国家や公務員をしばり、法律は、国民をしばって悪い事をしないようにしています。

　また、「いじめ防止対策推進法」ではその教室の先生だけではなく、チームで先生達がいじめに対応し、そして大人の人みんなで、いじめを防ぐ法理だと知りました。

　さらに、刑法では気軽に死ねと、傷つけるのも罪だと知りました。

　つまり、法律は国をよくするためにあり、みんなの、安心な生活を守るために、決められたルールだとわかりました。

　ただ一つ、残念な事があります。児童憲章は、子供の人権について書かれていますが、ただの約束事で、法律ではありません。子供の人権を守るためにも国会で話して、法律に入れてほしいと思いました。今は法ではないため、子供の人権を守ってもらうには（憲法97、99条より）憲法（基本的人権も）尊重の義務がある裁判官や公務員の人達に守ってもらう必要があるとぼくは考えます。』

父親である条件（ケアする存在）

　子どもたちの生々しい文章を転載してきたが、諸外国ではどうなっているのだろう。

　カナダをはじめとするDV対策における先進国では、DV加害者であり父親でもある男性向けのさまざまなプログラムが実施されている。そのことを日本の多くのDV対策の専門家は知っているし、使用されている冊子の入手はインターネット経由も含めて可能である。もちろんDV加害者プログラムが公的に実施されていない国は先進国では希少であることも周知されているだろう。家庭裁判所や法務省、厚労省、内閣府といったDVについての関連諸官庁も、わが国がいわゆるDV加害者対策に手をつけないままであることは承知しているはずだ。そんな不十分なDV対策のままで、面会交流だけを拙速に実施する意味はどこにあるのだろう。養育費の支払いですら義務化されていない状況で、子どもを会わせることを半ば強制する実情から、背後に

透けて見える意図を読み取る必要があるだろう。

　筆者がかつて視察したカナダでは、「よき夫でなければよき父親になれない」というスローガンを掲げた DV 加害者でもある父親のプログラムが実施されていた。そこで強調されていたのは「ケアできる父になること」である。子どもが何を望んでいるかを汲み取り、子どもが安心できるようにケアすること、それがもっとも重要視されていた。

　子どもがかわいいとか、子どもに会いたくてたまらない、という父親の熱望は、それだけではほとんど意味がないどころか危険な願望ですらあることも学んだ。なぜなら、それは時に母親を苦しめることになり、子どもへの所有欲求のあらわれにすぎないかもしれないからだ。

　こどもをケアできる存在であることが父親の条件なのであり、それは別れた妻に対してちゃんとリスペクトフルな（尊重する）態度を取れることと表裏一体なのである。

　おわりに

　筆者の DV に関する知識は、そのほとんどが長年の AG における実践から学んだものである。もちろんトラウマや家族の暴力に関する専門的テキストは役に立ったが、グループ参加者の具体的な経験をとおして語られる内容は、「被害」と一言でくくることが難しいほど多様であり、テキスト通りにまとめることは困難だった。振り返ってみれば DV という言葉そのものが日本では新参者（ニューカマー）であり、配偶者に大声で怒鳴り、叩いたり蹴ったりすることが暴力とみなされるようになったのは、わずか 20 年近く前のことにすぎないのだ。

　援助者の DV に関する理解はまだまだ表層的で形式的だと思うのは、グループで DV 被害女性の語る言葉によってである。子どもたちの思いや被害なども誤解されている部分が多い。そんな状況下で元夫との面会交流が「子どものために」「子の福祉最優先」「父親を奪うことはできない」といったスローガンのもとで実施されつつあることがどれほど理不尽かを痛感させられる。さらに、父親が子どもに会いたい、かわいいと語ることを無条件に賛美することの危険性についても多くの人たちに理解を求めたい。

参考文献

・Bancroft, L, Silverman, J. G., 幾島幸子訳『DV に曝される子どもたち——加害者としての親が家族機能に及ぼす影響』（金剛出版、2004 年）

・藤岡淳子『性暴力の理解と治療教育』（誠信書房、2006 年）

・宮地尚子『トラウマ』（岩波新書、2013 年）

・信田さよ子『DV と虐待——［家族の暴力］に援助者ができること』（医学書院、2002 年）

・信田さよ子「ドメスティック・バイオレンス」藤岡淳子編著『関係性における暴力——その理解と回復への手立て』（岩崎学術出版社、2008 年）31-45 頁

・信田さよ子「DV 被害者支援」こころの科学 172 号（日本評論社、2013 年）75-79 頁

・信田さよ子「病気の免責と暴力の責任」現代思想 42 巻 2 号（青土社 2014 年）8-13 頁

・春原由紀他「DV に曝された子どもたちへの援助——コンカレントプログラムの実践」武蔵野大学心理臨床センター紀要（2008 年）19-61 頁

・山崎聡一郎『こども六法』（弘文堂、2019 年）

4 DV、虐待事件から考える「子どもの利益」と「親の利益」

千田有紀　武蔵大学社会学部教授

0　立て続けに起こる虐待死事件

　2019年は、凄惨な虐待死事件が着目された年だった。1月に千葉県野田市で、10歳の心愛ちゃんが父親の虐待の末に亡くなっている。また3月には、東京都の目黒区で、5歳の結愛ちゃんが、継父からの暴行の末に亡くなっている。

　心愛ちゃんは、小学校でのアンケートに「お父さんにぼう力をうけています。…先生、どうにかできませんか」と書いたことから、虐待が発覚した。児童相談所が介入し一時保護が行われたが、父親が「誘拐だ」と騒いで解除された。実父が教育委員会に乗り込んでいったところ、教育委員会がこともあろうかそのアンケートを実父に見せるという事態となった。虐待がエスカレートし、心愛ちゃんが亡くなるのは、そのあとである[1]。

　結愛ちゃんのケースは、結愛ちゃんが書いたとされる「もうおねがい。ゆるして、ゆるしてください。おねがいします」というノートが公開され、皆の涙を誘った。のちに裁判で、結愛ちゃんが、これ以上父親から怒られるのを防ぐために母親と2人で書いたものとされている。ノートの中には「わか

---

1) 「『お父さんにぼう力を受けています』野田市の女児死亡　市教委がアンケート回答を父に渡していた」東京新聞2019年2月1日付（太田理英子記者）　https://sukusuku.tokyo-np.co.jp/education/11239/「小4少女虐待死　なぜ誰も心愛ちゃんを救えなかったのか　娘を殴る父、見て見ぬふりの母」DEGITAL FRIDAY 2019年02月15日　https://friday.kodansha.co.jp/article/32002

ったね」などと大人が言ったことをそのまま書いたような部分があったこと、母親が誤字等を添削した箇所があったりしたからである[2]。しかしこうしたノートを受けて、共同親権推進を支持するひとたちは、「共同親権であれば実のお父さんが、最強の監視役になります」、「再婚相手との養子縁組も無断で行われてしまう」、「共同親権で救えた命」と、虐待事件の再犯防止のための共同親権を喧伝している[3]。「結愛ちゃんは前のパパがよかったといっていたのだ」と。

　また日本で離婚後の共同親権が認められないのは違憲であると訴訟を起こした弁護士は、この事件を受けて共同親権が法制化された暁には、「結愛ちゃん法」と名付けるとまで主張している[4]。こうした虐待事件が立て続けに起こったことによって、国会で虐待関連の法改正が行われた。また共同親権を求める声の高まりに、法改正をも視野に入れた勉強会も開催されている。本稿では2件の虐待死事件を見ていくことで、「子（ども）の利益」と「親の利益」はどのような関係のなかで、複雑に切り結ばれているのかを考えたい。

1　DVで錯綜する加害者―被害者

　これらの事件には、いくつかの共通点がある。まず、虐待死事件を起こした父親たちが、そろいもそろって妻に対して暴力をふるっていたことだ。心愛ちゃんのケースでは、かつて住んでいた沖縄の糸満市で、親族が母子を保護している。児童相談所に相談したのは、「（妻側の）祖父母が娘を返してくれない」と怒る父親のほうだったのである[5]。

　親族は市に夫から妻へのDVを相談したのだが、児童相談所はその連絡を

---

2)　東京地判令和1・9・17 保護責任者遺棄致死被告事件。
3)　例えば、「2019年9月5日分 共同親権 単独親権 by かりるーむ cari.jp」https://togetter. com/li/1400342 などにたくさんのツイートが集められている（最終閲覧2020年1月3日）。
4)　「船戸結愛ちゃんの死と離婚後共同親権制度」弁護士作花知志のブログ　https://ameblo. jp/spacelaw/entry-12520010675.html（最終閲覧2020年1月3日確認）
5)　「虐待死の心愛さん、沖縄に住んでいた 『娘を返してくれない』と相談も」沖縄タイムス＋プラス 2019年1月29日　https://www.okinawatimes.co.jp/articles/-/378442

受けても取り合わなかった。ここできちんと、妻へのDVに対応されていれば、その後の悲劇は起こらなかっただろう。

　父親は、自分の実家に近い野田市への転居を決めてしまう。子どもを連れて転居した夫を、入院中の妻はあとから追いかけていかざるを得なかった。ちなみに夫妻は一度離婚したにもかかわらず、夫が子どものいる家に入り浸るという経緯を経て、妻が再び妊娠、再婚をしている[6]。

　結愛ちゃんのケースでは、まずは妻への凄惨な精神的暴力があった。心愛ちゃんのケースと同じように、香川県で結愛ちゃんが虐待で一時保護されたことから、逃げるように目黒区へと転居している。死亡したときに結愛ちゃんはやせ細っていたというが、食事を与えられないのは妻も同じだった。コンビニ弁当1つ食べきっただけで「女なのにあり得ない」と言われ、キャベツしか食べられなかった[7]。妊娠中でも相変わらずで、東京に引っ越してからは、「自転車で近くの店に行き、パンなどを買って公園で食べていました」というような状況だった[8]。また母親自身が、父親から毎日のように長時間の叱責を受けてその後毎回、LINEで「叱ってくれてありがとう」と反省文を送っていた。反省文といい、体重コントロールといい、母子が父親から受けていた「被害」は同じようなもので、共通の「加害者」は一貫して父親なのだ。

　ここでまず不思議なのは、母親ばかりにバッシングが集中したことである。「母親はなぜ助けられなかったのか」ということがことさら問われ、虐待を実行した父親よりも、母親に対してずっと執拗なバッシングが行われた。もしも「男が暴力的であるのは、ある程度仕方がない」と免責され、「でも母

---

6)　「小4女児死亡、沖縄で防げなかったのか　記者が現地を歩いた」産経新聞2019年2月9日　https://www.sankei.com/premium/news/190209/prm1902090001-n1.html
7)　「【目黒女児虐待死、母親被告人質問詳報】（5）たたかれた目が腫れた娘の姿に『心にバリバリとひび』」産経新聞2019年9月5日　https://www.sankei.com/affairs/news/190905/afr1909050054-n1.html
8)　「【目黒女児虐待死、母親被告人質問詳報】（7）九九の表、約束事の張り紙…作ったのは『全部、私です』」産経新聞2019年9月5日　https://www.sankei.com/affairs/news/190905/afr1909050063-n1.html

親なのに、なぜ助けられなかったのか」と母親であることが問われるのだったら、それは「母性神話」と呼んでいいのではないか。

裁判においても、結愛ちゃんのケースは、父親と同様に保護責任者遺棄致死罪が問われ、父親に13年、母親に8年の判決がでている。8年という量刑は相場からしても重く感じられ、また父親との差は5年しかないことに、正直驚いた。

同様のことは実はすでにアメリカでも起こっている。アメリカではもっと極端なかたちで出現しており、「保護に失敗」した罪で、虐待を実行した実行犯である父親やボーイフレンドよりもずっと母親に対して重罪を課すことが行われている。例えDV被害者であろうとも、母親が子どもの養育パートナーとして位置づけられているからである[9]。

ここでは一種の欺瞞があるように思う。どちらのケースにおいても、母親と父親の間には格差があった。結愛ちゃんの母親は、19歳での同級生との「できちゃった」結婚ののち、8歳年上の父親と再婚している。「何でも知っているあこがれの人」[10]だったのだ。地方に住んでいた彼女に、東京の大学を卒業した年上の男性は、輝いて見えたのは想像に難くない。心愛ちゃんのケースも、父親は「本土」のひとであった。

そうした「格差」を前提として、母親たちは精神的にも支配、コントロールされ、逆らうことが難しくなり、結果として子どもの「保護」に失敗した。実際には格差をもとにした支配の関係があるにもかかわらず、形式的には「対等」であり、暴力被害者であるにもかかわらず、親としての務めを果たすことができなかったことを責められる。親であるのにと、子どもを守ることができなかったことがことさらにクローズアップされるのである。

婚姻中は夫婦で共同して子どもを養育する「共同親権」である。しかし、

---

9) 千田有紀「DV被害者になることが、子どもへの加害になる？──アメリカ、児童相談所と共同親権の闇」2018年7月22日　https://news.yahoo.co.jp/byline/sendayuki/20180722-00090298/

10)「【目黒女児虐待死、母親初公判詳報】(2) 過呼吸に陥る優里被告 『夫は結愛のために説教してくれている』と思うように」産経新聞 2019年9月3日　https://www.sankei.com/affairs/news/190903/afr1909030023-n4.html

そこにおける父親と母親の立場は、ときに対等ではない。とくに母親が経済的に自立できていないとき、妊娠や出産などで身体的に身動きがとれず、生活がままならないときなどは、とくに権力関係は不均衡である。精神的DVや経済DV、もちろん身体的なDVも、こういう関係で激化することはよく知られている。その場合、「親」といえども両者は共同できず、片方が片方に従属せざるを得ない。しかし子どもに対する虐待、また病気や事故などが起これば、「親としての責任」は、等しく分け合うことが求められる。いや、実質的に子どもの養育の責任者だとみなされている母親が、全面的に引き受けることが求められるのだ。

2　子どもよりも男をとる？

家族は「運命共同体」である。生計を共にし、そのなかではさまざまな財がきちんとニーズに従って分配され、子どもを含む成員が生活できることが前提とされている。

ところがこのような虐待事件では、母親がさかんに「子どもよりも自分の保身をとった」、さらにいえば「子どもよりも男をとった」と非難されることがある。この「男をとる」という言葉に、性的なニュアンスすら感じることがあり、不可解に思われることの一つである。

結愛ちゃんの事件でも、法廷で「結局被告人は、被害者の生存進退と、雄大（父親）との関係維持を天秤にかけ、雄大を選択しました。夫婦間で雄大が優位だったとしても、その関係を過度に斟酌すべきではありません」[11] と述べられ、母親が叱責されている。

しかし、今一度立ち止まって考えてみたい。当事者が父親との関係を維持しようと考えることは、「子どもの利益」とは背反し「自分の保身」を選択したことになるのだろうか。

「子どもを守るために、なぜ逃げなかったのか」と私たちは考える。しか

11）「命を守るという親として最低限度の行動を起こさなかった」検察が懲役11年を求刑した理由【目黒5歳児虐待死裁判・論告】HUFFPOST 2019年09月14日　https://www.huffingtonpost.jp/entry/story_jp_5d7b55a9e4b077dcbd5c0444

しその一方で被害者は、「なぜ親であるなら、子どものために関係維持の我慢ができなかったのか」とも責められる。実際に「離婚は夫婦の問題であり、子どもはその犠牲者だ」という考えかたを、家庭裁判所は否定しないだろう（「夫婦の間のDVは、子どもには関係ない。子どものために面会交流をさせろ」と、明確に家庭裁判所で述べられているのだから）。ここで母親は、ある種のダブルバインド状態に置かれてしまう。結果として「正しい判断」を第三者がジャッジすることができるかもしれないが、そのときを生きる本人にとっては、実はとても困難なことである。

　結愛ちゃんの母親は、前夫との離婚後はシングルで子育てをしながら、水商売で働いていた。世の偏見を考えれば、肩身がせまかっただろう。しかし再婚によって、シングル家庭は、東京の大学をでて、いまやホワイトカラーで働いている父親をもつ「普通の家庭」となった。主観的にはそれは、「子どものために」「普通の家庭」を作ってあげることと解されていたのではないだろうか。どこからが「躾」で、どこからが「虐待」なのか——暴力によってその判断力を失った母親を、「子どもの生存ではなく、夫の関係維持をとった」と断じるのは酷である。そもそも子どもが亡くなれば、これまでの暮らしは続かないのだ。そしてその選択をするには経済的な独立が不可欠だが、日本社会では女性の雇用状況があまりに厳しい。

　また父親の機嫌を取ることは、自らの保身であると同時に、子どもを暴力から守ることでもある。多くのDV被害者は、加害者に迎合する。それは加害者を刺激しないためであってときには、自ら子どもへの加害を買って出ることすらある。

　もちろん、DV被害者である母親も、自分の保身が皆無とはいえないだろう。しかし自分の身をなげうってまで子どもを守れと——結愛ちゃんの事件では「身体を張って」、子どもを守らなかったのかと母親は裁判で問われた——母親を責める前に、やはり加害者が先に責められるべきではないか。本来ならば、暴力的な関係からは逃げたほうがいい。なぜしなかったのかとあとからそれを責めることはたやすいが、当事者の意味世界に寄り添えば、おそらく見える景色は違うのだろう。家族関係の維持は必ずしも、暴力被害者の保身やエゴから生じているばかりとは限らない。「子どもの利益」を考え

るからこそ、「家族」を維持しようとし、結果として子どもを困難な状況に追い込み、「子どもの利益」を損ねる困難な状況に陥ってしまう場合もある。それを避けるには、労働市場を改善し、女性の経済的自立を可能とすること、そして何よりも、「夫婦そろっている家族こそが健全な養育環境」という家族にかんする偏見をなくし、暴力から逃げる決心を促し、バックアップすることである。

3　共同親権は子どもを救ったか？

次に巷で喧伝されているように、共同親権が子どもの命を救い得たかについて考えてみたい。「離婚をしても両親がそろっていること」、つまり「子どもが両親と長期的安定的に接触を続けること」は、「子どもの利益」だと一般に考えられている。しかし本当にそうだろうか？

心愛ちゃんのケースで、ほぼ注意を払われていない事実は、同じ相手と再婚している点である。もしも母親が父親と接触することなく、没交渉を貫いていたら、再び同じ相手と再婚することは起こりえなかった。しかし現実には、「より」を戻したことによって、子どもは殺害されてしまった。この際に、「子どもの利益」が家族の再統合でなかったことは、あまりにも明白である。家族の再統合は、暴力的な関係の維持をもまた意味するからである。

結愛ちゃんのケースは、母親と前夫の関係こそが、再婚に導いた面もある。母親は、「前の夫にお金をせびられたり、いろいろなことを頼まれたりするたびに、何とかしてあげようとする私に、それは男に利用されているのだと説明してくれたのは、彼でした」[12]と、父親と付き合うようになった経緯を述べている。この場合は前夫からのお金の無心という困った関係の継続こそが、新しい関係を後押ししたのだ。

さらにいえば、母親が子どもと逃げられなかったのは、別居後・離婚後の「父親の権利」に配慮したからである。

---

12)　杉山春「目黒虐待死、母・優里被告が告白【前編】『私は無知で…』」女性セブン 2019
　　年 11 月 22 日　https://www.news-postseven.com/archives/20191122_1492266.html/

「雄大に入籍直後からずっと離婚をお願いしていましたが、何度も説教
されました。2人で（離婚の）合意がないと逃げられない状況と私の中
で思ってしまい、離婚はどうしても無理で、雄大と結愛を引き離さない
といけない。結愛を施設に入れたいと雄大に頼みました」。「まず結愛を
施設に入れて雄大を引き離し、きちんと離婚してから絶対に結愛を迎え
に行くんだと。その方法しか思いつかなかったです」[13]。

　合意がなければ逃げてはいけない。離婚や別居の際には、きちんと面会交
流を取り決めろというのはまさに、親子断絶防止法案（のちに共同養育支援
法案に変更）を想起させられるものだ。同法の立法事実は、馳浩会長によれ
ば「虚偽DV」が蔓延しているからであった。また同時に、子どもを連れて
逃げることは、「拉致、ゆうかい」であるとも、主張されていた[14]。
　母親は、「私の中で思ってしまい」というが、彼女自身はなぜそのような
ことを思ったのだろう。もしも母親が父親に遠慮することなく、「子どもを
連れて逃げていいのだ」と思うことができたなら、このような悲劇は起こら
なかったはずである。

4　逃げることは、子どもの利益か、親の利益か？

　暴力からの避難も、子どもの利益に沿う場合と、親の都合に沿う場合で、
適用される仕組みが異なっている。おそらく双方のケースで、母親が所謂
DV防止法を利用して、子どもを連れて逃げることができただろう。だが、

---

13)　「【目黒女児虐待死、母親被告人質問詳報】（4）『結愛にハグしたら怒られる』離婚申し
　　出ると説教」、産経新聞2019年9月5日　https://www.sankei.com/affairs/news/190905/
　　afr1909050049-n3.html
14)　議連の馳浩会長は、「この（DV支援の）制度が悪用され、離婚することと、子どもを
　　確保することだけが目的の「無断の連れ去り」事案が横行しているのである」と述べてい
　　るが、統計的な根拠などは示されていない。「親子断絶防止法」『Apple Town』2014年5
　　月号　親子断絶防止議員連盟が目指す法律、http://oyako-law.org/index.php?%E8%A6%AA
　　%E5%AD%90%E6%96%AD%E7%B5%B6%E9%98%B2%E6%AD%A2%E8%AD%B0%E5%9
　　3%A1%E9%80%A3%E7%9B%9F

心愛ちゃんのケースは DV と騒がれてから転居しており、その間に子どもが酷い虐待の対象となっていった。保護命令は、精神的 DV に関して出されることはほぼない。身体的暴力を証明しなければならないのである。

結愛ちゃんの場合は、結愛ちゃんが児童相談所に保護された際に、母親が警察に子どもについていきたいと申し出ている。「『私もついていきたい』と言うと、『あなたにはあざがありますか？　暴行されていますか、夫に？』と聞かれ、私は体にあざがなかったので、暴行も殴られることと思っていたから『暴行はされてません』って」[15]。あざができるほどの身体的暴力を問われたため、子どもだけが保護されることになってしまった。ただ、結愛ちゃんは児童相談所の職員に「ママもたたかれている」とも証言していた。

虐待された子どもを保護すると、加害者からもそうでない親からも引き離される。子ども対親という枠組みで、見ているからだ。それに対して DV の場合では被害者の親が保護の対象になるが、子どもは親に同伴しているにすぎず、保護命令の対象にもならない。子どもと被害者である親のそれぞれの利益を連関させて保護する仕組みが整っていないのである。

子どもに対する虐待と、配偶者に対する DV は別々に起こっているのではない。両者を関連付けて「加害者」から逃れるシステム構築が必要である。

5　終わりに

「子の利益」について、このような本が編まれる背景は、2011 年に改正された民法 766 条があろう。離婚の際には「子の利益を最も優先して考慮して」、面会交流と監護にかかわる費用について取り決めをしなくてはならなくなった。この改正を受けて家庭裁判所が、所謂「原則面会交流」の方向に舵を切ったと言われている。その動きのなかで大きな役割を果たしたのが、細矢郁らによる「面会交流が争点となる調停事件の実情及び審理の在り方——民法 766 条の改正を踏まえて」である。この論文のなかで「子の利益」

---

15) 「【目黒女児虐待死、母親被告人質問詳報】(3)『怖い、悲しい、痛い、つらい』夫の暴行止められず」産経新聞 2019 年 9 月 5 日　https://www.sankei.com/affairs/news/190905/afr1909050045-n2.html

は、以下のように叙述されている。

　　子の監護に関する事項、とくに面会交流や監護費用の分担については、
　　離婚をする当事者間の利益の対立が大きいのみならず、離婚をめぐる夫
　　婦間の協議における駆け引きの材料とされるおそれもあることから、改
　　正後の民法766条1項では、家庭裁判所における調停または審判の際の
　　みならず、当事者間における協議の際にも、子の監護について必要な事
　　項を定めるにあたって、「子の利益を最も優先して考慮しなければなら
　　ない」という理念を明記することとされた[16]。

　つまり離婚の際に、「子の利益」を優先して考慮する理由は、第一に、離
婚するのだから当然、当事者間の対立が大きく、第二に、離婚協議の「駆け
引きの材料」とされかねないため、というのである。
　しかしこのロジックは転倒している。なぜなら対立の大きな関係において、
離婚、親権、養育費、財産分与、養育費といったさまざまな事項を決定する
際に、面会交流をそこに含めること自体が「駆け引きの材料」とされること
を意味しているからである。DV被害者などの面会交流において困難を抱え
ている人を多く調査しているが、多くの場合で、結局養育費とバーターにさ
れている。つまり養育費の調停を申し立てたら、面会交流を申し立てられた、
養育費を諦めることで面会交流調停が取り下げられた、年に100日面会など
の無理難題を主張され、財産分与の話で妥協せざるを得なかったなど、まさ
に「駆け引きの材料」となってしまっている。その結果、「子の利益」は実
現されているとはいいがたい。
　「子の利益」は実現されなければならない。しかし実際にはどのような制
度構築によって可能になるのか、もう一度私たちは現実を見据えて考える必
要があろう。

---

16)　細矢郁・進藤千絵・野田裕子「面会交流が争点となる調停事件の実情及び審理の在り方
　　　――民法766条の改正をふまえて」家庭裁判月報64巻7号（2012年）2-3頁。

第 3 章

◆

法は「子どもの利益」を
どう実現するべきか

1 子どもの利益と憲法上の権利
── 人間関係形成の自由の観点から

木村草太　首都大学東京教授

1　現在の親権制度の整理

令和元年 9 月 27 日、法務省は「共同養育等研究会」の設置を発表した。河井克行法相（当時）によれば、研究会では「父母が離婚をした後の子の養育の在り方、いわゆる『親権』概念の整理、離婚後共同親権制度の導入の是非、離婚要件の見直しの当否、そして面会交流の促進を図る方策等」の検討が想定されると言う[1]。

まず、現行法の親権制度について、簡単に整理しよう。民法 818 条 3 項本文は「親権は、父母の婚姻中は、父母が共同して行う」と規定する。この規定により、婚外子・事実婚・離婚後など、父母が婚姻関係にない子どもについては、父母いずれかの単独親権となる。

では、「親権」とは何か。民法は、「親権」の内容として、監護（820 条）、教育（820 条）、居所指定（821 条）、懲戒（822 条）、職業許可（823 条）、財産管理（824 条）を挙げ、また、未成年者の法律行為の法定代理人となるのも親権者とする（818 条）。これらを整理すると、「親権」の内容は、日常的に子の世話をする監護権と、教育や財産管理・法律行為などの重要事項決定権（狭義の親権）から成ると整理できるだろう。

法律上は、親権者とは別に、子と同居して監護する者（監護権者）を指定してもよい（民法 766 条）。この場合、親権者は重要事項決定権のみを持ち、

---

1)　2019 年 9 月 27 日、河合克行法務大臣記者会見（http://www.moj.go.jp/hisho/kouhou/hisho08_01167.html）参照。

監護権者は監護権を行った運用が想定されていたようだが、親権者の濫用事例が目立ち、実務上は親権・監護権の分離は避けられる傾向にある[2]。

　ところで、監護権は、離婚後の親権者（あるいは、親権・監護権を分離した場合の監護権者）が自由に行使できるものではない。監護の方法は、親権の有無にかかわらず、「子の利益」を基準に、両者の合意や家庭裁判所の命令で決定される（民法766条）。例えば、子の最善の利益になるなら、「週の前半は母の家で、後半は父の家で子を監護する」という合意も可能である。共同親権推進論者の中には、対等な監護を「共同親権制度」と呼ぶ者もいるが、それを可能にする制度は、すでに日本法に存在している。つまり、日本もすでにある意味での「共同親権制度」を取り入れているのである[3]。

　他方、重要事項決定権は、離婚後に共同で行使できない。なぜ、婚姻中は共同親権なのに、離婚後には単独親権となるのか。この点、「法律婚をする」との意思には、同居義務や相互扶助義務を設定する意思（民法752条参照）と同時に、「2人の間に子どもが生まれた場合には、子どもの親権を共同で行使する」との意思が含まれる。他方、離婚は、親権を共同する合意の解消と扱うのも合理的である[4]。実際、婚姻を継続できないほど関係の悪化

---

2)　内田貴『民法IV親族・相続［補訂版］』（東京大学出版会、2004年）134頁、森公任・森元みのり『「子の利益」だけでは解決できない親権・監護権・面会交流事例集』（新日本法規、2019年）25頁参照。

3)　平成31年2月25日衆議院予算委員会にて、山下貴司法務大臣は「面会交流、子供と会える権利と、それと親権、あるいは居所であるとかそういった教育、監護を決める権利、これは整理して考える必要がある」とした上で、「面会交流の権利につきましては、例えば、先ほど御紹介いたしましたとおり、平成23年の民法改正におきまして、そういった協議の際に、明示的に、面会及びその他の交流あるいは監護に要する費用の分担というのを、必要な事項を協議離婚の際に協議で定める、協議が調わなければ裁判所が定めるというふうに明文の民法で記載している」と解説している。安倍晋三首相も、これを受けて「親の面会、そういう権利については」「対応をしている」と述べている。

4)　現行法は、父母婚姻中に親権行使方針で対立しても、裁判所が調整する仕組みを持たない。内田貴『民法IV親族・相続［補訂版］』（東京大学出版会、2004年）236頁は、親権行使の調整のつかない父母の関係は実際上破綻していることが多いだろうとし、その場合は「離婚の際の親権者の決定という形で処理するほかない」と指摘する。

した者同士で、子どものために共同で親権を行使しようとしても、適切な合意形成が困難な場合も多いだろう。政府も、離婚後の共同親権には、スムーズに子どもについての決定ができなくなる危険があると強調している[5]。もっとも、離婚時に、「重要事項の決定に際しては、事前相談や、事後報告をする」と約束することは妨げられていない[6]。したがって、当事者が、婚姻時と同レベルの真摯さをもって、「離婚時も子どもの重要事項決定について父母で協力する」との合意があるのであれば、離婚後も共同親権と同等の関係を維持することは可能である。

2　親権と憲法上の権利

続いて、「親権」の法的性質を検討してみよう。

「親権」は、その語感もあってか、「父母が当然にそれを求めることのできる権利」と観念されることがしばしばある。場合によっては、「親権は自然権であり、父母に親権を与えないのは、天賦の権利の剥奪だ」との主張に出会うこともある。確かに、親子が交流する自由は、自然権と観念できるかもしれない。こうした権利は、憲法13条が保障する幸福追求権によって保障される、と考えることもできよう。親権のうち、「監護権」の一部、すなわち、親子が交流する自由の部分については、「親の当然の権利」とみることも可能である[7]。

しかし、親権のうち、「重要事項決定権」や、親子交流以外の「監護権」

---

5)　例えば、山下貴司法務大臣（当時）は、平成31年4月10日衆議院法務委員会にて、「離婚後の共同親権制度を導入すると、親権というのは、要するに、親が子供のために何かを決める、決定するという権利でございますが、これについて、父母の関係が良好でない場合に、その親権の行使について、父母の間で適時に適切な合意を形成することができないということで、子の利益を害するおそれがあるとの指摘もなされているところでございます」と述べている。

6)　ただし、この合意は、あくまで父母関係を規律するもので、親権の行使自体は拘束できない。榊原富士子・打越さく良「日本法・実務家の視点から」床谷文雄・本山敦編『親権法の比較研究』（日本評論社、2014年）404頁。

7)　なお、「親の当然の権利」や「自然権」だからといって、絶対無制約なものではなく、子の利益を害する場合等には、権利が否認されるのは当然である。

を、「親の当然の権利」とみることはできない。こうした権利は、国家の作る法制度において、「子どものために契約の代理人となったり、子どもの進路決定に法的有効性を認められたりする資格」、あるいは、「当事者が望むと望まないとにかかわらず、養育に必要な費用を払ったり、世話をしたりする資格」である。すなわち、国家以前に存在する「自然権」とは観念し得ない。

さて、「親権」が「親にとって当然の権利」でないとするならば、それを憲法から基礎づけるには、「子どもの権利」の観点から考察するしかない。憲法学において、子どもの権利に関する議論は、必ずしも盛んではないが、子どもが「人間」であり、人権の享有主体であるのは明らかである[8]。憲法上の権利には、「自由権」「社会権」「参政権」「請求権」がある。「参政権」のうち選挙権については、憲法の明文で「成年」によるものとの制限がされているが、それ以外の権利は、当然、子どもにも保障される。

もっとも、子どもは、自律的な能力の形成途上にあり、子ども自ら、自己の権利を実現することは困難である。

そこで、子どもの憲法上の権利を実現するには、日常的に監護・養育し、意思決定を支援する者が必要となる。その者を「（子どもの）権利実現義務者」と呼ぶことにしよう。子どもは、権利実現義務者なしには、あらゆる権利を行使できないのだから、「権利実現義務者を求める権利」[9] は、子どもにとって、重要な憲法上の権利である。

この「権利実現義務者を求める権利」は、請求権の一種である。この権利を具体化する立法として、民法上の「親権」を位置づけることができる。

3　権利実現義務者の選定

「権利実現義務者」は、子どもの利益を考えて合理的に判断・行動できる大人であればだれでも良い。理論的には、子の出生と同時に、国家が責任を

---

8)　奥平康弘「『人権総論』について」公法研究 59 号（1997 年）83 頁は、憲法学における「『人権享有主体』論は、どちらかというと、『こども』を享有主体の『らち』外におき、逆に『法人』を『らち』内においてみる傾向があった」と指摘し、「『こども』は、ある意味で未発達の部分をかかえているが、『完璧に人間』である」として、憲法学の傾向を批判する。

もって権利実現義務者を配分する、という制度も考えられなくはない。しかし、実の父母は、わが子の「健康で文化的な生存」や「健全な成長」、「充実した教育」について、誰よりも強い関心を持つのが一般的であるから、実親が権利実現義務者となるのが合理的であることが多いだろう。また、自然権としての親子交流の権利を保障するためには、親子が一緒に過ごせる時間を確保する必要がある。こうした考慮から、各国では、両親を監護・養育あるいは意思決定を支援する親権者とする制度が構築されてきた。

　もっとも、親権は、「親の当然の権利」としての「親子交流の自由」の権利というよりも、子の「権利実現義務者を求める権利」の具体化としての性質の方が強い。したがって、子の権利を実現できない父母については、親権を停止・剥奪し、児童相談所などの公的機関が権利実現義務者となるべきである。親子交流の自由についても、子の利益を害する場合等には、制限されることになろう。

　この点、児童の権利条約9条1項は、「締約国は、児童がその父母の意思に反してその父母から分離されない」と規定し[10]、同18条1項は、「締約国は、児童の養育及び発達について父母が共同の責任を有するという原則につ

---

9)　この権利は、すべての人間ではなく、一定の年齢段階にある者のみを対象とする。このため、「人権」とは異なる権利と位置づけられよう。奥平康弘教授は、「"ヒューマン・ライツ"論で前提とする主体（agent）」は「一人前、すなわち最小限の程度において理性的な判断能力を具えている者、もっといえば、関連情報が与えられることにより、自分の行為の目的を自主的に選択し、目的適合的であるためには何が必要かということを自主的に判断して、自己の責任において行為する主体」とされており、「こども」は、「この点で欠けるところがある」とする。そして、「こども」は「平均的権利としての、あるいは平均的人権でしかないところの『人権』以外の、あるいはそれ以上の権利を必要としている」と指摘する（奥平康弘「"ヒューマン・ライツ"考」『戦後憲法学の展開——和田英夫教授古稀記念論集』（日本評論社、1988年）137-139頁）。ここで指摘した権利実現義務者を求める権利は、奥平教授の言う「人権以上の権利」の一つだろう。

10)　この規定は、父母が別居する場合は例外だとしている（同項但書）。同2項は、別居に伴う子の居住地決定に、父母の意見表明の機会の確保を求めているが、日本法は、それを十分に充たしているとされる（波多野里望『逐条解説児童の権利条約［改訂版］』（有斐閣、2005年）65頁）。

いての認識を確保するために最善の努力を払う」と規定する。ただし、これらの規定はあくまで、「児童の最善の利益」を実現するためのものであり、虐待などの場合には、分離や養育権限の剥奪もあり得るのは当然である。

4　離婚後の共同養育と親権

さて、離婚後の「共同養育」を考えた場合に、「重要事項決定権」については、「1」に述べたとおり、原則として離婚後は単独行使とするのが合理的だろう[11]。

では、「監護権」についてはどうだろうか。離婚後も父母の間に十分な信頼関係があり、当事者の協議による合意形成が可能ならば、当事者の判断に委ねればよい。これに対し、合意形成が不可能な場合には、調停・審判等、第三者を入れて、子どもの利益のために最適な条件を探ることになる。

この点、養育費に関しては、養育費または婚姻費用の算定をする際に参考とすべき資料を裁判所が公表している[12]。養育費の取り決めがなされても、実際に支払われなければ子どもの利益が害されるので、支払いを確保する制度を構築する必要があるだろう。

また、面会交流の合意ができない場合、月に1回・数時間の面会交流を命ぜられることが多いと言われている。諸外国に比べて、面会交流の時間が少ないとの指摘がなされることもあるが、裁判所の命令が必要になるほど父母の対立が激しい場合には、まずは最低限の面会交流から初めて、徐々に信頼

---

11)　もっとも、婚姻時と同レベルの真摯さをもって、「離婚時も子どもの重要事項決定について父母で共同行使する」との合意がある場合について、単なる事前相談・事後報告を超えた共同行使の制度を設けることも、立法論としてはあり得る。

　　ただし、共同行使の合意をするにあたって、「早く離婚したいから」、「相手方に圧力をかけられたから」あるいは「その合意の結果どうなるのかよくわからないけど何となく」といった理由で合意したのでは、離婚後に、「子の利益」を最優先にした意思決定が困難になる。離婚時に、当事者の合意が本当に真意に基づくものなのか、子どもの利益に適っているか等を、裁判所は見分ける必要があろう。また、重要事項決定に際して、父母の間で合意が得られない場合に、子の利益に適うような意思決定を早急に行えるよう、公的に介入する制度を整える必要もあるだろう。

12)　http://www.courts.go.jp/tokyo-f/vcms_lf/santeihyo.pdf（最終閲覧2019年10月20日）

関係を構築し、面会交流の機会を増やすほかないだろう。面会交流の機会を増やしたかったら、離婚家庭に生じる精神的・経済的負担を軽減するため、公費でカウンセリングを受けられるようにしたり、各種金銭給付を増やしたりする必要もあろう。面会交流に不安を持つ同居親や子の負担を軽減するため、安全を確保しつつ、快適にすごせる面会場を整備する必要性もあろう。

5　子どもの人間関係形成の自由

　続いて、従来、あまり議論されてこなかった、子どもの「人間関係形成の自由」の観点から、親子関係について検討してみよう。「人間関係形成の自由」は、憲法13条によって保障されるプライバシー権の一種である[13]。

　プライバシー権とは、「自らの生に重要な事柄について、自ら選び取る自己決定権」と定義される。自己決定の対象には、妊娠・出産や医療のほかに、人間関係の形成も含まれる。私たちは、お互いに好意を寄せる人物とは人間関係を深めたいと思うし、関わり合いになりたくない人との関係を切断できなければ、苦痛に満ちた生を強要されるだろう。

　子どもの人間関係形成について考えてみると、幼児期までは、大半の時間を監護者たる権利実現義務者と過ごすことになる。青少年になっても、衣食住はもちろん、教育に至るまで、生活の多くを依存する。子どもと権利実現義務者は、非常に深い人間関係にならざるを得ない。

　この点、父母が、婚姻関係やそれに準ずる共同生活関係（いわゆる事実婚）にある場合には、親との関係で子どもの人間関係形成の自由が意識されることは、あまりないだろう。虐待等がない限り、多くの子どもは、父母双方と深い人間関係の形成を望むだろうし、その望みを実現することに、何ら支障はない。

　しかし、父母が離婚した場合には、「双方納得の上で別居し、相互に交渉もない父母」、「双方納得の上で別居し、その後も交流を続ける父母」、「DVの加害者・被害者の関係にあり、関係を断つ必要のある父母」、「同居して事実婚を続ける父母」など、その関係は多様である。離婚後の父母関係が多様

---

13)　この点は、長谷部恭男『憲法学のフロンティア』（岩波書店、1999年）115頁参照。

である以上、安易に原則やデフォルトを定めず、子どもの置かれた状況を丁寧に把握し、何が最善であるかを慎重に決定しなくてはならない。

「子どもの最善の利益」を考える上では、子どもが十分な保護の下で安全に暮らせること、文化的な生活を送るだけの金銭的余裕があること、といった客観的な条件を満たす必要があるのはもちろんであり、この点については、父母も家庭裁判所も、それなりの配慮をしてきたように思われる。ただ、そこでは、子どもの「人間関係形成の自由」という主観的な条件についての配慮が不十分だったのではないか、との懸念がある。というのも、子どもの人間関係形成の自由を担保するために重要な役割を果たす「意見表明権」が、十分に保障されているとは思われないからである。

児童の権利条約12条1項本文は「締約国は、自己の意見を形成する能力のある児童がその児童に影響を及ぼすすべての事項について自由に自己の意見を表明する権利を確保する」と規定する。家事事件手続法65条も、「家庭裁判所は、親子、親権又は未成年後見に関する家事審判その他未成年者である子（未成年被後見人を含む。以下この条において同じ。）がその結果により影響を受ける家事審判の手続においては、子の陳述の聴取、家庭裁判所調査官による調査その他の適切な方法により、子の意思を把握するように努め、審判をするに当たり、子の年齢及び発達の程度に応じて、その意思を考慮しなければならない」と規定する。条文を読む限りは、それなりに良い権利保障の規定に思えるのだが、実際の運用面については、課題も指摘されている。

離婚後の別居親との面会交流について、山﨑新弁護士は、次のように語っている。

　　私も調査官調査に限界があるというのは非常に感じているんです。子どもに1回限り1時間足らず会ったところで何が分かるのかという気がします。特に大きな子であれば自分の口で説明できますけれども，小さな子になるほど意思の把握というのは調査官のスキルにかかわってきますし。
　　一方で，調査官は必ずしも心理学の専門家ではない方も多いということを聞いています。先ほども言いました例外事由の有無を調査すると法

律家のように考えている方もいるのかなと思うこともあります。非常に誘導的なことを子どもに話し掛けたりする調査官もいます。例えば，子どもが面会を嫌だと言っているのに，「じゃあ，どうしたらお父さんに会ってもいいかな」みたいなことをまだ低学年の子どもに聞いたりして，何のための調査なんだろうと思ったりもします[14]。

　離婚は、子どもに大きなストレスを与える。また、先ほど指摘したように、父母の関係は多様である上に、子どもの意思・感情は日々、揺れ動く。とすれば、子どもの意見表明の自由を確保するためには、「1回限り1時間」ではなく、調査者と子どもとの信頼関係を十分に形成する必要があるだろう。また、離婚条件を決めるときだけでなく、父母の離婚が成立した後も、継続的に子どもの心理への配慮が必要である[15]。

　さらに、できることならば、子どもの意見表明を支援する人と、父母の意見も踏まえて面会交流の条件を判定する人とは、分けたほうが良い。「原則面会交流は実施するもの」という前提を置かずに、子ども自らが望む「人間関係」の探求に注力するためである。

6 「子どもの利益」の客観的条件と主観的条件の齟齬

　さて、子どもの意見表明の自由が十分に保障される運用がなされるようになったと仮定しよう。これにより、「子どもの最善の利益」を第一に考慮したうえで、親権者・監護事項を定めるにあたっての主観的条件は明らかになる。「子どもの最善の利益」を実現する決定の客観的条件と、主観的条件とが一致する場合は、それを満たす選択をすればよい。では、両者が一致しな

---

14)　近藤ルミ子・福田笑美・山崎新「座談会『子どもの面会交流』」Libra2017年5月号（東京弁護士会）10頁。

15)　山崎弁護士は「家裁が取り決めの段階までしかできないということが前提になってしまっているのですが，私は面会交流事案は実施面のフォローの方が大事だと思っています。継続的なフォローの仕組みがないのが今の日本の状況ですが，そうした中で取り決めの部分しかやらない家裁だけでは，結局面会交流事案の解決に困難を抱えたままになるのではと思います」と指摘する。

い場合には、どうすればよいのか。

　もちろん、究極的には、客観的条件を優先させるべきだろう。こども本人が「親に会いたい」と希望したからといって、その親が、虐待等、不適切な重要事項決定権・監護権行使をする可能性が高いのであれば、子どもの安全を確保する措置もとらずに面会させたり、親権を与えたりすることは許されない。かといって、単純に、客観的条件を満たしていさえすればよいということになれば、当人の意見表明権や人間関係形成の自由はないのと同じになってしまう。

　ここで重要なのが、意見表明の権利は、単に、壁に向かって話す権利ではないという点である。山下敏雅弁護士は、子どもの代理人・意見表明権を扱った論稿[16)] で、次のような事案を紹介している。

　虐待家庭で育ち、勤労や集団生活を苦手としていたA君は、里親の下での生活を希望するに至った。担当の児童福祉司は、A君には家庭内暴力の過去があることや、年齢が17歳であること等から、引き受けてくれる里親はほとんどいないと、里親には消極的で、自律支援ホームを勧めた。この時、山下弁護士は、彼が大きく成長していること、自分の足で回ってさまざまに考えてきたこと、里親を強く望むに至ったことを、意見書にとりまとめて提出し、粘り強く交渉した結果、A君は里親を見つけることができた。その1年後、A君は、次のステップを踏む必要を理解し、里親宅を出て自律支援ホームに移った。

　続いて紹介されるのは、離婚後、母に育てられていたBさん・Cさん姉妹である。2人の母は突然自殺し、母方の伯父の家で育てられることになった。しかし、伯父は、亡くなった母をののしり続け、心休まる生活ができなくなっていく。そんな中、伯父が、遠方の実父宅への片道チケットを買って、BさんとCさんを追いやろうとした。2人は住み慣れた町を離れたくないと主張したが、児童相談所は、実父宅へ行くことを勧めた。この時、山下弁護士は、児童相談所が伯父にも実父にも連絡や面談をせず、実父宅の環境を調

---

16)　山下敏雅「児童相談所・子どもの代理人——子どもの意見表明権を保障する」木村草太編『子どもの人権を守るために』(晶文社、2018年) 所収。

べもせず、子どもたちの意に反して追いやるのは、ケースワークとして極めて不適切だと主張し、一時保護を促した。その後、実父が2人と話し合いにやってきて、結局、実父宅へ移ることになった。

　この二つのケースでは、いずれも、児童福祉司や児童相談所が最初に勧めた選択肢（A君：自立支援ホーム、Bさん・Cさん：遠方の実父宅での生活）が最終的には採られている。そうだとすれば、子どもの利益の判断としては、最初から当人の意見を無視した方が効率的だったと言えるだろう。しかし、山下弁護士は「たとえ結果として同じところにたどり着くとしても、そのプロセスとして、『行きたくないのに大人から言われてしぶしぶ行かされた』のと、『自分の意見をきちんと主張し、納得した上で行く』のとでは、本人にとって全く意味が異なり」、「権利の主体であるということは、自分の人生を自分で選んで歩んでいくことに他ならない」と言う。

　これは重大な示唆である。意見表明権は、単に意見を表明するだけで終わっては意味がない。公的機関や担当者が、子どもの意見を実現できるよう努力する必要がある。子どもの「人間関係形成の自由」が実現されること自体が、「子どもの利益」の一部を形成しているからである。たとえ、その選択が後に最善ではないとの結論に達する可能性があるにしても、一度はそれを実現してみることこそが、「子どもの利益」と言えるだろう。ただし、その選択が子どもに対して重大な不利益を生じさせる場合には、それを防ぐ義務があるのは当然である。

　子どもの「人間関係形成の自由」及び「意見表明権」の尊重そのものが、「子どもの利益」の一部を形成しているという点は、離婚後の親子関係を考える上でも重要である。

　父母が離婚した際に、子どもが、一方の親との生活を拒絶したり、別居親との面会交流を拒んだりすることがある。この場合、客観的に見て、拒絶された親には全く問題がなかったり、あるいは、別居親を拒絶する同居親に同調し本心を押し殺していたりするように見えたりする事例もあるだろう。ただ、そうだとしても、面会交流を強行すれば、子どもは、「自分の意見表明権が尊重された」と感じることはできない。これは、「子どもの利益」を害する。そうした事例では、児童心理の専門家や、離婚時の父母の心理の専門

家の協力を得て、子どもあるいは同居親に対して丁寧なカウンセリングを行い、当人が納得できる心理状態を作る努力をすべきだろう。

　他方、子どもが、虐待やDVの加害者である親に会いたがることもある。その親が、極度の薬物依存である等、面会から危害が生じることが具体的に予測できるなら、面会の実現は困難だろう。ただ、虐待やDVにも程度があり、工夫をすれば安全を確保できる場合はあり得る[17]。もちろん、会えば幻滅し、二度と会いたくないと思うこともあろう。しかし、当人の意思に基づき面会交流したのであれば、「会ってはいけない親だ」という現実を受け入れることにも意味があろう。

　子どもの意見表明を尊重し、子どもの人間関係形成の自由を保障することは、「子どもの利益」を考えるうえで重要な要素である。意見表明権を実りのあるものにするには、単に、意見表明の自由が認められるだけでは足りない。それを実現するために、大人が本気で支援する必要がある。

　おわりに

　親権は、子どもの利益のために行使されねばならない。これはもはや共通理解と言えるだろう。子どもがモノのように扱われていた100年前に比べれば、子どもの利益を第一に考えようという思想は広まってきた。ただ、その「子どもの利益」の中に、子どもの人間関係形成の自由という重大な権利が含まれていることが、見落とされてきたのではないか。

　「子どもの利益」の客観的条件についても、まだまだ改善の必要があるのはもちろんだが、それと同時に、主観的条件の重要性についても、社会の認識がより高まることを望む。

---

17)　具体的には、子どもの安全を確保するために、公的な面会場を整備する、必要に応じて監視者をつける、面会交流の前後で子どもの心理面に過度の負担がないかをチェックするなどの対応が考えられる。

2 国際人権法から見た子どもの最善の利益

鈴木隆文　弁護士

　第1章4では、子どもの権利条約の文言及び価値観の中で、条約9条3項及び締約国である日本の定期報告に対する総括所見についての読み方を説明した。

　しかし、国際人権法秩序は他の人権条約との整合性の中で解釈がされるべきである。本章では、子どもの権利条約における家族の権利に関するいびつさ、他条約、特に女性差別撤廃条約や欧州評議会のイスタンブール条約[1]との関係で整合する読み方を説明する。

1　子どもの権利の歴史について

　国連子どもの権利条約や各国での議論において、これまでの子どもの権利の形成・成熟とは異なった残念な流れが存在している。

　世界人権宣言、その後の国際人権規約等では、すべての人々が対象にされていたはずであるが、実質的には特定の集団の人々の権利は取り残され、その後に採択された人種差別撤廃条約、女性差別撤廃条約、子どもの権利条約、障がい者権利条約を始め、国連機関等での各種宣言等において、充分に権利が保障されてこなかった人々の権利について、条約等の国際文書が積み重ねられていった。

　国連子どもの権利条約は1980年代の議論の後、1989年に採択されたものであるが、成立の原点[2]にあったのは、子どもを客体や支配の対象から、権

---

1)　日本は加盟国ではないが、女性に対する暴力に関して解釈する際には重要な国際規範である。

利主体とするという視点の転換であり、また、親等との安全な関係性・環境の中で成長することを子どもに保障することであった。

しかし、国連で条約が採択された1989年前後の議論は、特に家族に関する権利を議論する際、不幸な歴史を引きずることになった。

（1）　子どもの権利条約とフェミニストら[3] の主張

子どもの権利条約9条3項や、18条、19条は特に家族に関する条項であり、長い間子どもの養育を担ってきた女性たちの権利とも大きくかかわる分野であり、女性の権利条約との関係も重要である。女性差別撤廃条約は、5条(b)[4] 及び16条1項(d)において子どもの最善の利益に言及している。

国際人権条約分野での、男性グループによる、または、家父長的家族政策、性別中立法の虚構の約束にまつわるバックラッシュについては、Ruth Halperin-Kaddari 及び Marsha Freeman による『Backlash Goes Global: Men's Groups, Patriarchal Family Policy, and the False Promise of Gender-Neutral Laws』(2016)[5] に詳細な分析がされている[6]。子どもの権利条約の分野では、家族内での平等実現に対する家父長制的な視点からの世界各地での抵抗、特に富裕国での女性の権利への敵対、国連内の議論での文化的・伝統的価値の濫用、

---

2)　子どもの権利条約の原案は、第2次世界大戦において多くの子どもたちが犠牲となったポーランドのコルチャックの子どもを人権の主体であることを中心とする精神を引き継いで1978年にポーランド政府から提案された。

3)　フェミニストのなかでも子どもの権利条約についてさまざまな評価があることについては、古典としては Frances Olsen による Children's Rights: Some Feminist Approaches To the United Nations Convention On The Rights of The Child *International Journal of Law, Policy and the Family*, Volume 6, Issue 1, April 1992, pp. 192-220 が参考となる。

4)　なお、子どもの権利条約18条1項や女性差別撤廃条約5条(b)は親の共同責任を謳うが、監護体制に応じて、子どもの最善の利益にかなう責任のあり方が異なるのは当然の帰結である。

5)　Canadian Journal of Women and the Law, Vol. 28 No.1, 2016. この号では、フェミニズムに挑む男性運動という特集が組まれており、他にも重要な論考が掲載されている。

6)　この分野のほかにも、例えばリプロダクティブ・ライツの分野では、国連の開発（発展）関連の会議でバックラッシュに遭い、一進一退が繰り返されている。

平等規範の後退がなされたことに言及している。子どもの最善の利益は、ジェンダー中立的な表現ではあるが、ほとんどのシステムにおいて不適切に位置づけられ、その評価において司法に広汎な自由裁量を与えてしまっていること、父系の特権や父側の経済力にさらなる恩恵を与え、女性たちを差別する方法で適用されてきたことを批判している。あるべき国際規範としては子どもの監護についての伝統的な男性優位の権威をなくす方向に向かうべきであり、女性の親としての「自律性」[7]を尊重し、家庭外で働いている女性でさえ父親と比べて多くの時間を育児や家事に費やしている現実を認識すべきであり、それによって実質的な平等を実現し、主たる監護者である母親の経済的不利益を除去し、父親の権威の維持ではなく、子どもの利益に焦点を当てるべきと説く。このような立場は、離別後の家庭の安定性と、対立を最小限に食い止めることが子どもの福利にとって決定的であるとの調査研究[8]に基づいている。にもかかわらず、父親運動は、表面的ではあるが効果的に、「平等」を語り、自身の伝統的な家族内の居場所と子どもへのアクセスを失ったことへの怒りを、自身が家族法システムの犠牲者であるとすり替え「ハイジャックしている」と上記論文は分析している。

　同様にオーストラリアでの別居後の子どもと非監護親との接触の増加についての危険性を分析した Catherine Humphreys and Christine Harrison の 'Squaring the Circle? Contact and Domestic Violence'[9] では、子どもの最善の利益について、安全性と子どもの福利への考慮とアセスメントが不可欠であり、子どもの最善の利益に即した面会を増加させる課題は、DV や子どもの虐待がない場合の自発的な合意場面での課題として位置づけている。

　Jeffries, Samantha に よ る In the Best Interests of the Abuser: Coercive Control, Child Custody Proceedings and the "Expert" Assessments That

---

7)　離婚後の共同での決定を強いることは、重要事項ほど非監護親の決定権・拒否権にかからしめることになる。

8)　オーストラリアでの研究として、Jennifer McIntosh, Bruce Smyth, Margaret Kelaher, Yvonne Wells and Caroline Long による『Post-separation parenting arrangements: Patterns and developmental outcomes. Studies of two risk groups』（2011）86:1 Family Matters 40

9)　（2003）33 Family Law 419-423.

Guide Judicial Determinations[10] においても、英国も米国、オーストラリアの経験に基づいて、子どもの最善の利益が、司法手続において、強制的な支配的暴力となる現実と今後の子どもや元配偶者に対する潜在的リスクは無視され、子どもの最善の利益の考慮は、加害者と子どもとの接触を継続させて、被害者の安全よりも加害者の権利を優先させてきたことを批判している。

Cathy Humphreys 及び Meredith Kiraly による『High-frequency family contact: a road to nowhere for infants』[11] は、裁判所による、離別後の幼児の頻繁な接触を求める判断について、子どもの最善の利益を犠牲にしていること、接触の質を保つためのサポートがないこと、対審構造が幼児にとっての重要な時期の微妙な判断にふさわしくないこと等を指摘している[12]。

(2) 父権運動との「結論の一致」とその影響

1980年代、先進国では、伝統的性別役割分担を否定し、家事育児の平等な分担を求める主張が強まったが、相いれないはずの子どもへのアクセスについて形式的な平等を求める父権運動と結論が一致した。子どもへの平等なかかわりの権利の部分だけが、父権運動が強かった国々では実現してしまい、家庭内の実質的な平等が実現しないまま、子どもとの実質的な関与や公平な分担については置き去りにされてしまった。その結果、多くの子どもと女性が困難を抱え込むことになり、平等な価値観に真向から対立する事象であるDVが存在する家庭でその矛盾が顕著となった。真に平等な社会・家庭で期待される理想[13]的な平等なかかわりの可能性について、いまだに子どもに何かあれば母親が非難されることに代表されるように、平等が実現しないまま父親の権利のみが実現されてしまい、また困ったことに、特に女性差別的

10）　*Laws* °2016, °5（1）, 14; https://doi.org/10.3390/laws5010014

11）　First published: 19 December 2010 https://doi.org/10.1111/j.1365-2206.2010.00699.x

12）　子どもの最善の利益の深化にとって対審構造の限界が露呈することが多い。

13）　Barnett, A. は、非監護親を安全な家族と位置づけることは、法律が「理想」とする離別後の家族のイメージの維持に貢献するが、（実現できないかもしれないゴールである）加害者を安全に変化させるものではない、と述べる。'Contact at all costs? Domestic violence and children's welfare'. Child and Family Law Quarterly, 26（4）（2014）. pp. 439-462.

であり、パートナーを暴力や虐待で支配してきた男性たちによって声高に主張されるようになった。

　家父長制からの脱却は子どもの権利の発展のために乗り越えなければならない壁であったはずであるが、根深い家父長制が存在する背景を克服できないまま、子どもとの関係性とは無関係に、父親であるという理由のみをもって、子どもに対する強いコントロールとアクセスを認めることが実現してしまった。1979 年に採択された女性差別撤廃条約の理念でもあった「平等」の流用や、また、子どもの権利や利益の誤用・トリックによって、近代型・別居型家族に適応した家父長制が復活していった。当時から隆盛し始めた新自由主義と同様に、平等の名のもとに、差別の改善がないまま、むき出しの暴力にさらされることになった。従属からの解放を夢見たはずが、別の形の従属にはまってしまった[14]。

　なお、子どもの権利条約の 9 条 1 項は、当初のポーランド提案の原案では、母子不分離の規定であったところ、アメリカの提案によって父母からの分離禁止に変更された。また、9 条 3 項は、当初の文案にはなかったようであるが、オーストラリア提案によって議論が始まった。アメリカもオーストラリアも、1970 年には父権運動が強い勢力になり、発言力が高まり立法への影響力を有していたことと偶然の一致ではないかもしれない。

（3）　子どもの権利の枠組みの限界

　子どもの権利については、これまで軽視されていた子どもの主体性を重視し、子どもの最善の利益を中心にさまざまな場面での子どもの権利を子ども中心に再構成した点は画期的であったが、他方で、子どもの権利条約は、子どもの周りの人間の権利の調整や、周囲の人間たちの力関係やそれを取り巻く社会構造には考慮が行き届かず、いまだ不十分である。このような懸念に対して、子どもの権利条約の一般的意見 14 の 39 段落では「いったん評価・判定された子どもの最善の利益が、他の（例えば他の子ども、公衆、親等

14）　カナダでの新自由主義に基づく家族法改正を批判するものとして、前掲第 1 章 4 の注 4）を参照。

の）利益または権利と相反するおそれもある。個別に考慮された子どもの最善の利益と、子どもたちの集団または子どもたち一般の最善の利益とが相反する可能性があるときは、すべての当事者の利益を慎重に比較衡量し、かつ適切な折衷策を見出すことによって、事案ごとの状況に応じて解決が図られなければならない。他者の権利が子どもの最善の利益と相反する場合も同様である。調和を図ることができないときは、公的機関および意思決定担当者はすべての関係者の権利の分析および比較衡量を行なわなければならない。」とするが、各国の運用では、特に子どもの監護や面会交流に関する紛争場面では、この一般的意見はほとんど無視されるに等しい運用がされてきた。子どもの権利条約は、あたかも子どもの人権以外に人権問題はなく、大人の平等はすべて実現されているかのような仮定を置いているのかもしれないが、現実の子どもと親との監護状況、養育監護の負担関係、多くの社会で存在する「母」としての重圧や犠牲には配慮がされていない。

（4）　女性に対する暴力の再「発見」

　このような家族内、離別後の家父長制による子どもや子どもを通じた女性に対する支配や虐待は、直ちに現実的な問題として確認されることになった。

　女性と子どものためのシェルターはDVの被害女性と子どもを支援することに重点が移り、また女性の権利条約の採択に後押しされたこともあって国際的に女性に対する暴力を人権問題として認識し、各国でDV防止法を制定する動きが1990年代には大きな流れとなった。

　このような中、これまで家族内のプライベイトな事柄として問題意識を持ちにくかったDVについて、問題意識が高まったものの、他方でDVについての社会認識の悪影響・バックラッシュが司法場面に顕著に表れ、司法において、DV被害者である主たる監護を担ってきた女性が監護権を失ったり、離別後の頻繁な面会交流のため子どもにとっての安全で安定した環境が破壊されてしまったりする事態が顕在化することになった[15]。子どもの権利条約一般的意見14の段落34が述べるとおり、「（子どもの最善の利益は）都合のいいように使われる余地が残る場合もある。子どもの最善の利益の概念は、例えば人種主義的政策を正当化しようとする政府および他の国家機関によっ

て、監護権をめぐる紛争で自分自身の利益を擁護しようとする親によって、また面倒を引き受けられず、関連性または重要性がないとして子どもの最善の利益の評価を行なおうとしない専門家によって、濫用されてきた。」と注意喚起しているが、このような多くの子どもと女性の生活の安全と安心が「子どもの最善の利益」の名のもとに破壊されてきた。

2 子どもの権利の特徴としての関係的権利

ところで、子どもの権利の特徴はいろいろあるが、権利主体としての子どもという他に、子どもにとっての関係性、環境を重視すべきことも特徴である。家族形成権等家族にまつわる権利は他の条約でも規定されているが、特に子どもという存在が、身近な人間との関係性の中で人格を形成し、成長していく存在であるため、安全という基盤が極めて重要である。

安全という基盤の上に、愛着関係が形成されることが必要だが、愛着関係に問題があれば面会も有害である。愛着形成には監護親への社会的サポートが必要であり、非監護親との接触がこれを疎外することがある。脳科学の分野では、子どもと監護者が肯定的な交流関係を発展できる能力が、適切な脳の発達を促すことを指摘しており[16][17]、愛着形成が安定していない子どもにおいては父親との面会による抑うつとの関連性も確認されており[18]、「たとえ子どもへのマルトリートメントがなくとも、加害親との生活や面会自体、

---

15) 例えば、カナダ BC 州では、Susan Boyd が 1989 年には Child Custody, Ideologies and Employment Canadian Journal of Women and the Law, Vol. 3, pp. 111-133 を発表し、また、BC 州でシェルター運動を支えてきた Marie Abdelmalik は、1999 年に『Best interests of the child? Contemporary Canadian post-separation custody and access issues』という論文を発表している。

16) Bruce D. Perry, M.D., Ph.D. による『Bonding and Attachment in Maltreated Children Consequences of Emotional Neglect in Childhood』. https://childtrauma.org/wp-content/uploads/2013/11/Bonding_13.pdf は DV 状況にいた子どもたちが愛着の発達の問題において脆弱であることに言及している。

17) 和書でこの点をわかりやすく解説しているものとして、友田明美『子どもの脳を傷つける親たち』（NHK 出版新書、2017 年）の 59 頁以下でマルトリートメントとして DV の子どもの脳への影響について解説している。

子どもにとっては新たなストレスとなる可能性がある。……フラッシュバックも起こりやすくなり、その結果、子どもに再び身体的・心理的な不安が生じ、脳の発達をも阻害することにつながる点を見逃してはいけない。また、加害側の親と対面することで、被害を受けていた親のほうが精神的に不安定になり、それが子どもに影響を与えてしまうというリスクも考えられる」[19]と指摘されている[20]。

　このような背景から、子どもの権利条約3条の最善の利益の解釈は、同条約19条とあわせて読まないと意味がないことが指摘されており[21]、安全と養育環境の提供が至上である。

3　国際人権条約における子どもの監護事案でのDVの重視

　国際人権条約全体のなかで、特に女性差別撤廃条約との関係を検討するが、その前に現実に起きていることとして、離婚に伴っての子どもの殺人被害がアメリカでは、この10年ほどの間に700件超も確認されている。加害者の7割強は父親であり、その多くにDVや虐待を背景とする子どもの監護権紛争が存在していた[22]。

18）　戦略的創造研究推進事業（社会技術研究開発）平成29年度研究開発実施報告書「安全な暮らしをつくる新しい公／私空間の構築」研究開発領域「養育者支援によって子どもの虐待を低減するシステムの構築」（黒田公美）（理化学研究所脳科学総合研究センター、親和性社会行動研究チーム　チームリーダー）B3母子間相互作用のバイオマーカー探索　主担当　友田明美執筆部分

19）　President online 2017/10/28　https://president.jp/articles/-/23474?page=3

20）　同様にDV加害者の父親の面会が子どもたちの精神的、行動的健康問題を悪化させるリスクがあることを指摘するものとして、Associations of Mental and Behavioral Problems among Children Exposed to Intimate Partner Violence Previously and Visits with Their Fathers Who Perpetrated the Violence（Sachiko Kita, Megumi Haruna, Miku Yamaji, Masayo Matsuzaki, Kiyoko Kamibeppu）Open Journal of Nursing, 2017, 7, 361-377. http://www.scirp.org/journal/ojn

21）　Humphreys, C; Kiraly, M, High frequency parental contact for infants in care: Whose rights are being served?, Vulnerable Children and the Law: International evidence for improving child welfare, child protection and children's rights, 2012, 1, pp. 201-218.

（1）　二つのゴンザレス事件

①　米州人権機構でのゴンザレス事件[23]

　このようなアメリカでの離別に伴う子どもの殺人事件として、別居中の夫に3人の子どもを殺害されたことの原因となった、警察による保護命令の不履行について、町や警察を訴追できないとしたアメリカ連邦最高裁判所の判断に対して、2011年米州人権機構は、DV被害者と子どもたちを保護する相応の注意義務違反があったと判断した。

②　女性差別撤廃委員会でのゴンザレス事件[24]

　裁判所は離婚命令を発したものの、DVの主張を無視して、監督なしでの面会を許可した。長女を夫に面会させた後に夫から連絡がないため、警察に通報したところ、夫の住居で夫と長女の遺体が発見され、夫が長女を射殺後、自殺を図ったと結論づけられた。

　長女殺害に至った出来事に関し、同国が相応の注意義務を履行したかが争点となり、締約国の女性差別撤廃委員会は違反を認定した。締約国は通報人に対し、違反の深刻さに即応した適切かつ包括的な補償をし、同国の構造や実務における過誤の有無を判断するため徹底かつ公正な捜査を行う義務があるとし、締約国に対し一般に、親権や面会権を決定する際、従前のDVを斟酌する適切で効果的な手段を採用し、DVに適切に対応するために相応の注意を払うよう法的枠組を強化すること、また、DV根絶に関する法的枠組みの適用において裁判官や行政職員らに強制的な訓練を提供することをそれぞれ求めた。

---

22)　https://centerforjudicialexcellence.org/cje-projects-initiatives/child-murder-data/（最終閲覧 2019 年 8 月 16 日）
23)　IACHR REPORT No. 80/11; CASE 12.626.
　JESSICA LENAHAN (GONZALES) ET AL. v. UNITED STATES（July 21, 2011）.
24)　CEDAW Communication No. 47/2012. Angela González Carreño v. Spain（July 16, 2014）.

（2）　DV が存在する場合の子どもの監護の国際基準

　以上、安全性を中心に子どもの監護の課題を考えるのが当然であるが、な
ぜか国連子どもの権利委員会は、離婚における子どもの監護について関心が
あまり高くなく、まれに子どもの監護責任の「平等」に触れるに過ぎず、そ
の流れのなかで前述の日本に対する勧告がなされた。また、DV は世界各地
にまん延する現象であるにもかかわらず（世界保健機関（WHO）の「Global
and regional estimates' of violence against women」によると、DV の発生
率は高所得国で 23.2％、東南アジア地域で 37.7％と推測されており、概ね 3
割程度の発生率が推算されている）、ドメスティック・バイオレンスと子ど
もの監護との関係に触れた勧告は皆無に等しいが、他の国際人権条約機関は、
離婚に伴う子どもの監護・面会交流の課題について、子どもの権利委員会に
代わって、現実に即した解決を提案してきた。
　例えば欧州人権条約では、8 条において私生活の尊重について規定してい
るが、その解釈においても、暴力からの保護と安全の確保が重要な要素とし
て考慮されてきた[25]。以下では、数ある国際人権条約の中から女性差別撤廃
条約とイスタンブール条約に焦点を当てる。

①　女性差別撤廃委員会における子どもの監護事案での DV の重視

　女性差別撤廃条約は、採択された当時の議論状況から、DV を含む、女性
に対する暴力についての具体的な条文を用意していないが、国際的議論の進
展とともに 1990 年代からその議論を急速に発展させてきた。1992 年に採択
された一般勧告 19 は、女性に対する暴力についての包括的な文書であり、
日本の DV 防止法制定にも少なからぬ影響を及ぼしているが、その頃から国
連・女性差別撤廃委員会は、締約国の定期的審査において女性に対する暴力
について重点を置き、また、個人通報制度においても DV をはじめとする女
性に対する暴力事件に多くの判断を示してきた。

---

25)　Guide on Article 8 of the European Convention on Human Rights（2019）の 19-20 頁。
　　https://www.echr.coe.int/Documents/Guide_Art_8_ENG.pdf

この数年の女性差別撤廃委員会の総括所見は、まだ不十分であるものの6分の1程度の総括所見においてDVとの関係での子どもの監護に言及しており、「片親引離し症候群」を使用していることを非難するものが数件、子どもの共同監護についても、共同監護に対する楽観的な見方を非難し（カナダ、2016年）、共同監護が養育費減額の口実にされないよう勧告する（スイス、2016年）など数件あらわれている[26]。

　女性差別撤廃委員会によるスペインの定期報告書審査では、国のガイドラインが、引離し症候群の有効性を否定したことを評価しつつ、他方でその概念がDVを主張した女性への監護権の判断に不利に利用されており、監護権紛争においてDVが適切に考慮されないことに懸念を示しており、さらにこのような事案において物理的な共同監護を立法化する動きに対して懸念を表明した（段落38）。これを受けて子どもの権利、福利、安全が脅かされかねない事案で監督なしの面会は与えられないことを確実にすること、DVがからむ子どもの監護紛争において、共同監護を原則型とせず、女性と子どもの具体的なニーズに適切に対処することを求める勧告を発表している（段落39）。

　②　女性差別撤廃委員会の一般的勧告における子どもの監護事案でのDVの重視
　このような議論の進展とともに、女性に対する暴力についての一般的勧告については、さらに議論が深化し、一般的勧告19を改定した一般的勧告35が2017年に採択された。
　その31段落では、「子どもの監護や面会を含む司法手続や手続後における加害者や加害者であると主張されている者の権利や主張は、被害者である女性や子どもの、生命、身体的性的心理的統合性への人権の観点から、子どもの最善の権利に沿って判断されるべき」としている[27]。

---

26)　2019年5月24日にストラスブルグで開催された欧州評議会主催の会議におけるのRuth Halperin-Kaddariによる基調講演「INTERNATIONAL HUMAN RIGHTS MECHANISMS, CHILD CUSTODY AND DOMESTIC VIOLENCE: DO THEY WALK THE TALK?」（https://rm.coe.int/rhk-presentation-strasbourg/168094b6e7）の資料より引用。

③　イスタンブール条約における子どもの監護事案での DV の重視

　また、欧州評議会の「女性に対する暴力及びドメスティック・バイオレンス防止条約」（Council of Europe Convention on preventing and combating violence against women and domestic violence）、通称イスタンブール条約が、2011 年に採択され、2014 年に発効した。

　その 31 条は監護権、面会権および安全と題して下記のとおり規定する。「安全」と明記されたことは画期的な内容である。

　　１．締約国は、子どもの監護権および面会権に関する決定に際し、この条約の適用範囲にある暴力の発生が考慮されることを確保するため、必要な立法上その他の措置をとる。

　　２．締約国は、いかなる面会権または監護権の行使も被害者または子どもの権利および安全を危うくしないことを確保するため、必要な立法上その他の措置をとる。

　イスタンブール条約については、その実施を監視する専門家委員会（Group of Experts on Action against Violence against Women and Domestic Violence（GREVIO））が設置されているが、2015 年に GREVIO が発足して以来、この分野でも先進的な勧告を公表してきた。

　GREVIO のデンマークに対する勧告（2017 年）では、監護親と子どもの「安全」が、監護権や面会についての判断の際の中心的な要素となるとし、両親間で合意が形成できる場合であっても暴力や虐待の経緯がある場合には監護親と子どもに対する暴力の現在の危険性を査定すべきとした。また、GREVIO は、ポルトガルに対して、各機関が足並みをそろえて、保護の必要性と DV 被害者の安全を優先させるべきこと、DV を目撃した子どもは直接的な暴力被害に遭う場合と同様の影響を受けていると認識することのアプローチを採用することと、すべての家事事件において暴力の履歴があるか、通報があるかについて必ず質問事項に含めるべきという勧告を公表した（2019 年）。

27）　*Yildirim v. Austria, Goekce v. Austria, Gonz?lez Carre?o v. Spain, M.W. v. Denmark and Jallow v. Bulgaria.* 参照。

④　独立専門家による子どもの監護事案での DV を本質的要素とする共同書簡

　2019 年 5 月、国連の女性に対する暴力特別報告者を始め、女性に対する暴力及び女性の権利擁護に取り組む国連機関及び地域人権機構の独立専門家が、DV こそが、子どもの監護について判断する際の本質的な要素であることを示す共同書簡[28]を発表した。是非全文をお読みいただきたい。

（3）　残された課題

　女性差別撤廃委員会やイスタンブール条約の監視にあたる GREVIO は、この課題を明示的に示してきたが、しかしながら、DV を子どもの監護紛争において具体的にどのように考慮すべきか、形式的に平等な親時間と物理的共同監護を求める「ジェンダー中立的」トレンドをどう扱うべきか[29]、子ども引離し症候群を主張する「運動」にどう向き合うべきかについて、具体的な提案をできるまでには至っていない。

　他方で、虚偽 DV と主張する反動[30]や、片親引離しが国際疾病分類の第 11 版（2019 年）の索引用語に残ってしまったこと[31]は、DV 被害者やその監護下で暮らす子どもたちを沈黙させ、別居や離婚の際、女性の権利や子どもたちの安全を脅かしている。離婚後の親子交流が成功している事案もあるが、監護に関する紛争やその後の面会等の接触場面において、脅しや暴力が用いられ、また共同監護が採用された国々では養育費削減のために主張される事案が多いことも確認されている。

4　まとめ

　監護、面会における「安全」を最優先とした子どもの最善の利益や、DV 被害に遭った女性や子どもの権利擁護については、経済富裕国では子どもの権利条約以前から存在していた課題であるが、残念ながら国際人権条約の分

28）　https://www.ohchr.org/Documents/Issues/Women/SR/StatementVAW_Custody.pdf

29）　子どもの権利条約採択時から問題があったが、現実の不平等を無視して、男性が欲望する権利についてのみ平等を求めるジェンダー平等もどきが横行している。

30）　併せて、DV について、単発の、かつ、生命・身体に重大な危害を及ぼすものに限定し、DV 概念やその影響を矮小化する動きも同様に問題が大きい。

野では、まだ議論の歴史が浅い。女性差別撤廃委員会やイスタンブール条約により設置された GREVIO での議論も、先導的に視点を示しているが、具体化されるのは今後の課題であるし、他の条約分野への波及も今後の課題である。しかも逆行する動きの勢いもなおも強い。子どもの権利条約についての議論や、第 1 章 4 で示した子どもの権利委員会の勧告は、現時点であまりにも表層的であり、離婚等に直面する当事者の現実との距離はあまりにも大きく、現実を無視した頭でっかちな提案となってしまっているが、今後の深化に期待したい。また、その勧告と現実との距離を埋め、子どもの権利条約の理念として安全最優先の最善の利益を実現していくことは、各締約国と、各締約国に関連するあらゆる市民に課された課題である。

---

31) 2020 年 1 月末現在。その後、2020 年 2 月 15 日には、世界保健機関（WHO）が、片親引き離し症候群（PAS）という『疑似』科学的概念を、有効または有意義な保健統計に貢献するものではないとして、分類からだけでなく、索引用語からも取り除くと宣言し、同年 9 月以降、国際疾病分類（ICD-11）からの親の疎外に関する言及が撤回されたことが確認されている。https://reseauiml.wordpress.com/2020/02/23/world-health-organization-removes-parental-alienation-from-its-classification-index/
　この議論の過程では、家族法学者、家族暴力専門家、家族暴力研究機関、子どもの発達や子ども虐待の専門家、子どもの権利ネットワークや協会等から世界保健機関宛に提出された共同メモが大きな役割を果たした。その共同メモの主な議論は次の通りである。片親疎外概念は、子どもに関する信頼できる科学的調査によって裏付けられていない。子どもの接触への抵抗や子どもに生ずる害悪は、片親疎外理論が提案している要因以外の要因によってよりよく説明される。片親疎外の救済策によって被害を受けている子どもがいる。片親疎外の概念は、子どもの最善の利益や安全を評価する証拠や法的責任に悪影響を及ぼす。子どもについての研究は、家族による暴力が子どもや離別後の子育てに与える悪影響、及び子どもの意見に注意深く敬意を持って耳を傾ける必要性を明確に文書化している。ICD-11 に「片親疎外」を記載することは、子どもとその主な養育者に有害な影響を及ぼしている家庭裁判所の既存の破壊的な傾向を強める可能性があり、国際疾病分類の信頼性だけでなく、世界保健機関の科学的信頼性にも疑問を投げかけることになりかねないと指摘している。詳細は下記ウェブサイト参照。http://www.learningtoendabuse.ca/docs/WHO-June-2019.pdf

3 親権・監護は子どもの権利を実現する親の責任
——質のよい監護を受ける子どもの利益を実現するために

吉田容子　弁護士・長谷川京子　弁護士

1　監護と親権は、いずれも親の「責任」

　「親権」や「監護」に関する法は、子どものための法である。生まれた子どもが守られ、支えられ、心身の満足を得て健康に育つ、それに応える責任を親が果たすための法である。

　とはいえ、「親権」という言葉は聞いたことがあっても、「監護」という言葉は耳慣れないかもしれない。そもそも「親権」とは何か、「監護」は「親権」とどう違うのか[1]。

(1)　「親権」とは、親の固有の権利ではない

　親には、子が自らの力で生きていく力をつけるよう、子を心身両面からケアしつつ養い、知的・身体的・社会的な能力を引き出し伸ばしていく責任があり、そのために子を適切に監護し、適切な子の財産管理と法定代理を行う責任がある。この責任が「親権」である[2]。

　このことを学説は、親権の本質は義務であり親が子に対して負う作為・不作為の義務（債務）である[3]、親は子の養育及び発達について責任と義務を

---

[1]　吉田容子「監護法の目標と改正検討の要点」梶村ほか編著『離婚後の共同親権とは何か——子どもの視点から考える』（日本評論社、2019年）175頁以下。

[2]　「親権」（しんけん・おやけん）という言葉は、親固有の権利と誤解されやすく、親権者指定をめぐる争いや親権制度をめぐる議論の混乱の一因になっている可能性がある。「親」でない人が子どもを育てることもある。後述のとおり、子どもに育つ権利がありこれに対応する責任として捉えなおすなら、用語は「養育責任」と改めるべきではないだろうか。

負い、親の権利性はこの責任と義務を遂行するのに必要な限りで認められ、他人から不必要に干渉されない法的地位である[4]、これはむしろ「親の社会的責務」と言う方がよく「親権は権利でもあるし義務でもある」との説明も財産法的な権利・義務では捉えきれないことを認識しておく必要がある[5]、などと説いている。家庭裁判所も、親権とは親が未成年の子どもを「一人前の社会人」に育成する職務上の役目であり、子どもに対する監護教育の権利義務と子どもの財産上の管理処分の権利義務の二つに分けられ、権利というより義務という面が強い、との理解を示している[6]。

　一方、面会交流の法的性質について親の権利として理解する見解があり、これによれば、その権利の性質は、親の自然権、親権の一機能、憲法上の権利等であると説明される。しかし、親の責任と離れたところで親が固有の権利を持つとする根拠は乏しく、誰に対するどのような内容の権利かも不明である。「親が子に会いたいのは当然だ」との主張も、「関わりたい」という気持ちが直ちに権利となる理由はなく、明らかに否定されている子への「支配権」との異同も明らかでない。

(2)　「親権」「監護」の中心をなすのは「身上監護」

　内田教授は、子を育てる親の責任を以下の三つの類型に大別し、民法は①と②の責任履行のために「親権」制度を置き、③の責任履行のために「扶養」制度を置いた、とする[7]。

　　①　子が「独立の社会人」としての社会性を身に付けるために、子を肉

---

3)　米倉明「親権概念の転換の必要性」『現代社会と民法学の動向——加藤古希記念・下（民法一般）』（有斐閣、1992年）361頁以下。

4)　二宮周平『家族法　第4版』（新世社、2013年）208頁。

5)　内田貴『民法Ⅳ　補訂版　親族・相続』（東京大学出版会、2004年）210頁。

6)　例えば、秋武憲一『離婚調停』（日本家事出版、2011年）109頁。

7)　内田・前掲注5）210頁以下「保護を必要とする子を配慮するという関係」。なお、木村草太「子どもの利益と憲法上の権利——人間関係形成の自由の観点から」（本書第3章）も参照。

体的に監督・保護し（監護）、また精神的発達を図るための配慮をする（教育）こと〈身上監護〉

② 子が財産を有するときに、その財産管理をしてやり、また子の財産上の法律行為につき子を代理したり同意を与えたりすること〈財産管理〉

③ 子の生活費や教育費の経済的負担を負うこと〈経済的扶養〉

このうち最も重要なのは①の〈身上監護〉である。〈身上監護〉こそ、子の財産の有無や法律行為の有無にかかわらず、日常的かつ不断に、すべての子に向けて行われなければならない親の責任だからであり、「親権」「監護」の中核である。

そして、③の〈経済的扶養〉は、こうした身上監護を経済的に支えるために、②の〈財産管理〉は、身上監護がよりよく行えるように、いずれも①の〈身上監護〉と調和する時期・内容でなされることで、子どもを育てるという営みは進んでいく。子どもの監護に関する法は、身上監護、つまり養育を中心に据えて子どもの利益を実現するものである[8]。

2　子どもの健康な発達を可能にする養育とは

（1）　育児の現実、関係諸科学の研究知見と法律

では、どのような養育が子どもを健康に育て、その能力を十分に開花させ、幸福な人生を生きられるよう発達させることができるのか。それは、子どもを育てる親たちが悩み経験し学んできたことであり、人間の発達や心理に関わる諸科学、子どもが育つ家族を包む社会の在り方に関わる社会科学が、これまで事実をさまざまなレベルと角度で研究し、議論し、探求してきたことである。その蓄積のうえに得られた知見は、法制度の検討や法の解釈適用に当たって、尊重し取り入れて議論するべきである。

---

8)　このように整理すると、居住指定権（民法821条）は身上監護を果たすための選択権であるから、この選択は子どもと同居し身上監護を行う監護者にのみ委ねられなければならない。

(2) 安全・安心が守られること

その第一の要素は、安全と安心である。安全と安心なしでは、人は、休む
ことも寝ることも学ぶことも働くこともできない。まして未熟な状態で生ま
れてきた子どもは、生存のために大人による保護を要し、それゆえ危険に敏
感で、安全・安心の確保なしには生きられない。発達も犠牲になる。

そのような生態だから、子どもは、信頼できる大人を必要として、その人
に特別の絆（アタッチメント、愛着）を形成する。すなわち子どもは、愛情
豊かで思慮深い大人による保護や世話などを受け、自分のニーズを充足して
もらいつつ、その経験を通じて、その人を信頼し、愛着を形成し、それを心
理的な「安全基地」として生存と発達の拠点とする（J・ボウルビィ、メア
リー・D・エインスワース）。

それゆえここでの安全・安心の確保は、子どもから「安全基地」と愛着を
奪わないこと、子どもだけでなく子どもが「安全基地」と頼む大人を含めて
欠乏や危害から守ることでなければならない[9]。

(3) 第一愛着の対象が監護者となること

このように、愛着は、子どもが生存と発達のため大小無数のニーズを示し、
それによく応え満たしてくれる相手を選んで子どもが形成する関係であるか
ら、第一愛着は、子どもが生来最も頼れる世話を受けてきた人に向けられ
る[10]。

子どもの発達は、子どもが自らの体験をもとにして、環境に働きかけ、環

---

[9] 子どもの利益として安全確保を強化しようとするオーストラリアで、2011年改正をさら
に進める方向を打ち出した同国の家族法制委員会は、「安全」を「子どもと子どもの監護者
の安全」と捉えている。Australian Law Reform Commission 'Family Law for the Future
– An Inquiry into the Family Law System' March 2019 p.15 参 照。https://www.alrc.gov.
au/wp-content/uploads/2019/08/alrc_report_135_final_report_web-min_12_optimized_1_0.
pdf

[10] 渡辺久子「子どもの発達と監護の裁判」梶村ほか編著『離婚後の子の監護と面会交流
──子どもの心身の健康な発達のために』（日本評論社、2018年）45頁。

境との相互作用を通じて、豊かな心情、意欲及び態度を身につけ、新たな能力を獲得していくが、愛着は、こうしたすべての活動のベースになる[11]。それゆえ、子どもの監護者には、子どもが第一愛着を寄せる人がなるべきである。それがあって、子どもは、ほかの子どもや大人との間でも相互の働きかけやかかわりを深め、人への信頼性と自己の主体性を形成したり、知性を伸ばし、活発に活動し、情報を交換し、経験を重ねて人格を形成していくことができる。

（4）　身上監護は密接に絡み合い連続する大小の営み

　子どもは身上監護なしには育たない。そしてその身上監護は、大小無数の、多くは地味な活動からなり、切れ目もない。いわゆる子育てには、物質的要素・心理的要素・社会的要素を含み、安全や健康に緊急性・重要性・必然性の程度において差異のある、大小無数の活動があり、それらが時間軸を交え互いに密接に作用しあう。その構成は、子どもと家族、その属する集団、社会や文化等、そして時代によって大いに変化する。そういう中にあって、監護者は子どもの状況を観察し、経過に照らし、その時その時、重要度・緊急度・自由度などを勘案して何をすべきか取捨選択し、全体としてバランスのとれた監護になるように、具体的活動の順序・内容等を決め、修正し、編成し、実施し、さらに修正し、編成し、実施していく。身上監護は、個々のバラバラの活動ではなく、監護者によって「その子」のために刻々と編み上げられていく、織物のような、文脈を備えた活動である。

　子育ての大半は、地味で忍耐を要する、中断のない、連続する活動である。食事を用意し食べさせる、着替えをさせる、入浴させる、寝させる、宿題や習い事の練習をさせる、保育所・学校や習い事の送り迎えをする、衣類や寝具を整えたり洗う（わせる）、住まいを掃除したり管理する（させる）、子どもの話を聴いてねぎらう・慰める・ほめる・励ます・意見を述べたり注意する、交通ルールなど社会のルールを教え適した行動がとれるようにする、子どもの心身の健康状態に気を配り、不調なら心配し、様子を見守る、入通院

---

11)　「保育所保育指針解説」（厚生労働省、平成30年2月）ほか。

に付添う、看病する等々、実に多様な無数の地味な活動が連綿と続く。主たる監護親は、子どもへの緊急性・重要性をはかりつつ、自身の健康、時間、仕事、経済力などをやりくりしながら、こうしたケアワークを、日々、実行している。

(5) 「重要事項の共同決定」は監護の自律性を害し質を損ねる

「子どもの日常生活のケアは監護親に任せるが、子の居所や進学先、入院先など重要事項については非監護親との共同で決定すべきだ」との意見がある。

ア　しかし、子どもの身上監護は、監護者が、日々のケアを通じて知った子どもの状況をもとに優先度を決めて実施していくケアの連続である。こまごました日常の活動ではなく「重要事項」に関する決定であると言ってみても、その決定の妥当性を支えるのは、現在までの子どもの状況や身上監護との適合性であり、決定後の子どもの努力や身上監護の積み重ねである。「重要事項」だから日々の身上監護と切り離して決められるわけではない。非監護親は、子どもの状況、日常監護の状況を監護親ほどには知らず、決定後の監護ケアによるフォローアップもしない。そんな非監護親が「重要事項」の決定にあずかり、「共同決定」を理由に拒否できることとすることは、監護の質を損ねる。

例えば、進学先の決定についてみてみよう。「子どもにＡ大学の付属中学を受験させる」という決定の適否は、子どもの適性やこれまでの成績、子どもの希望、学校の傾向や教育内容と子どもとの相性、家からの通学の便宜など多くの要素を総合して評価するものの、いずれも現在の子どもの状況をもとに判断する必要がある。しかし、非監護親は、子どもと生活を共にせず、日々の監護をしないから、監護親と同程度に詳細を総合的に理解し適切な判断をすることは叶わない。そのうえ、受験の決定だけで子どもが付属中学に合格して入学できるわけではなく、学び、卒業できるわけでもない。入学試験に合格するには、子ども自身の毎日の努力はもちろん、その努力を促し、力を引き出す監護親の絶え間ない気遣いと働きかけ——それには、日々の監

護に加えて、塾への送り迎えや夜食の用意、子どもを褒め、励まし、ときには慰め、休ませるなどのきめ細かい配慮——があってこそ可能になる。首尾よく合格した後、子どもが入学した学校になじみ、毎日元気に通学し、勉強し、活動の範囲を広げ、他人の立場を認めたり自身を見つめてよい人間関係を結べるよう成長することも、子ども自身の努力と監護親の日々のケアワークなしにはなし得ない。

　このように、日々の監護を離れた進学先の決定それ自体には意味がない。

　むしろ、非監護親が監護親の考えとは異なる進学先を推し、合意できなければ、受験に向けた子どもの努力や日々の監護は足踏みを余儀なくされる。停滞を恐れて監護親が非監護親の意見に従うことで「共同決定」に至ったとしても、それが子どもの能力・適性や希望に合致しているとは限らないし、受験に向けた努力や学習の意欲をそぐかも知れない。しかも、以後の監護ケアは「やらされ監護」に陥るかも知れない。自身の判断と異なる非監護親の考えに従わされるのでは、子どものニーズにこたえる監護は望めない。日々監護の蓄積の上に決定すべき事項を「監護に関する重要事項」として切り出し、日々監護の蓄積の上になされた監護者の決定を制限することは、監護の自律性を奪い、質を低下させる[12]。

　子どもにかかる重大な医療行為ではどうだろう。子どもの重病または重傷に直面した場合、その治療内容は、医師の説明を基本としつつ、子どもの従前の経過や現在の心身の状態、年齢、性格、意向、その治療が子の心身に及ぼす影響、医師が提示する治療の必要性・有効性と危険性、緊急性、代替治療の有無・内容などを自ら検討し、決めていく。その際、医師や看護師と緊密に連絡しあい相互信頼に基づく協力関係を形成し維持していけるか、治療開始後の付き添いや費用負担なども重要な考慮要素であり、ときには転院の決断も必要となる。

　だから、例えば「危険を伴う手術をするかどうか」は、監護親が上記さまざまな事項を総合的に検討し、決めるしかない。子どもと生活を共にせず、

---

12)　子どもが希望する場合に非監護親が授業参観や学校行事見学をすることは、一時の励ましにはなりえても、監護親の日々の絶え間ない気遣いと働きかけの代わりにはならない。

日々の監護をしない親には上記各事項を十分に検討し適切に判断することは叶わないし、治療を受けて回復するための医療スタッフとの協力関係を作ったり、付き添い看護で子どもを力づけるなど決定後のフォローはできない。もとより「危険を伴う手術」の決定はこれを「する」にしろ「しない」にしろ、それ自体で子どもの病気や怪我が治癒するわけではない。子ども自身の忍耐と勇気、これに対応する、監護親の付き添い、励まし、食事・服薬・身辺の介助、医師や看護師との話し合いや連絡などの、絶え間ない気遣いと働きかけがあってこそ、子どもは治療を受け回復していくことができる。しかも、術後の経過によっては治療方針を変更する必要が生じることもあるけれど、これも常に子どもの傍らにいてその心身の状態を把握している監護親が、医療スタッフとの信頼・協力関係があって初めて適切に判断できることである。このように、治療内容は、日々の連続した監護の延長上ではじめて適切に選択決定できることであって、これと離れて決定にだけ非監護親を関わらせる理由はない[13]。

イ 「重要事項の共同決定」は手続面からも疑問がある。

① 監護に関する事項は、「重要事項」であればなおさら、「適時」「適切」に決定される必要がある。しかし、監護親の決定権を制限し、事情をよく理解できない非監護親にキャスティングボートを与えることは、それ自体、「適時」「適切」な決定を障害する。特に、離別し信頼関係が失われた父母の間で「共同」を求めたら、その弊害は拡大する。決定できず監護が停滞したら、たとえ非監護親に悪意はなくても、子どもと監護親は途方に暮れる。だから、非監護親が No と言い続ければ決定を障害できる「共同決定」の制度は、日々監護を担わない非監護親に監護親に優越する権力を与えることになる。その結果、監護の質は低下し、子どもの利益は害される。

② 「合意できなければ裁判所に決めてもらえばよい」というわけにもいかない。日々監護を担わず、日常的に子どもと接してさえいない裁判所が、

---

13) 子どもが希望する場合に非監護親が見舞うことも、一時の励ましにはなりえても、監護親の日々の絶え間ない気遣いと働きかけの代わりにはならない。

一体どうやって、子ども（個性と個別事情のある「その子」）の進学先や治療内容を「適切」に決めることができるだろうか。

　③　しかも、裁判所の手続には相応の時間がかかるから、決定の「適時」性も犠牲になる。「合意できなければ監護親が決定する。異議ある非監護親は裁判所に審査申立てができることにすればよい」という意見も、②と同じ問題があり、監護親に無駄な時間と費用を使わせ、子をいつまでも不安定な立場におく。

　監護は子の問いかけやニーズに対する監護者の敏感な応答の累積であり、その過程に大小の「決定」がなされる。子ども・監護者の相互作用と決定は、緊密につながりあっている。このような監護の本質を理解せず、監護を担わない親の関与のために「重要事項の共同決定」を導入すれば、監護の混乱や停滞を引き起こし、子どもの利益を害してしまう。

（6）　身上監護の分割は監護の一貫性を害し全体の質を損なう

　決定だけ共同することがだめならば、身上監護自体を時間で分割して「共同養育」に進むべきだという意見もある[14]。

　しかし、そもそも人間には生活拠点というものが必要である。子どもの場合はその拠点にしっかり根をおろすことで、成長する。その場所は、子どもが、安全と発達の拠点と頼む第一愛着の対象者と暮らす家でなければならない。そういう家に安定して暮らすことができず、根が生える間もなく引き抜かれ続けたら、子どもはどこに根を下ろして成長することができるだろうか。

　身上監護は、「その子」のためを願い、相互に有機的な関係を持つ無数の活動から織り上げられる。それを親の都合で分割しては、子ども中心の養育はできない。まして、主監護親のもとで行われている監護への尊重と協調を欠いて、他方親が監護の一部を勝手に「切り出し」たら、それは、身上監護の一貫性とバランスを害し全体の質を害する結果になりかねない。

---

14)　例えば、オーストラリア2006年法は、Equal Shared Parental Responsibility の実施に子どもがそれぞれの親の家で過ごす時間を考慮するよう求めていた。しかし、2019年オーストラリア法制度改革委員会（ALRC）はこの条項の削除を勧告している。

例えば、監護親が、子どもに「先に宿題を済ませてから遊ぶ」「ご飯の前にはおやつを食べない」「休日には体調を整えて週明けに元気に学校へ行く」などの習慣を身に着けさせようと日常監護で努力しているのに、他方親が、子どもの歓心を買おうと遊園地に連れて行って時間制限なく遊ばせ、食事よりおやつを買い与えて過ごし、子どもが監護親方に帰った時には、宿題が残っているのに疲れてできず、食事もとれず、週明けに体調を崩して学校を休むことになったら、子どものリズムが乱れ、身に着けた習慣が崩れ、日々の努力がふいになってしまう。

　相手の親の監護に協調しない親による「共同養育 Shared Parenting Time」の実体は、「共同」ではない。めいめいが獲得した子どもの時間を自分の思うように監護する「並行養育」である。離別した親は、相手の親と共同生活を維持できなくなって別居したのであるから、互いの家庭生活、とりわけデリケートな配慮を要する子どもの監護をめぐって調整しあうことは難しい。それでも、双方の親が子どもと暮らすことを優先すれば、互いに相手の親の家での子どもの監護に干渉せず、見て見ぬふりをして子どもを受け渡しするしかない。これが「並行養育」である。子どものからだと人格は一つなのに、二つの家では互いに調整されないまま、それぞれの監護が行われる。子どもはその違いを棚上げして今いる親の監護方針を受け入れ適応しなければならない。それに多大の困難が伴うことは明白である。親の「子どもと過ごしたい」という動機に始まる監護論は、子どもを幸せにはしない。

3　身上監護の実態

(1)　母が担っている現実

　身上監護は、子どもが一人前になるまで、その内容を進化させながら連綿と続く。このような監護は、母親が担っていることが多い。日本では、妻が子どもの監護に費やす時間は、夫に比べ、圧倒的に長い。例えば、6歳未満の子どもを持つ夫婦について、2016年の夫の週全体平均1日当たりの家事・育児関連時間（家事育児等に費やす時間）は83分（妻は454分）、うち育児に費やす時間は49分（妻は225分）である[15]。2016年度の男性の育児休業

取得率は 3.16％（女性は 81.8％）、取得日数は「5 日未満」が約 6 割であった し[16]、2014 年度中に子どもの看護休暇を取得した男性は 5.2％（女性は 25.3％）であった[17]。

このように、同居しているときから母親が監護を担っているから、離別時、 子どもの第一愛着が母親に対して形成されていることが多い。日本では今で も、離婚後に母が全児の監護者（同居親であり親権者でもある）となる割合 が約 85％であるが[18]、離婚後の共同親権を認める他国でも実際の監護者は 母である割合が 8 割を超えているという[19]。だから父母の離別後、その監護 親には父親より母親がなることも多くなる。父権主義者たちが批判するよう な「母親優遇」や「父親差別」などによるものではない。

(2) 身上監護は不当に軽視されてきた──「価値を生まない女の仕事」

社会的にも、親権・監護法の議論でも、これまで身上監護の重要性は正当 に評価されてこなかった。それどころか女性差別を基礎に不当に貶められて きた。

身上監護は、子どもの生存と発達に不可欠でありながら、地味で忍耐を要 するケアの連続である。それなのに、「経済的に価値のない」「家庭内の個人 的な活動」で、「特段の教育や訓練を要しない」「誰でもできる」活動だと考 えられてきた。すなわちケアワークは、監護者がどれだけ子どものために頑 張ってみても、何の経済的利益も産まない（それどころか多額の出費を要す る）。資本主義の世の中では経済的利益を産みだす行為こそが重要で高い社 会的評価を受けるが、経済的利益を産まない活動への評価は低い。「シャド ウワーク」という言葉は、社会・経済の基盤を支えるために必要不可欠な労

---

15) 内閣府男女共同参画局「共同参画」2018 年 5 月号、総務省「平成 28 年社会生活基本調 査」より。
16) 厚生労働省「雇用均等基本調査」2015 年、2016 年。
17) 厚生労働省「雇用均等基本調査」2014 年。
18) 平成 29 年人口動態統計上巻 10-10。
19) 進藤千絵ほか「アメリカにおける離婚後の子の監護と面会交流について──ニューヨー ク州を中心に」家裁月報 64 巻 4 号（2012 年）。

働なのに報酬が支払われないものをさすが、家事労働や妊娠・出産、子育てはその典型である。

　そして、こうして低く評価されたケアワークは、「男性より劣った性」である女性に割り当てられた。長い間、女性は経済的活動には不向きで、家庭内の細々とした活動（シャドウワーク）に向いており、それこそが女性の役割であるとの考え方（特性論・役割論）が、何の科学的根拠もないまま、社会を支配してきた[20]。子どものケア（身上監護）は母親なら誰でも本能的に自然にできる、大した努力はいらない、だから「うまくできて当然（うまくできないのは母親の不始末)」、むしろ母親なら大きな喜びを感じるから苦痛や苦悩はないはずだ、というのである。

　母親のケアワークへの低い評価は、女性差別を支える特性論・役割論と結びつくことで、母親が子どもに不適切な対応をした場合には、瞬時に「母親のくせに」という過剰な母親責任論を生み出す。これが、養育ネグレクト事案において、育児を母親に押し付け放置を決め込んでいた父親の責任を問うことなく、育児負担を一人で担って破綻した母親に向け激しい非難が巻き起こる所以である。監護事件の審理の際に、母親と父親の評価において、母親には厳しい減点方式、父親には好意的な加点方式が向けられ、あからさまな二重基準がまかり通るのも、同じく、子育ては父母がいても母親の責任、「子産み、子育ては女の自己責任」という前提があるからである。こうして、子どもの発達は、子育てとともに「シャドウ（陰)」の領域に押し込まれているのである。

　男性支配的な価値観で編み上げられた法学の世界では、古代ローマ法以来2000年近くも、子どもは父権支配の客体とみなされてきた[21]。日本も明治民法でこれを踏襲し、支配権としての「親権」を子どもの父に与え[22]、戦後「親権」を母親にも与える改正をした以後も、子どもの身上監護について十

20）　政治的活動や社会的活動についても同じである。
21）　中川善之助編『註釋民法全書(2)註釋親族法[下]』（有斐閣、1952 年）第四章親権總説。
22）　明治民法は、「子ハ其家ニ在ル父ノ親権ニ服ス（略)」（877 条１項)、「父ガ知レザルトキ、死亡シタルトキ、家ヲ去リタルトキ又ハ親権ヲ行ウコト能ハサルトキハ家ニ在ル母コレヲ行フ」（同２項）と定めていた。

分な分析や評価を行うことはなかった。「オンナ、コドモ」の状況は些末な
周辺領域の事象にすぎず、法律学の議論の対象にする価値はないと考えられ
ていたためであろう[23]。

(3) 身上監護を軽視して子どもの利益は図れない

身上監護なくして子どもは生きられないし成長できない。だから、身上監
護を担わない大人の関わりに混乱させられることなく、質の良い身上監護を
受けることは子どもの利益の核心である。そしてこれを提供するのは監護者
のケアワーク（身上監護）である。このケアワークを軽視し「シャドウ」領
域に押し込めておいて、子どもの利益を実現する監護法制などありえない。

4　結語

子どもは、人の手で育てられて、育つ。その手を痛め、縛るような監護法
や政策は子どもの利益を害する。子どものための監護を謳うなら、国家・社
会は、監護ケアの重要性を理解し、監護者を経済的困窮から守り、その監護
ケアを支援して、子どものニーズに焦点の合った、監護の柔軟な選択と実践
をこそ保障するべきである。

---

23)　日本には「オンナ、コドモ」という言葉はあるが、「オトコ、コドモ」という言葉はない。

安全は最優先の子どもの利益
——DV の構造を踏まえて

長谷川京子　弁護士

はじめに

　すべての子どもにとって、安全は最優先の利益である。ドメスティック・バイオレンス（DV）はその安全を侵害する。面前 DV や DV に併発する子ども虐待によって子どもを直接に傷つける場合も、子どもの監護を傷つけることで間接に子どもの健康や発達を害する場合もある。離別後の監護を子どもの利益を最優先に定めるために、まず DV がどういうもので、子どもの安全にどう影響するかを見ていく。そのうえで、DV 家庭にある子どもの利益を守るための法律と政策の改善を提案したい。

1　DV とはどういうものか

（1）　DV の本質は所有意識に基づく「支配」

　DV は、家父長が家族——妻や子ども——を所有し、支配した家父長制に由来する。人権侵害も差別も、もとになる人権の認識が進まなければ見えないけれど、「女性に対する暴力」も、女性差別撤廃条約（1979 年採択）後性差別への取組みが進む中で認識され、1993 年に女性に対する暴力撤廃宣言として採択された。同宣言は、その前文で、DV を含む女性に対する暴力が「男女間の歴史的に不平等な力関係の現われであり、これが男性の女性に対する支配及び差別並びに女性を男性に比べ従属的な地位に強いる重要な社会的機構の一つである」という認識を表明している。一般社会に根強く残る有形無形の性差別に根差す力の格差を利用して、親密な関係にある女性の人権

を奪い従属的な地位に押し込めるのが、DV の本質である。だから、DV の本質は、家父長制の「所有」に由来する「支配」である。

(2) DV 攻撃は身体的暴力に限らない

DV の本質は支配である。暴力は支配という目的または効果に向けて行使される「手段」である。だから、その方法は、身体的暴力に限らない。心理的、性的、経済的、社会的その他の言動も、「支配」に向けて濫用（abuse）されたら、DV の暴力である。DV 防止法 1 条も、「身体に対する暴力又はこれに準ずる心身に有害な影響を及ぼす言動」と定義している。しかし、教育と啓発の不足により、この点、日本では、DV は殴られたり、怪我をすることという誤解が広がっている。加害者が「虚偽 DV」と言い立てるのにはじまり、目黒 5 歳女児虐待死事件[1] で職務関係者が保護を求めた母親にあざの有無を問うたり、同事件の母親や第 2 章「1　娘を守りたかった」のように被害当事者自身が DV の被害認識を持てず、重大な結果に至っている。

「支配」は、相手から安穏を奪い搾取し、支配者の声を内面化させ、内心からコントロールするよう進んでいく。もとより人間は意思を持った存在であるから、それを挫くために、あらゆる形態の暴力が常に被害者の自律性を破壊する心理的暴力としてふるわれ、支配を受け入れさせていくことに留意する必要がある。現に、DV 被害者には、「加害者だったらなんと言うか」を反射的に考える癖がついている人が多い。加害者の支配のもとで生きるために、彼の声を自身の思考や価値判断の基準として受け入れているのである。それを目黒事件の母親は「洗脳」と呼んだ。こうしたメカニズムを知り対処する上でも、「DV は身体的暴力」という誤解は罪深い。

(3) 威圧的支配行動

DV の攻撃は、明白で危険なものもあるが、むしろ大半は、日々の生活で繰り返し続く侮辱や脅し、細かな自由の制限などを通じて相手を人格的に支

---

1)　以下、目黒事件という。本稿の被告人の供述は、下記の記事等から引用した。https://www.sankei.com/affairs/news/190903/afr1909030018-n1.html

配していくものが多い。こういう実態は、従来の「暴力モデル」——大きな身体的暴力や衝撃的な事件があって、被害母が恐怖で打ちのめされ支配されていくという理解——で説明できない。

　そこで、近年、DVの攻撃の特徴として "coercive control（威圧的支配）" という概念が注目されている。英国は、2015年に、これを親密な関係でのDV犯罪として加えた。すなわち、相手に対し、孤立、搾取、はく奪や、日々の自由の制限を通じて依存させるよう仕組まれた、反復連続する言動パターンで、相手に深刻な被害をもたらすものを取り上げ、最高5年の自由刑を規定している[2]。

（4）　DV支配への執着

　加害者の支配に対する執着は強い。手段である暴力を正当化し、エスカレートしていく。加害者は支配から利益を得、「強い俺」に陶酔しているので、離別でDVは終わらない。むしろ、支配回復あるいは報復のため攻撃は激化し、危険は高まる。所有物とみなしていた被害者に執着し、取り戻そう、報復しようと被害者とその周辺につきまとう。このつきまといの危険性は、過去数々のストーカー凶悪犯罪として現実化し、これに対処しようとストーカー規制法で罰則付き命令等の迅速強力な介入が整備されたものの、同法2条が列挙する以外のつきまとい、DV加害者の攻撃に対する法的介入は極めて不十分である[3]。

　そればかりか、後述のように、DV被害者が子連れで避難しても、加害者が面会交流を申し立てれば、家裁は、拙速に子どもを加害者に面会させようとする。面会は、加害者に復縁強要、もしくは報復の格好の機会として濫用される。家裁は、面会裁判で被害者親子を守るどころか、加害者の接近と攻撃に機会を与えている。

2）　https://www.gov.uk/government/publications/serious-crime-bill-protection-of-childrenmiscellaneous

3）　DV防止法の保護命令は、過去に身体的暴力を受けたなど要件が厳しく、効力期間が退去命令で2か月、接近禁止で6か月と極めて短い、違反罰則がストーカー規制法の禁止命令の半分と軽いなど、被害者保護制度としては多数の問題がある。

(5) 被害者の逃げ遅れ

DV は家庭生活で起こり誰しもそれを投げ出すことは難しいので、被害者には「まだ大丈夫」など危害を過小評価する正常バイアスが働く。経済的な問題も抱え DV 支配に順応もするので、余力のあるうちに別れる機会を逃しがちである。その結果、救助が得られる関係から疎遠にさせられたり（孤立）、恐怖心や抑圧の苦しさから目の前のことしか考えられなくなって（視野狭窄）、抵抗する力を失くしていく。

こういう不健康な関係の下で子どもは生まれ、ケアしてくれる親に対する DV にさらされながら育つ。そこで子どもは、次項のような直接・間接の被害を受ける。

2　DVの子どもへの害

(1)　安全はすべてに優先するニーズ

すべての子どもは、母親の胎内でヒトに成長して生まれてくる。妊娠中の母親への DV は、胎児の発育を妨げることが知られている[4]。母親への暴力は母親に大きなストレスをかけ胎内の環境を悪化させ、急激な発達を遂げている胎児の成長を害するのである。

人間の子どもは他の哺乳動物と比較しても極めて脆弱な状態で生まれ、したがって、子どもは出生後直ちに温かく優しく抱かれ、栄養豊かな乳を吸って安穏を得なければならない。やがて子どもは、そのニーズを満たしてくれる特定の重要な他者との間にアタッチメントを形成し、その他者を自身の「安全基地」として不安や悲しみをなだめたり、自身を立て直して次の挑戦に乗り出すなど、人間としての発達の拠点とする。このように、子どもの生存と発達に、心理的身体的な安全は必要不可欠である。その安全は、子ども自身が攻撃されないというだけでなく、「安全基地」すなわち母親など監護

---

4)　WHO2013 報告によれば、妊娠中の DV は、低体重児の出現率を 16% も高めるという。
https://www.who.int/mediacentre/news/releases/2013/violence_against_
women_20130620/en/

者を含めた安全」でなければならない⁵⁾。

（2）　面前 DV にさらされて傷つく

　子どもは、早くから自分の周囲の情動環境に敏感に反応する。家の中の緊張や大人の怒声には心を閉ざすし、父母の葛藤にさらされる生活体験は子どもの心に連続する不安を引き起こし「ゆっくり連続する弱いトラウマ」、累積トラウマとなり得る。まして、子どもが「安全基地」と頼む母親が DV で攻撃される場面にさらされることは、子どもには「安全基地によって守られない」という衝撃的な恐怖を含む強いストレス、時に「不意打ち大トラウマ」をもたらす⁶⁾。だから、面前 DV は、直接子どもに向けられなくても、子どもから安全を奪い健康な発達を損ねる大きなストレスなのであり、子どもは DV の「被害者」なのである。

　この被害は、身体的暴力にさらされた場合に限らない。脳の画像診断検査を用いた研究では、子ども期に DV を目撃した子どもの脳の視覚野の一部、舌状回の容積が、正常な脳と比べ、平均して 6％ も小さくなっていたが、その萎縮率をさらされた暴力の形態別にみると、身体的な DV を目撃した場合は約 3％ であったのに対し、言葉による DV の場合は約 20％ も小さくなっており、言葉による DV を目撃した場合の方が 6 〜 7 倍も大きかったことが明らかにされてる⁷⁾。目黒事件や第 2 章「1　娘を守りたかった」のように長時間連日の説教という暴力が続き、母親が自身の DV 被害を認識していなくても、同じである。幼い子どもは父親の悪意のこもった声と抗することのできない母親の姿を目にして不安に慄くさなかに、いつもの母親に甘え安穏を得ることができず、安全を奪われ大きなストレスにさらされたはずである。

---

5)　子どもの利益として、双方親との良好な関係を保つ利益より、安全を優先する方向へ法改正を進めるオーストラリアで、同国の法制度改革委員会 ALRC が 2019 年に出した家族法改正勧告では、安全は「子どもと子どもの監護者の安全」として捉えられている。

6)　渡辺久子「子どもの発達と監護の裁判——科学的検討・外部臨床家との連携・検証」梶村太市ほか編著『離婚後の子の監護と面会交流』（日本評論社、2018 年）。

7)　友田明美『子どもの脳を傷つける親たち』（NHK 出版新書、2017 年）。

（3）　併発する子ども虐待から守られない

DV加害者はしばしば子ども虐待の加害者でもある[8]。DVも子ども虐待も同じ家父長支配の構造で起こる。父親は、母親や子どもの上に君臨する権利があると信じているからである。

DVがあると母親は子どもを守れない。父親に逆らうことができないからである。野田10歳女児虐待死事件の母親は、子どもを虐待する父親に「やめて」と言って、父親に胸倉をつかまれ馬乗りになられたという[9]。目黒事件で母親は、父親が娘を殴っても「やめて」が言えないと述べた。再び怒らせて子どもへ攻撃が向かうから、というのである。DVが併発する子ども虐待事案では、母親が制止することは父親の虐待を一層激しくする。それを止めることはできないから、せめて父親をこれ以上刺激しないようにしようとする。DVと虐待が進行し逃げ場のない密室で、母親は子どもを守れない。

（4）　監護親へのDVが、監護機能を劣化させること

DV家庭で子どもを主に監護するのはたいてい母親である。子どもから母親が遠ざけられ酷使される場合もあるが、そういう場合でも加害者が子どもをケアするわけではないから、子どもが頼りにするのは母親であることが多い。その母親がDVを受け、加害者本位の指示を押し付けられ、あるいは心身の健康を損ねて、子どものニーズに関心を払いそれを優先して家庭生活を切り盛りすることができなければ子どもの監護の質は悪化する。

---

8)　内閣府「男女間における暴力に関する調査」（平成30年）によれば、配偶者から暴力を受けた被害者のうち21%の者が、子どもも加害者から虐待を受けたと回答している。「30～60%のDV加害者は子ども虐待の加害者でもある」Edleson, J.L (1999). "The overlap Between Child Maltreatment and Woman Battering." Violence Against Women. 5:134-154.「DVが起こる家庭の子どもは、そうでない家庭の15倍もの高い割合で、身体的、性的な虐待、深刻なネグレクトにさらされる」Volpe, J.S., "Effects of Domestic Violence on Children and Adolescents: An Overview", The American Academy of Experts in Traumatic Stress, 1996.

9)　毎日新聞2019年5月16日。

目黒事件の母親は、加害者に怒られてから子どもをハグできなくなったと言い、長時間の説教を、「あなたの貴重な時間を使って怒ってくれてありがとう」と感謝するようになり、子どもが弱ってきていても、「体重が減って危ないというのじゃなくて、前日から何グラム減ったということしか頭になかった」「減ったら子がお菓子を食べられるから」と視野思考が極端に狭まり、「病院に連れて行こうといえば、（夫に）怒られるどころじゃ済まない」と叱られないことを最優先する監護を続けた。目黒事件は身体的暴力によらないDVであるが、それでも「支配」は起こり、監護はこれほど歪められた。

(5)　親子・きょうだい間の温かみのない関係

　DV加害者は、母親と子どもたちを分断して支配する。子どもをえこひいきして誰かに「特権」を与えたり、誰かをスケープゴードにして他の者を苛めに参加させたり、嘘を交えて不信の種を播いて互いの信頼を蝕み、自分にだけ皆が従うように操作する。だから、加害者は、子ども虐待を母親やほかのきょうだいが止めに入れば激怒して、一層激しく虐待する。そうやって、家族全員に父親の力を思い知らせ、力を合わせる経験をさせず、ほかの誰も助けにならないと思い込ませるのである。

　そういう毎日を生きてきた子どもたちには、サバイブのため支配者である父親を崇拝し「外傷性の絆」を形成する者もいる。子ども時代にいい思い出がないと語り、親密な関係でさえ温かみのある関係を築きにくい者もいる。DVは、子どもが幸福な人生を推進する力になる健康な自己肯定感と世界への基本的信頼感というものを損なってしまう。

(6)　離別後DV攻撃は激化する

　司法関係者には「離別したらDVは終わる」と誤解する人が多い。しかし、これは全くの間違いだ。DV加害者は家族への所有意識、「支配」への執着は強いから、むしろ、被害者が逃れば連れ戻し「支配」を復元しようとして、あるいは「思い知らせるために」、厳しい攻撃を執拗に仕掛ける[10]。

　こういう傾向があるから、DV防止法は保護命令を、ストーカー規制法は禁止命令を罰則付きで設け、加害者の探索・追跡を抑制しようとしている。

攻撃の対象は、被害者取戻しや報復に役立つ者が選ばれる。被害者の近親者が直接の攻撃にあうこともある。そのなかで現在最も好都合な対象が子どもである。「子どもに会えない」と家裁に申し立てれば、家裁が面会による接触を認めるからである。

　そのような面会は子どもの成長に充実した時間をもたらさない。例えば、子どもを動揺させたり、母親を馬鹿にして親としての権威を傷つけ、母親の育児を失敗させようと操作する。子どもから母親の情報を聞き出そうとしたり、母親に復縁を強要して恫喝したり暴力をふるい、子どものトラウマに新たな傷を加える[11]。彼の怒りと力を劇的に訴えるために、母親もしくはその身代わりの子どもを殺し、時に自殺もする。第2章「1　娘を守りたかった」は報復の攻撃を4歳の子どもに向けた例であるが、過去にも、面会を口実に川に呼び出し、3歳の子の前で母親にスタンガンを当てて溺死させた例（2008年）[12]、小学校に押しかけ9歳の子どもに灯油をかけ火をつけ焼死させた例（2008年）[13]、DV離婚7年後に路上で小学校に入ったばかりの子どもと一緒にいた母親を牛刀で襲い瀕死の重傷を負わせた例（2013年）[14]、2歳の子どもを面会交流に連れてきた母親を刃物で刺殺した例（2017年）[15]など、子どもの心身に重大な危険をもたらす犯罪が繰り返されてきた。こういう悲劇は、父権運動が80年代に始まった米国では7年間に475件以上の面会監護紛争がらみの父親による子ども殺害事件として報道されている[16]。多数の面会支援センターのある米国のこの実情は、面会支援があっても面会の致命的な危険さえ防げないことを示している。

---

10)　L. バンクロフトほか『DVにさらされる子どもたち——加害者としての親が家族機能に及ぼす影響』（金剛出版、2004年）96頁参照。

11)　野田事件では、DV被害者である母親は子どもを連れて一度離婚したのに、間もなく加害者が出入りするようになり再婚し、子どもの虐待死に至っている。

12)　中日新聞2008年8月27日夕刊。

13)　https://breaking-news.jp/2013/12/23/02685

14)　毎日新聞2014年4月11日。

15)　長崎新聞2017年1月29日。

16)　https://dastardlydads.blogspot.com/2016/07/protective-mom-custodial-dad-girlfriend_94.html

死

早すぎる死

疾病、能力の障害・社会生活での問題

健康上リスクのある行動の選択

社会的・情緒的・認知的機能の障害

神経発達の阻害

児童期逆境体験

受胎

https://www.cdc.gov/violenceprevention/childabuseandneglect/acestudy/ace-graphics.html を元に作成

（7）　深刻な長期的影響——心に受けた傷がもたらす

　人生の基礎を養う時期にDVにさらされたストレスは、その後長期にわたり心身の健康に重大な影響を与える。有名な「小児期逆境体験の研究」によれば、小児期のトラウマやストレスは、神経発達を阻害し、本人が社会的な関係や自信、心理的な健康を適切に保つことを難しくし、アルコール等依存など健康を害する選択をし、病気や障害を負ったりして、「早すぎる死」に向かわせる傾向があることが知られている[17]。子ども期に「子どもの利益」を守ることは、その子の生涯の幸福と社会の双方にとってかけがえのないことなのである。

3　子どもの利益と加害親の監護

　以上のような深刻な危害から子どもを救い出し守るために、DV事案につ

---

17)　Adverse Childhood Experiences（ACE）Study：https://www.cdc.gov/violenceprevention/childabuseandneglect/acestudy/about.html?CDC_AA_refVal=https%3A%2F%2Fwww.cdc.gov%2Fviolenceprevention%2Facestudy%2Fabout.html

いて、次のような法律と政策の改善を提案したい。

（1） 安全に生きる権利に立った DV・虐待防止統一法へ

　家族支配を本質として起こる DV と虐待を統一して、家族間暴力として捉え直し、その中で子どもを含むすべての人が親密な関係で安全、平穏に生活する権利があること、それが侵害された場合に恐怖と欠乏を免れ、心身の健康を回復する権利があることを確認し、その権利に対応した被害防止と被害者保護・支援の制度を再整備するべきである。

　そして、DV と虐待の本質が家族「支配」にあることを法文の中に書き込み、その攻撃の形態が身体的暴力のみならず、心理的・性的・経済的・社会的暴力、必要なケアの拒絶（ネグレクト）等があることを明記する。その攻撃の態様としては、DV 虐待の正しい理解のため英国法に倣い、反復連続する威圧的言動を含むものとするべきである。

（2） 保護命令を拡充する

　被害者の安全を守る保護命令は拡充するべきである。DV 支配のための手段として繰り出される攻撃の実態に照らせば、保護命令の発令を身体暴力事案に限定する理由はない。迅速な発令ができる緊急・暫定保護命令も整備するべきである。退去命令は、被害者が居住を継続できるよう強化し、その他の保護命令の効果（効力期間、延長、違反罰則など）も強化するべきである。

　保護命令の効果（効力期間、延長、違反罰則など）も、行政命令であるストーカー規制法の禁止命令程度には強化するべきである。また、保護命令の内容には、DV 被害親の多くが経済的はく奪にあい、避難後たちまち困窮する状態に置かれているから、米国各州の例にならって、当面の婚姻費用等の支払いを命じられるようにするべきである。被害者が避難後の報復や欠乏を恐れないですむような保護命令制度への改定が望まれる。

（3） 子連れ避難（別居）を支援する仕組みを

　安全に生きる権利は安全に避難する権利に及ぶ。現行法が DV からの避難をもっぱら被害親の責任に課している点は見直し、避難別居のハードルを下

げるための支援を整備するべきである。特に、子連れ避難のリスクは大きく経済的社会的な負担も大きいうえ、決まって加害者側からの「子ども連れ去り」だといういわれない攻撃にさらされる。

そこで、子連れ避難に対しては、児童相談所等子ども保護機関もこの支援の仕組みに加え、例えば、相談や通報を受けて DV を認めたときは、被害親の意向を確かめ、被害親が避難する際に児童相談所が子どもを一時保護して避難を済ませた被害親に引き渡すとか、配偶者暴力相談支援センターと共同して被害親子を一緒に保護するなどの援助が考えられる。

また、家裁は、監護者指定の保全処分の申立てを受けたときは、子連れ別居が、主たる監護親によるか否か、心身の安全という子どもの利益に適合するかを踏まえ、迅速な判断を下すべきである。

目黒事件の母親は、子どもが一時保護されたとき「私もついていきたい」と保護を求めたという。子ども保護機関が、子ども虐待の背後にある DV の解決にも目を配り、被害親子を救出し、家裁が迅速な決着で DV 加害者の裁判外攻撃を制止できれば、DV 被害親は解決に進みやすくなり、子どもを救い出せる可能性が高まる。

(4) 監護紛争における安全懸念への裁判所の対応を改める

子の監護紛争において、最優先で確保すべきは、監護親を含めた子どもの安全である。それには、まず、安全懸念のある事案を例外としてスクリーニングする扱いを変更する必要がある。

すなわち、現在裁判所は、子どもの安全より面会交流の実施を優先するために、面会を制限しなければならないほどの例外事由としての DV が存在したという事実を、監護親の主張立証責任にしている。それで監護親が DV の事実を訴えても、客観的証拠がないとか、身体的暴力が軽度だとか、頻繁でないなどと過小評価したうえ、面会交流を制限すべき DV が認められないとして、面会を命じている。

しかしこれでは子どもの安全は確保できない。目黒事件のように被害親に被害の認識がないこともあるし、高度の証明ができる客観的証拠を提出できない場合も多いからである。「安全」はすべての子どもの最優先の利益であ

るから、監護紛争の裁判所にはそれを守る責任がある。ゆえに面会裁判の原則は、「安全なければ面会なし」でなければならない。その責任を果たすには、裁判所は自ら安全を確認しなければならない。すなわち、裁判所は、DV や虐待があった旨の主張が出るなど一方の親に安全に関する懸念が生じた場合には、子どもを含めた関係者に十分な調査を行い、その親が子どもに身体的にも心理的にも「安全な親であること」を確認することとし、その確認ができない親の監護への関与は子どもの安全にリスクをもたらすものとして、面会命令を見合わせる、監護親としないなどとして事件を処理するべきである。子どもの安全を最優先するためには、予防原則に立ち「疑わしきは子どもの安全に」という原則によるべきである。

(5) 安全懸念が残る事案の監護法と政策

① 子どもの親権者・監護者には非暴力親を

加害親は子どもの親権者・監護者にしてはならない[18]。虐待加害者との再同居が子どもに与える生理的悪影響は実証済みである[19]。トラウマを経験した子どもの回復は、良い親もしくは親代わりの存在にかかっているから、原則として[20]、親権者・監護者には暴力をふるわなかった親、被害親が指定されるべきである。そのうえで、国は被害親が、自分と子どもの健康と生活を回復し、養育監護する努力を医療、福祉、教育、経済の各方面から支援する

---

18) DV 加害者が親権・監護権を得るために、被害親を罠にはめる言説が、片親引き離し／症候群であり、友好的な親ルールである。詳しくは、梶村太市ほか編著『離婚後の子の監護と面会交流』（日本評論社、2018 年）第 5 章・第 6 章を参照。

19) Bernard et al. "Cortisol production patterns in young children living with bieth parents vs children placed in foster care following involvement of Child Protective Services." Arch Pediatr Adolesc Med (2010) 164(5):438-43 では、実の親による虐待事件で児童保護局が介入した後、実の親との同居を継続した子 155 例と養父母に引き取られた子 184 例を比較し、同居継続群では、養父母との生活群に比べて、起床時及び就寝時で子のコルチゾル（ストレスホルモン）が持続的に高いことを確認している。虐待した親との同居はストレスフルで、子どもの脳の発達を妨げる。

20) 被害親が健康上の障害などで監護の任につけない場合は、父母以外の適切な監護者を選任するべきである。

べきである。

　②　安全に懸念のある親の関わり(面会、親権、監護)は見合わせる

　「双方の親が関わることで子どもの適応がよくなる」という事実はない[21]。他者との関わりによって子どもが受ける影響は、その者と子ども・子ども周囲との人間関係の如何、過去の関わり、その関わりが子どもの意向や都合を尊重した柔軟さを備えているかなどの諸要素によりよくも悪くもなる。「民法上の父」だから子どもによい影響を与えるという幻想に根拠はなく、あるのは「父なき子」を不幸とみなす根深い偏見である。

　離別後のDV加害者の関わりは、子どもに直接及び間接に危害をもたらす深刻な懸念がある。これは、面会交流でも、重要事項の共同決定でも、子どもの生活時間を分割する「共同養育(共同身上監護)」でも同じである。

　英国で、面会殺人を分析した民間団体の報告が出た後、英国最高裁判所家事部の実務指令発令に向けて提出した報告書の中で、Wall控訴院判事は「妻へのDVが認められても子どもには無関係でよい父親でありうるという前提は誤っている」と述べ、危険な面会交流を警告した[22]。「第三者が立会えば大丈夫」という幻想も、すでに多数の子どもや監護親を危害にさらしてきた。双方親との有意義な関係を優先した豪国は、相当割合で子どもの安全が脅かされる深刻な弊害に気づき5年後に、有意義な関わりより「安全」を優先する法改正を行った[23]が、さらに2019年有意義な関係を重視する方針そのものを見直す法改正を、同国の法制度改革委員会が勧告している[24]。先進国に学んで「子どもの最善の利益」を語るなら、面会交流原則実施や「共同」推進政策は、安全最優先政策へこそ転換すべきである。

---

21)　拙稿「非監護親との接触は子の適応に必要か有益か」梶村太市ほか編著『離婚後の子の監護と面会交流』(日本評論社、2018年)。

22)　https://www.judiciary.uk/wp-content/uploads/JCO/Documents/Reports/report_childhomicides.pdf

23)　小川富之「欧米先進諸国における『子の最善の利益』の変遷」(本章8)

24)　https://www.alrc.gov.au/publication/family-law-report/

5 児童虐待の現場から見た 子の最善の利益

岩佐嘉彦　弁護士

1　児童虐待事案に対する児童相談所の対応の枠組

　本稿は、児童虐待の現場において、不適切な養育におちいってしまった親（保護者）と子どもとの関係のありかたを通して、子どもの最善の利益の確保という観点から見た児童相談所の実情を紹介し、課題を検討する。

（1）　児童虐待相談対応件数の推移

【児童相談所における虐待相談対応件数】[1)]

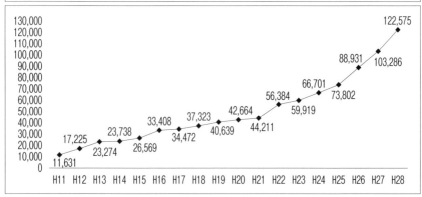

　○　児童虐待相談対応件数の増加
　　→　平成28年度の虐待対応件数は、児童相談所で122,575件で過去最多

※　平成22年度は、東日本大震災の影響により、福島県を除いて集計した数値

上のグラフは平成28年度までのものであるが、平成29年度の児童相談所

による児童虐待相談対応件数は13万3778件で、前年度をさらに上回っている。相談対応件数は、毎年上昇を続けている。ただし、虐待相談対応は、都市部の一部に集中しており、全国的にみると非常にばらつきが大きい[2]。また、この統計には現れていない多数の暗数が存在すると考えられるが、虐待の実数が毎年増加しているかどうかはわからない（虐待の実数は実は減少しており、従前発見されていなかったもの、虐待とカウントされていなかったものの数が増加している可能性がある）[3]。なお、児童相談所だけではなく、市区町村も児童虐待を含む児童相談の窓口となっている。

（2） 児童虐待への対応の流れ

児童虐待は、一般に、身体的虐待、性的虐待、ネグレクト、心理的虐待の四つに分類されている（児童虐待の防止等に関する法律（以下「防止法」）2条）。なお、児童が同居する家庭における配偶者に対する暴力は、児童に著しい心理的外傷を与える言動の一つとして、当該条文において例示されている。

児童相談所に児童虐待のケースが係属する経過としては、虐待の疑いを持った関係機関や近隣の者からの通告（防止法6条1項）や不適切な養育におちいったり、不安をもったりしている保護者等による相談等による。

通告等を受けた児童相談所は、不適切養育の有無や児童の身体的心理的状況、保護者を含む家庭環境等を調査し、その調査結果に基づいて児童や保護者に支援を行う。調査過程において、児童の安全を確保する等の理由から保護者から児童を一時的に分離することがある（一時保護）。また、調査の結

---

1) 各年の福祉行政報告例より。なお、このグラフは、厚生労働省ホームページから引用した。https://www.mhlw.go.jp/file/06-Seisakujouhou-11900000-Koyoukintoujidoukateikyoku/0000198495.pdf
2) 福祉行政報告例によると、平成29年度の児童虐待相談対応件数は、東京都で1万3707件、大阪府（大阪市、堺市を除く）で1万1306件である一方、鳥取県76件、島根県203件であり、大きな差がある。
3) この点に関しては、拙稿「児童福祉法と法の実現手法」長谷部恭男ほか編『岩波講座／現代法の動態 第2巻 法の実現手法』（岩波書店、2014年）207頁。

果、児童を保護者のもとに戻すことが適切ではないとの判断に至れば、児童を施設に入所させたり、里親に委託したりする。

　虐待対応において、一時保護や施設入所の措置等をとった場合、児童と保護者とを分離させることとなり、児童相談所は、保護者との面会を含めた交流の可否やその方法を判断する。

（3）　虐待対応における児童と親（保護者）との関係について

①　子どもの最善利益の確保（基本的な考え方）

　児童相談所の対応は、そのすべての場面において、（ア）児童が「児童の権利に関する条約の精神にのっとり、適切に養育されること」等その「福祉を等しく保障される権利を有する」こと（児童福祉法（以下「児福法」）1条）、（イ）「社会のあらゆる分野において、児童の年齢及び発達の程度に応じて、その意見が尊重され、その最善の利益が優先して考慮され」ること（児福法2条1項）が原理となる（児福法3条）。そのすべての場面とは、児童相談所による調査や児童の保護、児童福祉施設への措置等、措置等の解除、解除後の支援などあらゆる場面を意味する。児童の安全安心を確保しつつ、不適切な養育をしている親と児童との関係をどのように調節するかが重要となるが、あくまでも子どもの最善の利益を確保するという観点を最優先に考える必要がある。

　山本恒雄は、この関係を次の表のとおり、整理している。

　児童虐待における対応でこのような点が強調されるのは、従前の実務において、ともすると、児童と親との関係調整（親の立場への「配慮」）が優先され、結果的に児童をさらに危険な立場に追い込んでしまったことへの反省がある。

　児童虐待のケースでは、例えば保護者の了解なく児童を保護する等保護者の意向に反して親子関係に介入していくことが多いため、保護者からの児童相談所に対する大きな反発を招くことが少なくない。保護者が自らを正当化しようとして圧力をかけてくる場合もあるし、保護者自身に不適切な養育をしているとの十分な認識がない場合もある。一時保護という方法で突然親子を引き離されたことへの怒りや戸惑いもある。また、一時保護はあくまでも

児童相談所の児童虐待対応のためのソーシャルワークにおける対応優先順位

以下の①〜④の優先順位は絶対であり、決してその順位を変えることは許容されない。上位項目のために生じるトラブル、下位項目に起こる問題は、ジレンマ問題として認識され、規定された条件下での調整課題となるが、そのために①〜④の優先順位が変更・調整されることは決してない。

① 子どもの安全と最善の利益の優先
　いかなる場合にも、子どもの安全と最善の利益の保証は独立・最優先の課題として扱われなければならない。
　親権者もまた、その義務責任において子どもの最善の利益を実現する義務を共有しているのであり、もしも親権者個人の権利・利害が子どもの利益に反するにもかかわらず、親権者・保護者によって主張される場合には、児童相談所長の職権により、あるいは法的手続きにより排除される。

② 目的のために不必要に傷つけない
　表面的な対処に走るあまり、事態を無駄に悪化させないように注意する。ただし、①の要件が達成されて遂げられている限りにおいて。

③ 介入によるダメージの最小化努力
　当事者・関係者・支援関係のダメージが最小限度にくいとめられるように努力する。ただし、①、②の要件が達成され遂げられている限りにおいて。

④ 相談者自身による問題解決可能性の最大化努力
　当事者・関係者・支援関係による問題修復・解決の可能性を追求する。
　ただし、①、②、③の要件が達成され遂げられている限りにおいて。

平成24年度児童関連サービス調査研究事業報告書　児童虐待相談における初期調査と子どもからの事情聴取の専門性、およびそれらの基礎となる子どもの安全を軸とした介入的ソーシャルワークのあり方についての調査研究（主任研究者　山本恒雄）2014　p.6　より

調査過程でなされるものであり、保護をしたものの分離するほどの不適切な養育は認められなかったという場合もあるが、この場合も保護者にとっては、理不尽な分離であり、強く反発することも多い。

　このような状況の中で、「子どもにとっては、本来よりよい親子関係を構築することが必要で、保護者が強い反発をしているままではその調整ができない」等と考えて、強く反発している保護者の意向を重視してしまい、子どもの権利（安全）を守りきれず、子どもを保護すべきケースを保護できなか

ったり、一時保護を解除すべきではないのに解除してしまったり、また、親子の交流をまだ開始すべきでない段階であるのにこれを実施してしまうという状況におちいりやすい。

　かかる事態におちいることのないよう、いかなる場合であっても、子どもの安全安心な状態が確保されることが最優先であり、これは他の理念との関係で後退することのない原理であることを意識する必要があることが強調されるのである。

　②　親子関係の再構築

　親子の関係は、たとえ著しい虐待を受けたケースであっても、親子を切り離してしまえば良いという単純なものではない。子どもの最善の利益を実現するという立場に立って、子ども自身が不適切な養育をした親との関係を、どのような方法でどのような形に再度構築していくのかという観点から検討する必要がある（「親子の再統合」「親子関係の再構築」等といわれる課題である）。

　下の図は、厚生労働省が事務局をつとめる親子関係再構築支援ワーキンググループによる「社会的養護関係施設における親子関係再構築支援ガイドラ

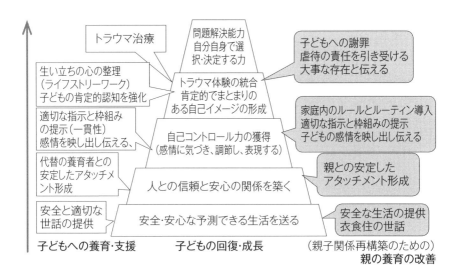

イン」に示された「子どもの回復過程と親子関係再構築」のイメージ図であり、虐待によって傷ついた子どもの「回復のプロセスの中で、親子関係再構築は重要な役割を担っている」と指摘されている（同ガイドライン2頁）。

　また、特別養子縁組をめぐる最近の議論においても、特別養子となる子どもとその生みの親との関係をどう位置づけるかが強く意識されている。特別養子縁組の成立により、生みの親と子どもとの法的な親子関係は終了し、子どもは養親と今後の親子関係を築いていくことになる。しかし、子どもにとっては、「生みの親は誰なのか」、「生みの親は現在どうしているのか」を知ることも重要であり、状況によっては生みの親との交流を検討する場面も想定できないわけではない。

　厚生労働省は、民間あっせん機関が適切に養子縁組のあっせんに係る業務を行うための指針（厚生労働省告示341号）において、「出自を知る権利」として、「民間あっせん機関は、児童が、自らが養子であること等について、確実に養親から告知されるよう必要な支援を行うとともに、養子となった児童から、自らの出自に関する情報を知りたいとの相談があった場合には、丁寧に相談に応じた上で、当該児童の年齢その他の状況を踏まえ、自らの出自に関する情報を提供するのに適当なタイミングであるか否か等について、適切な助言を行いつつ、対応しなければならない。」としている。民法上の親族関係が終了しても、子どもにとって生みの親との関係性を整理する作業が必要であることを指摘しているのである。

　なお、不適切養育を理由に分離されたすべてのケースにおいて、親子の面会交流が行われ、そして親子の同居に至るわけではない。子ども自身の傷つきが深く直接的な交流・同居が適切ではないものや、「虐待者や家族の理解が深まらず、親との現実の交流が子どもに悪影響を及ぼすため長期の分離が必要」（社会的養護関係施設における親子関係再構築支援ガイドライン5頁）といった場合に、「家庭復帰という形の親子関係の再構築ができなくても、施設で過ごし自立するまでに、子どもが生い立ちの整理をできるように働きかけたり、心の中の親との関係再構築を支援したり、あるいは永続的な養育を受けられる場を提供することにより、子どもが人や世界を肯定的に眺めることができるようなることが大切である」と指摘されている。

2　子どもの保護場面における子どもの最善の利益の確保の実情と課題

(1)　一時保護の実情

　児童相談所は、児童の安全を迅速に確保し適切な保護を図るため、又は児童の心身の状況、その置かれている環境その他の状況を把握するため、児童の一時保護を行うことができる（児福法33条1項、2項）。一時保護を実施するか否かは、児童相談所の行政裁量行為である[4]。

　実務上、一時保護のうち、保護者・親権者の同意を得ずに行うものを「職権による一時保護」と呼んで、それ以外の一時保護と区別している[5]。「児童虐待対応における司法関与及び特別養子縁組制度の利用促進の在り方に関する検討会」が開催された際に厚生労働省が実施した調査によると、平成28年4月1日から7月末までの4か月間に一時保護が終了したケース1万99件のうち、虐待を理由とする一時保護は5161件であり、このうち同意のない一時保護は1729件である[6]。

　当初の一時保護の実施には特別な司法審査はなく、保護者において不服があれば、行政処分に対する審査請求や、当該処分の取消訴訟等事後的な対応によることになる。一時保護期間が2か月を超え、引き続き一時保護を継続することが親権者の意に反する場合には、裁判所の承認を要する（児童福祉法33条5項）。

(2)　一時保護の実施に関する課題

　一時保護は、子どもの安全安心を確保するための極めて重要な手段であり、

---

4)　拙稿「児童虐待（不適切な養育）に陥った親と児童との面会交流の実情について」梶村太市・長谷川京子編著『子ども中心の面会交流——こころの発達臨床・裁判実務・法学研究・面会支援の領域から考える』（日本加除出版、2015年）。

5)　職権一時保護とそれ以外の一時保護とは、基本的には法的な効力は変わらない。ただ、一時保護機関が2か月を超える場合、親権者の意に反してこれを行うときは、裁判所の承認が必要である（児童福祉法33条5項）。

6)　第5回検討会の資料として提出されている（https://www.mhlw.go.jp/file/05-Shingikai-11901000-Koyoukintoujidoukateikyoku-Soumuka/shiryou5_2_4.pdf）。

一時保護の実施においても、子どもの最善の利益が最優先されるべきことは当然である。必要な一時保護を怠れば、子どもが命を落とすこともある。他方で、不必要な一時保護は、無用なダメージを子どもに与え、保護者と児童相談所との関係を悪化させるだけとなりかねない。各児童相談所では、あらかじめ用意されたリスク度判定のための客観的尺度（リスクアセスメント基準）に照らして、検討することが通常であり[7]、疑わしきは保護することが必要といえるが、何が子どもの最善の利益といえるのか具体的には判断が難しい場合もある。

　親の反発をおそれ、一時保護をためらい、子どもの安全を守ることができない事案も一定存在しており、これをどう克服するかが大きな課題となっている[8]。

　一時保護の実施に際し、子どもの最善の利益に沿った判断が確保できていないのは、児童相談所の職員の人員体制、専門性が備わっているか、組織的対応が適切に機能しているかといった問題のほか、一時保護が事実上親権を大きく制限している仕組みであるにもかかわらず、司法がほとんどこれに関与しない制度となっており、主として行政だけの判断で実施する仕組みとなっていることも影響していると思われる。ただし、司法の関与する範囲を広げていく上では、児童相談所の職員の人員や専門性を拡充していく等の条件を整備する必要がある（この条件が整わないと、「司法に丸投げ」状態になりかねず、虐待対応への福祉的・支援的な視点が大きく後退することになりかねない）ことに十分留意する必要がある[9]。

　なお、そもそも一時保護所の住環境そのものを改善する必要性が高く、現在の一時保護所の状況が子どもの最善の利益に沿っているとは言い難いとい

---

7)　三重県の児童相談所では、人工知能（AI）を使って分析し、児童相談所の業務を支援するシステムの実証実験を始めている。

8)　かかる状況を背景にして、厚生労働省は、「一時保護ガイドライン」を作成し、通知した（「一時保護ガイドラインについて」平成30年7月6日厚生労働省子ども家庭局長通知子発0706第4号）。

9)　司法の関与のあり方や、その前提となる児童相談所の職員の人員体制の充実が必要なことについては、拙稿「児童福祉法と法の実現手法」長谷部ほか・前掲注3）222頁以下。

う課題を抱えている。保護者から分離された児童が生活する場所は、それが一時的なものであっても、できるだけ家庭環境に近いものである必要がある。本来であれば、通常の一戸建てやマンションのような落ち着いた空間で生活すべきであろう。これまで不適切な養育を受けていたからこそ、そのような住環境が望まれるはずである。しかし、実際は、そのような状況とはなっていない。子どもの最善の利益を確保するという観点からすれば、子どもの声を集めたり、生活環境をめぐるデータを収集したりするなどして、改善に役立てていくべきである。

(3) 児童福祉施設への入所措置、里親委託等

児童虐待ケースにおいて、調査の結果、親子を分離する必要がある場合には、里親に委託したり、乳児院、児童養護施設等に措置したりすることとなる（児福法27条1項3号）。この措置を親権者の意に反して行う場合には、家庭裁判所の承認が必要となる（児福法28条1項1号）。また、家裁の承認で施設措置等された場合に、2年を超えて措置を継続するためには、2年ごとに家裁の承認が必要となる。

この家裁の判断は、児福法28条1項の要件に沿って判断されるが、要は、子どもの最善の利益を確保するとの観点から、一定期間の親子の分離が望ましいかどうかを判断することとなる。ただ、この点を適切に判断するためには、児童虐待にはどのようなものがあるのか、いかなる不適切養育がどのような影響を子どもに与えるのか、さらには子どもの今後の長い人生を見通した上で今どのような処遇が必要となるのか、保護者はどのようなことが原因で不適切な養育におちいっており、どのような支援があればそれが改善するのか、子どもはどのような意向を持っており、その意向はどのような背景から表明されているのか、また、以上の事実はどのような証拠から推論することができるのかといった事項を判断する必要があり、児童相談所は当然のこと、家庭裁判所においても心理学や社会学、児童精神医学等の観点をふまえた判断が必要になる。裁判官がこのような観点からのトレーニングを受ける必要があることはもちろんであるが、これを支える家裁調査官の制度を充実する必要がある。なお、かかる手続においては、子どもが15歳以上の場合

は、意見聴取が必要とされているが（家事事件手続法236条1項）、子どもの権利条約12条からすれば、乳幼児を含めた意見聴取が必要であり（乳幼児等で言葉による表現が難しい場合であっても、発達や健康状態等から当該子どもの意見を推し図るという作業が必要である）、また、意見聴取は子どもが手続に参加し、また手続に巻き込まれることで傷つかず、子どもにとって納得のできるものである必要がある。

　児福法28条1項による施設入所等の手続においては、親権者の意に反して措置するケースについて、裁判所が施設入所当時と、その後2年毎に「点」で関わる制度となっているが、筆者は、施設入所中の子どもと親との面会や、子どもの監護に関する事項のうち重要事項についても裁判所が継続的に関わる制度とするべきであると考えている（裁判所が「面」として関わる制度）。ただし、このような司法関与を深める前提条件として、児童相談所の人身体制や十分な専門性が確保されることが前提となることは前述のとおりである。

　また、児童福祉施設での生活環境については、家庭的環境に近いものとは言い難い場合も多く、個別的なケアを強化するため、里親への委託を大幅に増加させるべきであると議論されている[10]。ただし、里親数の確保のほか、里親への個別的な支援体制の確保、児童への支援や養育状況のモニタリングの方法等あわせて検討すべきであり、きめ細かな検討が必要である。

3　一時保護や児童福祉施設入所措置等の解除について

　児童相談所は、一時保護や施設への入所等の措置の必要性がなくなれば、これを解除する。これにより、児童は家庭に戻ったり、ケースによっては親権者の同意を得る等して別の養育者（親族等）のもとへ行ったり、また一定年齢の子どもの場合にそのまま自立をすること等もある（一時保護は一時的なものであり、措置解除がなされ、施設等に入所措置がなされることも多

---

10)　新たな社会的養育の在り方に関する検討会「新しい社会的養育ビジョン」平成29年8月2日　https://www.mhlw.go.jp/file/04-Houdouhappyou-11905000-Koyoukintoujidou kateikyoku-Kateifukushika/0000173865.pdf

い）。措置の解除は、児童相談所の判断によって行われており、裁判所は関与しない。

措置が解除されるケースの中には、保護者の強い意向に引きずられ、一時保護を解除したり、施設入所措置を解除したりして、本来解除するべきではないにもかかわらず、子どもを保護者のもとに帰してしまう事例があり、保護者からの強い圧力に屈して、児童の最善の利益が確保できていないことが問題とされることがある。このような措置を解除すべきではないケースの中には、子どもも保護者のもとに帰りたいと表明し、保護者も帰してほしいとの意向を示しているものもある。

解除の判断については、例えば一時保護に関しては、「保護者支援の経過が良好であるか否か、地域の支援体制が確保されているかどうかなどについて確認し、一時保護解除後に虐待が再発するリスクを客観的にアセスメントした上で一時保護の解除の決定を行うこと」とされている（児童相談所運営指針[11]）が、かかる対応を実効的にするには、これまで繰り返し述べてきた児童相談所の職員の人的質的体制の抜本的な強化やそれを前提とする司法の関与の検討が必要となる。

4　児童が保護者から分離されている間の親子交流について

（1）　一時保護中の面会とその実情

児童相談所は、一時保護中の児童と関係者との通信・面会の全部又は一部を制限することができる（児福法 33 条の 2 第 1 項、防止法 12 条 1 項）。

この通信面会の制限は、「保護者の権利と子ども権利をどう調整するか」との観点に立つのではなく、児童の最善の利益を確保できているのかとの観点から、その内容を検討するべきである。面会通信の制限は、親権者等が有する民法上の親権や監護権を直接制限するものではなく、児童相談所の行政裁量に基づく行政処分としての面会通信制限の結果、反射的に親権や監護権を事実上制限していると考えられている[12]。このこともあり、行政（児童相

---

11)　https://www.mhlw.go.jp/content/000375442.pdf

談所）だけの判断によってこの制限が行われており、司法は、保護者側からの訴え提起による損害賠償訴訟等事後的な、通常の裁判手続による関与となる。

　保護者による虐待を理由とする一時保護においては、不適切な養育をしている保護者との通信面会が制限されることが多い。最終的に家庭への復帰が目標になるケースや、家庭復帰に至らないまでも、親子関係の面会交流を通じて、親子関係を再構築していくことが目標となるケースであっても、当初の一時保護の時点では、面会通信が制限されることが少なくない。

　一時保護中の面会をめぐっては、一時保護が児童相談所による親子関係への介入の初期段階であることから、通常は次のような事情が背景にある。

　　○　不適切養育をめぐる事実関係がはっきりしないこと
　　○　親や児童の特性等についても明らかになっていないこと
　　○　親の側も急に児童と引き離されたことから気持ちの整理ができていないこと
　　○　子どもの側も一時保護所での生活が始まり、生活状況が急激に変化していること

厚生労働省雇用均等・児童家庭局総務課「子ども虐待対応の手引き（平成25年8月改正版）」では、面会の可否について、「子ども側、保護者側の評価を総合的に検討し、面会の適否（実施、制限、拒否等）を判断する」とし、子ども側の事情として、「子どもの感情や意思（不安や恐怖感、拒否感など）や意向を正しく評価する」（112頁）、保護者側の事情として、「ア）児童福祉司・児童心理司との信頼関係（ラポール）の有無　イ）面会の回数、制限の範囲等の説明の理解度　ウ）虐待行為の認否、児童相談所指導の諾否　エ）子どもとの関わりについての葛藤や不安の有無　オ）強引な面会要求、引取要求の有無　カ）精神的不安定の有無（飲酒・酩酊状態含む）」に留意する（112〜113頁）としている。

　手引きでは、子どもの意向や虐待によって生じた子どもの傷を深めるおそ

---

12)　一時保護中の面会交流の法的枠組み等について、拙稿「児童虐待（不適切な養育）に陥った親と児童との面会交流について」梶村ほか・前掲注4)。

れがあるかどうかのほか、保護者側がルールを守って面会できるか、児童相談所側の指導に従うのかがポイントであるとされている。

　また、一時保護の時点では、保護者側の養育姿勢が改まっておらず、本来すぐには家庭に戻すべきではないケースにおいて保護者と面会したために児童が戻りたいという気持ちを強くしてしまうおそれがあるとして面会を制限することもある。

　なお、面会の可否を判断するには、多角的総合的なアセスメントを行う必要があり、一時的ではなく子どもの人生全体を見通した上でのものである必要がある。例えば、先にも指摘したとおり、子どもも親も面会を望んでいても、今面会させると保護者に心理的に巻き込まれて、再び不適切な養育環境に戻る気持ちを子どもが強く持ってしまい、長期的に問題があると判断して面会を認めないということもあり得る[13]。

(2)　児童福祉施設へ措置され、または里親へ委託された後の面会交流について

　施設へ措置または里親へ委託後の面会通信制限の法的な枠組みは、基本的には一時保護の場合と変わらない[14]。なお、施設への措置や里親への委託は、親権者の同意に基づいて措置がなされていること、一時保護のときから時間が経ち、親子それぞれがその環境を受け入れている場合が多いこと、虐待をめぐる事実関係や子どもや親の状況等が一定程度明らかになっていることが多いこと、子どもや家族への支援の方向性が定まっていることがほとんどであることなどが一時保護との違いとなる。また、施設措置等のケース全体から見ればごく一部となるが、親権者の意向に反して施設措置を行っている等

---

13)　ただし、この点、子どもの意向との調整は深遠で難しい問題でもある。取り返しがつかない事態にならないのであれば、子どもの意向に沿って対応し、不適切ではあるが、いったん面会を認めたり、その結果家に戻ったりし、再度失敗したことで、子どもも親とわかれて過ごす決断ができるという場合もないわけではない。とはいっても、返すべきではないケース、面会が不適切なケースは子どもの意向に沿うことができないことをしっかりと説明していかなければならない。

14)　拙稿「児童虐待（不適切な養育）に陥った親と児童との面会交流について」梶村ほか・前掲注4）参照。

裁判所が関与して措置がされているケースがある。

　児童福祉施設入所後に面会を認める条件として「社会的養護関係施設における親子関係再構築支援ガイドライン」48頁は、以下の表の内容を掲げている。この表においては「子どもに謝罪が出来る」が要素としてあげられているが、これについて、ガイドラインでは、「虐待をした親が直接子どもに加えた不適切な行動の責任を認めて謝罪することができれば、なお一層この肯定感が堅固なものとなる。そして同時に子どもを大切に思っていることを伝えることができれば、過去の親から加えられた虐待行為の意味が変えられ、自分が悪い子だからでも自分のせいでもないと否定的認知が変化し、「自分は親に愛されている大事な存在」と自尊感情を更に補強できる」と述べている（「社会的養護関係施設における親子関係再構築支援ガイドライン」3頁）。

子どもの状況	・体調が良い ・保護者を極度に怖がらない（怖がっている場合は必ず同席する） ・子どもが希望している
親の状況	・子どもに謝罪が出来る ・自分の養育態度について反省的に顧みることが出来ている ・上記のことが出来ていなくても、児童相談所や施設職員の指導に応じる
施設の状況	・子どものことを肯定的に評価でき、それを親に伝えることができる。 ・面会で予想される子どもや親のストレスやその解消法が検討されている

　なお、養育里親に委託がなされた場合も、面会交流、親子関係の再構築は施設に措置されている場合と基本的には同様である[15]。ただし、里親と実親との関係に配慮し、面会交流には里親は関与せず、面会交流の場の設定や面会交流の実施には児童相談所が対応することが通常となる。

5 まとめ

　以上、児童虐待の現場での実情と子どもと親の分離の場面を中心として、子どもの最善の利益の確保がなされているのかについて概観した。児童相談所は、児童虐待対応の中心機関ではあるが、市区町村も児童相談対応窓口になっているほか、母子保健、医療、保育所、幼稚園、施設、里親、学校、裁判所、弁護士、警察等さまざまな機関が関わっており、子どもの最善の利益を的確に見いだし、これを実行できているのかという課題は、それぞれに存在していることは言うまでもない。

---

15)　里親委託ガイドライン（厚生労働省雇用均等・児童家庭局長通知）では、「法第28条措置の場合や通信面会制限や接近禁止命令を受けた場合、対応が難しい保護者である場合、面会等が子どもの福祉を害する恐れがある場合は、児童相談所が面会等を適切と判断するまでは制限等することもできる。」と記載されている。

6 再婚家庭における子の最善の利益
——二つの視点を形骸化させる 裁判所の面会交流原則的実施政策

渡辺義弘　弁護士

1　はじめに

　子連れで再婚し新たな家庭が形成される。再婚家庭にいるその子に対し、実親からの面会交流要求紛争が多発している。その証左として、ネット上の『「面会交流再婚後」の法律相談』（弁護士ドットコム）[1]に、再婚後の監護親母からの悲鳴ともつかぬ多くの苦情相談が集中している。その原因は何か。そもそも、子どもに最善の利益がもたらされているのであれば、悲鳴など起きないはずである。これが常識であろう。どこかに無理がある。それは、家庭裁判所（以下、家裁と略称）の政策が大きく関係しているのではなかろうか。裁判規範・政策は、紛争が家裁に持ち込まれるまでもなく、結果をシミュレーションした親たちの行為準則を支配する。したがって、家裁の政策はいかにあるべきか。本稿の問題提起である。

2　再婚事案における紛争多発の原因

(1)　「父権運動」による啓蒙

　家裁外における「父権運動」の啓蒙が、離婚に当面した父親の権利意識を何らかの形で刺激している。子どもを失うことを、自らの人格の一部を失うことと考え、その悲しみを、どこまでも子どもとの関わりよって回復しようと考える父親がいる。その要求は、母親の子連れ再婚があっても、障害を突

---

1)　https://www.bengo.com/c_3c_1377/bbs/（最終閲覧 2019 年 9 月 12 日）。

破することに生き甲斐を見いだす。子どものために「関わる」という父親の自己確証が父権イデオロギーを支える。現在、その中核となって残った理論が「片親疎外」論[2]であろう。しかし、筆者の経験では、低年齢の子どもの大部分に母親の再婚相手との養子縁組があり、養父も加わっての紛争に発展する。

(2) フェミニズムイデオロギーの反映

フェミニズム（女性解放思想）[3]は、母親たちに両刃の剣として機能している。母親の子育てをめぐり、母性愛を本能に等しいとする見方や、乳幼児の養育について母性優先を評価する見方を、「神話」と呼んで批判する「母性神話」・「三歳児神話」の各批判論の主張がある。大日向雅美氏に代表されるこの主張は、筆者の観察では、「自分を生かしたい、社会とのかかわりを持ちたい」などの、働き出す・働き続ける母親たちの要求と子育てのあり方を理論化している[4]。大日向氏が、インタビューと事例研究とを主たる研究

---

2) 細矢郁・進藤千絵・野田裕子・宮崎裕子「面会交流が争点となる調停事件の実情及び審理の在り方——民法766条の改正を踏まえて」家庭裁判月報64巻7号49頁以下参照。長谷川京子「『片親引き離し／症候群』批判」梶村太市ほか編『離婚後の子の監護と面会交流』（日本評論社、2018年）102頁。

3) フェミニズムの法理論は女性の従属、不平等の解消を目指す点では一致している。しかし、その原因や手段をめぐっては、多様な議論がある。弁護士水谷英夫氏の著作『ジェンダーと雇用の法』（信山社、2008年）第1章（3ないし102頁）に詳しい。その議論は、「平等主義的アプローチ」、「差異主義的アプローチ」、「ポストモダンフェミニズム」に分かれ、その各アプローチの中にも諸潮流の展開がある。それが今日の到達点であるとしても、難解である。このような重要な問題についての主張で、本当に民衆の心を捉えることのできる理論は、わかりやすくなければ影響力はないと考える。

4) 大日向雅美『増補　母性愛神話の罠』（日本評論社、2015年）に詳しい。一方、友田朋美『親の脳を癒やせば子どもの脳は変わる』（NHK出版、2019年）151頁以下は、脳科学の見地から『三歳児神話』の真実として、幼少期に安定した関係を特定の大人と結ぶことの大切さを重視するとともに、脳内の『上頭頂小葉』『前頭眼窩皮質』の機能の研究を通じ、子育てを多くの人が支える『共同子育て』（幼いうちから保育園に預ける方法など）は、子どもの脳成長に良い影響を及ぼし、その結果子どもの社会性を良く発達させることを証明していることを指摘している。

手法とする心理学者であるのに対し、一方に自然科学者である医学者がいる。大日向氏らが医学者らと交わした質疑応答[5]を観察すると、この「神話批判」は、「イデオロギー論争」と把握される意味合いを感じる。筆者は、フェミニズムによる女性の性的役割分担からの解放の理想と、近年の脳研究とりわけ子どもの脳機能の研究成果とは、分離して考察されるべきと考える。

民法766条をはじめ、家族法は「ジェンダー中立性」の平等主義[6]に立つ。家裁スタッフを支配する面会交流原則的実施政策は、この「中立性」を背景に、再婚家庭の子どもに対しても、情け容赦なく適用される。他方で、裁判外の父権運動の思想的論拠も「ジェンダー中立性」によるフェミニズムイデオロギーの逆適用といえる。

しかし、子どものケア労働について、ファミニズムの理想は実現されていない[7]。

(3) 裁判所スタッフを支配するドグマ

司法運営の政策として面会交流原則的実施政策がある。再婚家庭の子どもに対しては、それなりの考慮要素[8]がある。しかし、現実の機能は形骸化している。子どもに対して、「非監護親との交流を継続することは子が精神的な健康を保ち心理的・社会的な適応を改善するために重要である[9]」という教条（ドグマ）が、あまりにも機械的に家裁スタッフに浸透している。再婚

---

5) 日本赤ちゃん学会2001年学術集会「シンポジウム2」における、座長、シンポジストの各発言と質疑応答参照。https://www.crn.or.jp/LABO/BABY/SCIENCE/01.HTM（最終閲覧2019年8月30日）。

6) マーサ・A・ファインマン／上野千鶴子監訳・解説、速水葉子・穐田信子訳『家族、積みすぎた方舟——ポスト平等主義のフェミニズム法理論』（学陽書房、2003年）86頁以下、解説268頁以下。

7) ファインマン／上野監訳・前掲注6) 272頁において、上野氏は「『家族における平等』は『虚構』だとファインマンは冷徹に宣告する。『女性の低賃金という市場での不平等』が続いているかぎり、ケア労働が女性に割り当てられるのは『はじめから決まりきっている。』」と解説する。

8) 細矢ほか・前掲注2) 81頁。

9) 細矢ほか・前掲注2) 74頁。

事案を含め面会交流事案一般に、監護親を説得しえたかの手柄を競うがごとき空気が家裁側を支配している。再婚家庭の面会交流紛争が激化する原因の多くは、家裁スタッフによる機械的な面会交流の原則強要または半強制にあるのではなかろうか。

3 再婚家庭の子どもに対する面会交流要求の評価に求められる二つの視点

(1) なぜ、二つの視点が求められるか

筆者は、手続代理人としての実務経験を通じ、面会交流紛争が対象とする子どもの年齢を痛感する。ほとんどが小学校低学年以下の子どもである。乳幼児を対象とすることもかなり多い。なぜか。子ども自身が自主的意思・行動を明確に打ち出すようになれば、親がいくら理想論を戦わせても、現実は動かない。紛争は決着する。

再婚家庭を対象とする面会交流を考察する二つの視点がある。第1は、脳科学における「愛着理論」の適用である。第2は、再婚ファミリーが安定に至る発達段階の行程の把握である。子どもの年齢こそが、これらの視点を求める。

(2) 「愛着理論」の適用

① 現代精神医学による注目

イギリスの精神科医ジョン・ボウルビー（1907～1990年）によって確立された「愛着理論」は、現在、家裁調査官の世界では、通り一遍の取扱いをされている。このような傾向は、1970年代半ば以降、家裁調査官らが手の平を返すように、面会交流（面接交渉）をめぐるゴールドスタイン学説[10]を評価しなくなったのと軌を一にしている。

しかし、現代精神医学と脳科学は、再び「愛着理論」と「安全基地」論に

---

10) Jゴールドステイン、Aフロイト、AJソルニット／島津一郎監修・解説、中沢たえ子訳『子の福祉を超えて──子の最善の利益①』（岩崎学術出版、1997年）120頁以下。

注目している。「愛着理論」は、ボウルビーの後継者によりさらに発展した。アメリカの発達心理学者メアリー・エインズワース（1913～1999年）が命名した「安全基地」論は重要である。「愛着」の機能実験を重ねられ、子どもの愛着パターンが見いだされた。現代精神医学と脳科学が「愛着理論」に注目したのは、1980年代頃から幼児虐待が急増し始めたことによる[11]。

②　「愛着理論」と「安全基地」論

　パーソナリティ障害治療の最前線に立つ精神医学者岡田尊司氏、脳科学の成果を用い傷のついた脳部分の治療を研究する精神医学者友田明美氏は、いずれも「愛着理論」と「安全基地」論とに注目している。岡田氏は、親と子どもとの間に結ばれる絆としての「愛着」について、その場合の「親」とは、「遺伝的な親とは限らない。むしろ育ての親（養育者）との間に生まれる絆だといえる[12]」と述べる。友田氏は、この「愛着」という概念は「子どもと特定の母性的人物（もちろん父親でも構いません）との間に形成される強い結びつき[13]」を指すと述べる。その「絆」・「結びつき」とは、生物学的な現象であり、単に心理的結びつきではなく、「生理的、身体的レベルの結びつき[14]」である。最近の研究によれば、この「愛着」は新生児に、生まれた直後から形成される。

　「愛着」形成の最大公約数が母親から出発することはやむをえない。「母親は一時間も一緒に過ごすだけでわが子の匂いや泣き声がわかるようになり、新生児もすぐに母親や母乳の匂いを覚える。乳首の匂いは、赤ん坊の覚醒レベルを高め、活発にするだけでなく、脳の成長を促す[15]」。子どもには、感受性の強い「臨界期」があり、「二歳を過ぎると愛着形成には次第に困難を伴うようになる。しかし、不可能ではない[16]」。

11）　岡田尊司『愛着障害―子どもを愛せない大人たち』（角川学芸出版、2012年）52頁。
12）　岡田・前掲注11）47頁。
13）　友田明美『子どもの脳を傷つける親たち』（NHK出版、2017年）49頁。
14）　岡田・前掲注11）48頁。
15）　岡田・前掲注11）53頁。
16）　岡田・前掲注11）53頁。

「愛着」の特性として重要なのは、「愛着の選択性」である。「特定の相手は通常は母親だが、それ以外の養育者の場合もある。いつもそばにいてくれ、その子の欲求に応えてくれる存在に対していったん愛着が形成されると、子どもは愛着対象となった存在とそれ以外の存在をはっきり区別し、愛着対象だけを追い求めるようになる。選ばれた愛着対象しか、その子に十分な安心と満足を与えてやることはできない[17]」。

「安全基地」とは、安心できる安全な場所を意味し、安定した愛着を子どもと形成した養育者を指す。子どもにとって、できるだけ同じ相手であることが望ましい[18]。

③ 「探索行動」と「安全な避難場所」

子どもは、「安全基地」が確保されてはじめて、広い社会で生きていくスキルを身につける。ときには危険を冒し周囲を探索しながら、自分の世界を広げていく。ボウルビーは、この行動を「探索行動」と呼ぶ。愛着は子どもの「情緒、社会性だけでなく知的発達をバックアップする[19]」。

「安全基地」は、子どもが「困ったことに遭遇したり、気持ちや体が弱ったときには、そこに逃げ帰ってきて心身を休め、甘えることで、慰めや安心を得てリフレッシュするのを助ける」。この機能は、「安全な避難場所」と呼ばれる。安全基地が安全な避難場所として機能していなければ、本当の安全基地とは言えない[20]。

④ 「マルトリートメント」のもたらす「愛着障害」

子どもに対する「マルトリートメント」とは、虐待のみでなく、「子どもに対する大人の不適切なかかわり全般」を意味する[21]。子どもの「愛着障害」（反応性愛着障害）とは、子どもが安全性を脅かされる体験をしたとき

---

17) 岡田・前掲注11）54頁。
18) 友田・前掲注11）160頁ないし163頁。
19) 岡田・前掲注11）59頁。
20) 岡田・前掲注11）59頁。このサイクルの重要性につき、友田・前掲注13）160頁以下。
21) 友田・前掲注13）29頁。

に、こころを落ち着けるために戻る場所がない状態を指す。子どものこころの不安定のみならず、脳神経の一部においても正常な発達が阻害される。友田氏たちの研究によって判明している[22]。

⑤　「愛着パターン」と「愛着スタイル」

エインズワースは、安全基地の機能実験（新奇場面法）の結果、子どもの愛着パターンとして、「安定型」「回避型」「抵抗型」の類型を見いだした[23]。幼い頃の愛着パターンは18歳を迎える頃には成人としての愛着スタイルに固定していく。岡田氏は「親から共感的な扱いを受けることで、その子も他者に対して共感的な接し方ができるようになるだけでなく、親以外の他人からも共感的に扱ってもらえるようになる。恐らく、他人の共感を呼び覚ましやすい物腰や雰囲気を身にまとわせるのであろう[24]」と述べる。このスタイルの有無は子どもの一生を左右する。

⑥　「オキシトン・バソプレシン・システム」

「父性」「母性」に関係する特徴のメカニズムが脳科学において発見されている[25]。それは、脳の下垂体後葉から分泌される「オキシトン[26]」と「バソプレシン」と呼ばれる2種類の愛着ホルモンである。オキシトンとバソプレシンとは、男性にも女性にも存在する。しかし、性差によって働き方が異なる。両者の働きは反対のベクトルを持つ。その複雑なバランスが不安レベルや攻撃性を決定する。「安定した愛着は心理的問題と軽く考えがちだが、オキシトン・バソプレシン・システムを介して視床下部—下垂体—副腎皮質系の活動をコントロールするという非常に生理的な機能と不可分なのである[27]」と岡田氏は指摘する。再婚後の高葛藤事案には、実父母の意思疎通な

---

22)　友田・前掲注13）49、50頁。
23)　友田・前掲注13）163頁ないし166頁、岡田・前掲注11）74、75頁。
24)　岡田・前掲注11）101頁。
25)　岡田・前掲注11）第4章。
26)　友田・前掲注13）205頁以下参照。
27)　岡田・前掲注11）115頁。

きアンバランスなベクトルが子どもに働く。

(3) 再婚ファミリーが安定に至る行程の把握

　再婚ファミリー等が抱える子どもへの悩みの経験交流と支援に取り組むSAJ（ステップファミリー・アソシエーション・オブ・ジャパン）の研究者らは、次の貴重な紹介をする[28]。それは、アメリカの心理学者パトリシア・ペーパーナウが明らかにした「継親子関係」のファミリー（ステップファミリー）形成の発達段階である。すなわち、【A・初期段階—新しい家族の始まり】①夢と期待に満ちている時期、②現実に直面しはじめる時期、③はっきりと現実に気づく時期、→【B・中間段階—「家族」が見えてくる】④変動の時期（家庭内のズレや対立が噴出する）、⑤行動の時期（新たな家族の共同運営が再出発する）、→【C・後期段階—ステップファミリーの結束を固める】⑥関係が深まる時期（継親子関係が親密になり本物になる）、⑦連帯達成の時期（自然体で家族関係が維持できる）の、七つの段階を移行する。以上の全行程を通り抜けるのに早くて約4年、平均7年、初期段階に早くて約1年、平均3ないし4年、中期段階で2ないし3年を要する[29]。家族社会学者の野沢慎司氏は初期段階のカルチャーショックからはじまり、多岐な諸問題を指摘している[30]。

4　家裁の面会交流原則的実施政策のレトリックと現実

(1)　レトリック

　再婚事案について、家裁の面会交流実施政策の公式見解は次のとおり述べる。「子の年齢、発達の程度、非監護親についての認識の程度、非監護親との従前の交流状況、子どもとそれぞれの再婚相手との関係など諸般の事情を

---

28)　野沢慎司・茨木尚子・早野俊明・SAJ編著『Q&A　ステップファミリーの基礎知識——子連れ再婚家族と支援者のために』（明石書店、2006年）148、149頁。

29)　早野俊明「ステップファミリーにおける面接交渉」三木妙子・磯野誠一・石川稔 献呈『家族と法の地平』181頁。

30)　野沢ほか編著・前掲注28）57頁以下。

考慮して、面会交流の実施が子に対し現実的にどのような影響を与えるかについて丁寧に検討する[31]」と。これは正に比較基準方針[32] そのものではないか。しかし、同実施政策（方針）は、面会交流の制限・禁止事由を次の4種に限定する。「非監護親による子の連れ去りのおそれ」「非監護親による子の虐待のおそれ」「非監護親の監護親に対する暴力等」「子の拒絶」の4種である。これらは原則実施の例外事由（特段事由）である。「監護親又は非監護親の再婚等」は、以上の例外事由に該当しない。同政策は、「再婚等の事実から、直ちに、面会交流を禁止・制限すべき事由があるということはできないと解される[33]」と表現する。この「直ちに」という表現がレトリックである。その効果は、いかに、高葛藤紛争下での非監護親の面会交流要求であれ、それを制限・拒否することは、同政策の例外にはならないという印象を、家裁スタッフにクローズアップした。

(2) 現実

以上のレトリックは、再婚事案に限って示したせっかくの比較基準方針を、事実上、減殺または無にしてしまう実態を生んだ。以下、家裁における高葛藤紛争を対象に論を進めたい（葛藤の低い事案では、自然な解決を目指せば良い）。現実の高葛藤再婚事案における調停では、「例外事由（特段事由）に該当しない」という原則が一人歩きする。面会交流を禁止・制限しない意図を秘めた「丁寧な検討」がなされ、家裁スタッフが監護親を説得する。次の事例が思い当たる（もちろん、そうでない公正な裁判官をはじめ家裁スタッフもいる）。

① 離婚前の子どもと非監護親との生活実態を深く把握しない。

生まれてから一度も非監護親父と同居生活をしたことのない（父母は別居して離婚紛争）小学校入学を前にした子どもに対する面会交流を、裁判官、

---

31) 細矢ほか・前掲注2）81頁15行目以下。

32) 面会交流原則的実施方針出現前の、栄春彦・綿貫義昌「面接交渉の具体的形成と執行」野田愛子ほか編『新家族法実務体系2』（新日本法規、2008年）335ないし338頁に代表される方針。

33) 細矢ほか・前掲注2）81頁12ないし14行目。

調査官が、当然のように監護親母と再婚相手（子どもの養父）に説得する
（筆者の体験）などの事例がある。

②　子ども・監護親・再婚相手が、非監護親との高葛藤紛争による心の平穏
が到来しない段階で、調停委員・調査官が、監護親側に子どもに対する真実
告知を迫る。

　監護親側では、せめて小学３年ころまで待ってほしいと要望している（筆
者の体験）。この事例では、調停中の家裁外での試行的面会交流中、子ども
は「知らない小父さん」と面会している感覚である（乳児期に父母別居事例）。

③　離婚時に監護親母が非監護親父に約束した面会交流回数・交流時間を楯
にとり、裁判官、・調査官が監護親母と再婚相手を説得する。

　例えば、高葛藤紛争を一刻も早く逃れたいため、監護親母が面会交流を、
「月１回、２時間程度」と約束した離婚成立の調停条項を楯にとり、再婚し
た同母に対し、「年５〜６回とすべき」と調査官が説得する（同母から筆者
が聴取）など。

④　再婚家庭における子どもと義父（養子縁組）との家族関係形成に要する
交流時間の確保を配慮しないで、調停委員会が監護親母側を説得する。

　忙しい社会情勢の中では、休日における義父の交流時間確保はやっとであ
ることが多い。

⑤　監護親母側の調査において、調査官が間接強制の金額を母に告げ、半強
制的説得をする。

　例えば、「罰金が２万ないし４万発生する。審判で面会交流が月に１回と
決まったら大変だ」と告げられ、苦悩した監護親母もいる（同母から筆者が
聴取）。

　以上は、象徴的傾向として体感するところである。

(3)　子どもの最善の利益を図るための、二つの視点の重要性

①　愛着理論

　上記の「愛着の選択性」の特性こそ重要である。婚姻破綻前と再婚後を通
じ愛着形成している監護親があるのに、愛着形成のない非監護親と面会交流
を出発点として愛着形成させようとしても、その発想が誤っている。一方、

子どもが愛着形成のある非監護親から切り離され、監護されている再婚家庭で虐待的孤立感にある場合には、面会交流こそ必要となる。それこそ、上記の「安全な避難場所」の確保である。

② 再婚ファミリーが安定に至る行程の把握
上記のとおり初期段階に平均3ないし4年を要する再婚家庭の安定の視点を考慮せず、面会交流のみに視野を限定し説得に集中する家裁の傾向こそ反省を要する。再婚家庭における子どものカルチャーショックのみならず、その後の継親に発生する子育てやしつけの方針に対する自信のゆらぎ、家族内ストレスの男女別の現れ方、実親に対するジェラシーの感情のコントロール、家計負担に対する苦情等々さまざまな行程を視野に入れた対応が不可欠となる。

5 結び

面会交流原則的実施政策の遂行は、再婚家庭の高葛藤面会交流紛争についても、家裁スタッフに、面会交流の実施と、回数などの説得に手柄を競うがごとき同調圧力をもたらしている。この現状こそ反省を要する。この同調圧力の空気が、本来あるべき上記の二つの視点の考慮を形骸化している。子どもの最善の利益にとって、この現状の打破こそ急務である。そもそも、面会交流一般につき、「片親疎外」理論に代わり、「愛着理論」に関心を向けるべきことを筆者は強調し、本稿の結びとしたい。

7 仲裁 ADR 法学会シンポジウム 「子の最善の利益保護と ADR（家事調停）の あり方」批判と提言

梶村太市　弁護士

はじめに

　仲裁 ADR 法学会の機関誌「仲裁と ADR」（商事法務）14 号に登載されているシンポジウム「子の最善の利益保護と ADR（家事調停）のあり方」の内容については、実体法と手続法及び隣接諸科学の総合的検討が必須のテーマであるはずなのに、以下のとおり問題が多い。本シンポは、2018 年 7 月 14 日、司会として本間靖規（早稲田大学教授）ほか 1 名、報告者として長谷部由起子（学習院大学教授）、林賢一（家事調停委員、元家庭裁判所調査官）、池田清貴（弁護士）、原田綾子（名古屋大学教授）の四氏が担当される。

　冒頭の本間氏による趣旨説明によれば、本シンポは、家事事件手続法施行 5 年の節目に当たり、「子の最善の利益保護と ADR（家事調停）のあり方」という統一テーマのもと、婚姻関係紛争や親子関係紛争における子の最善の利益を調停手続の中でどのように保護すべきかを検討するものであるとし、子の最善の利益が司法、行政、立法、その他子に関するすべての措置をとるに当たって第一義的に考慮されるべきことは、日本も批准している児童の権利条約 3 条に規定されているが、実際の手続においてこれがどのように実現されているかということになると、さまざまな課題が残されたままの状況であるとされる。

　そこで、各報告について順次検討していくが、結論を先にいえば、本シンポのタイトルで、わざわざ「子の最善の利益保護」とうたっているのだから、「子の最善の利益」とはどういうもので、それがどのように保護されているのかについて聞かせてもらえると思って読み始めたのに、その期待は見事に

裏切られた。

　本稿は、1ないし4で各報告の問題点を検討するとともに、最後の5で筆者が本シンポのテーマにどう対応すべきかについて提言を試みるものである。

1　長谷部報告「家事調停における子どもの手続関与
──「子の意見聴取のあり方を中心として」について

　民事訴訟法学者の長谷部氏は、(1)家事調停における子の意思（意見）の意義、(2)子の意見聴取を実施する場合の課題、(3)「子どもの意見表明権」に関する国連・子どもの権利委員会の一般的意見、(4)調停手続への子どもの参加──オーストラリアの議論、(5)わが国への示唆──子の最善の利益を実現するための子どもの問題の専門家と法律家の共同のあり方の順序で報告された。

　そこで検討であるが、紙数の関係で、ここでは、(1)(5)に絞る。報告では、(1)の点については、「子の意思」あるいは「子の意見」は、子の最善の利益の判断に当たって考慮すべき要素の一つとしつつ、家事事件手続法65条が子の意思を把握し、子の年齢及び発達の程度に応じて考慮すべきとしている前提には、父母が気づいていない子の意見を把握し、それを父母の協議の結果に反映させることによって、子の最善の利益をよりよく実現することができる等の考え方があり、これらはこれまでにも、家事調停の経験のある実務家によって指摘されているところであるとされる。

　しかし、ここで真っ先に問題となるのは、子どもの気持を知らされることによって親としての責任を感じ、「子の最善の利益」が何かを真剣に考えるようになると指摘しながら、その肝心の「子の最善の利益」の内容について一言もコメントしていないことである。その中身について理論的にも実務的にも正反対の考え方が現在対立しており、熾烈な論争を引き起こしているということは周知の事実のはずなのに、そのことを全く無視している。その対立というのは、言うまでもなく、面会交流でいえば、離婚後の親子の面会交流は原則として子の利益に適うものであり、①子どもの連れ去り、②子どもへの虐待、③DV目撃被害など面会交流を禁止・制限すべき特段の事由がない限りこれを認めるべきであるという面会交流原則実施論と、法理論的にも

精神医学や児童心理学等の人間関係諸科学の観点からもこれを原則的に認めるべきであるということは正当化されず「子の最善の利益」に反し、原則例外的発想ではなく、双方の事情の比較考量により子どもの生存と監護関係の安定及び子どもの安心を確保することこそが重要であるとする比較基準説との根本的な対立である。このことを一顧だにしないということは、学説としては客観性・公平性に欠けるのではないか。それは実体法学者の責任分野であって手続法学者の関知するところではないというのだろうか。

　(5)の点について、誰が子どもの意見を聴取するかはわが国では家庭裁判所調査官と子どもの手続代理人だとし、子どもの手続代理人が子の意見を直接聞く必要がある場合には、子どもの心理や家庭の状況を把握するための研修を受けた上で、子ども問題の専門家がすでに意見聴取を行った事項と重複しないようにすることが子どもの精神的負担を軽減するために望ましいと指摘されるが、しかしこんなことは当たり前のことであって、だれしも反対する者はいないのではあるまいか。本シンポで議論すべき肝心なことは、家庭裁判所調査官と子どもの手続代理人との役割分担のあり方のはずであるのに、これ以上の言及がないのには失望した。意見聴取・親へのフィードバックのあり方に関しては、子の安全を確保し、意見聴取の手続に対する子の信頼を保護するために、「聴取した内容を親に伝えるか否かについての子の意見」は尊重されるべきであり、子がどのような意見を持っているかは、子どもの問題の専門家が慎重に考慮すべきであるとされるが、このような当たり前のことは誰も反対しない。学会の報告なのだから、この点についてここで留まるのではなく、手続法学者としての日本の家事調停の運用論に関する専門的知見を披露していただきたかった。現に実務上原則的実施論の調停等の運用には多くの問題があり（本書第 2 章「私は面会交流調停で、調停委員や裁判官からどのように説得されたか」参照）、しかもその強行によって多くの子どもの被害が出ているのだから[1]。そこに目を向けて、その防止策を論ずるのが本シンポの役割ではないのか。

---

1)　可児康則「面会交流に関する批判的考察──『司法が関与する面会交流の実情に関する調査』を踏まえて」判例時報 2299 号 13 頁など参照。

2 林報告「家事調停における家庭裁判所調査官の実務」について

　元家庭裁判所の調査官で、現在調停委員の林報告では、調査官に対する調査命令についてこれまでも明らかにされている一般的な調査手続の解説に加え、子の監護状況の調査や子の意向調査として、子の心情の理解、子の意向の聴取、調査報告書の作成と活用について詳細に説明した上、家裁調査官のかかわる利点として、調査の有用性・専門性及び中立性について言及される。そして、家裁調査官の仕事は裁判所職員としての限界があり、池田会員から報告のある手続代理人との関係が問題となるとし、子の利益が問題となるときには、子の立場に立って継続的な子の支援が必要な場合があることからすれば、家裁調査官の調査だけでは対応できないような事例も出てくるのではないかと指摘される。

　しかし、これだけでは例えば最近の面会交流事件等の子の監護に関する事件において、行き過ぎた、あるいは粗雑すぎる調査や調停運用によって、非監護者等による DV 被害を助長し、こどもの身体・精神に危険が迫っているという現状[2]を打開することはできない。何よりも肝心な家裁調査官の専門性や独立性に疑問を指しはさまざるを得ないような事態が現実に生じている。気がかりなのは、最近の調査報告書を見ると、多くの代理人弁護士が体験しているように、例えば家裁調査官までが面会交流の原則的実施論のバイアスにそまって、その立場で「子の最善の利益」の存否について調査・判断し、双方の個別的な事情を比較考量してこれを丁寧に行うという実務傾向にはなく、家裁調査官の調査が形式的・外形的な調査に流れ、いとも簡単に、本件は面会交流を禁止し制限すべき事情はなく、親子の面会交流は認めるべきであると結論づけてしまっている事例が多いことである。

　まさかこのような実態を知らないということではあるまい。そうだとすれば報告者として勉強不足であるし、知っていて見ないふりをするのは、誠実

---

2) 長谷川京子・吉田容子「司法は面会交流殺人から子どもと監護親を守れるか」梶村・長谷川・吉田編著『離婚後の子の監護と面会交流──子どもの心身の健康な発達のために』（日本評論社、2018 年）139 頁以下など参照。

さに欠ける。知っていて、それが子の最善の利益にかなうといわれるのなら、反対説に堂々と立ち向かい批判すべきではないか。「子の最善の利益」の存否に関する判断基準について、前述の原則的実施論と比較基準説とが激しく対立しているにもかかわらず、何の理由も示さずに前者の原則的実施論に依拠した調査報告書があまりにも一般化していることに関して、元調査官（代表）として何のコメントもしないのは報告として不十分である。

　家裁調査官の専門性と独立性を言うのであれば、調査の手法と目的を制限されてしまう原則的実施論に従うことと矛盾・相克することは明らかだが、この点についての何の言及もない。実際にはこの問題に直面して悩んでいる調査官もいると聞く。「子の最善の利益」という最も人間科学的な事実概念については、家裁調査官の専門的意見が尊重されず、原則的実施論という法的規範的概念に拘束されてしまうというのでは、家裁調査官の存在意義が問われるのではあるまいか。最近の実務では、裁判官が調査官に対して、「原則的実施論の立場で調査・調整せよ」と（明示的に、黙示的に）調査命令を出しており、調査手法に対してまで干渉しているのではないかという疑念をぬぐえない。

3　池田報告「家事調停における『子どもの手続代理人』の活動」について

　日弁連子どもの権利委員会で子どもの手続代理人の研究、あるいは会員向けの研修、マニュアル作り等を担当されている池田弁護士は、子どもの手続代理人の制度は家事事件手続法の制定によって新たに始まった制度で、比較的歴史の浅い制度だとしつつ、家事法65条の子どもの意思尊重の規定は裁判所からの目線であり、子どもの側から見ると、子どもは把握されたりあるいは調査されたりする客体の立場に置かれているが、家事法によって導入された子どもの利害関係参加を前提とする手続代理人制度は、子どもが主体的に手続にかかわっていくというその主体性に重心が置かれた制度だとする。具体的には、意思能力があれば一定の事件においては手続行為能力があり、手続主体である利害関係人として手続に参加することができ、主体性という意味で非常にラディカルな制度だとする。

　しかし、子どもの手続代理人の家事調停における役割としては、一般的に

意思能力が備わるとされる10歳前後以上の子どもでないと利用できず、肝心の補佐・補助が最も必要なそれ以前の年齢の子どもの手続代理人とはなり得ないという限界がある。それと最も問題なのは、前記2の元家裁調査官の報告のときもそうだったが、そもそも当該手続代理人は「子の最善の利益」をどのように考えてのいるかであり、この点林報告は具体的に何も語っておらず、何のためのシンポかなと疑ってしまう。

本報告では、「子の最善の利益」と言いながら、客観的利益と主観的利益の対立構造というような枝葉末節のことしか踏み込まず、肝心な原則的実施論か比較基準説かの選択について、何も語らない。そんなことは議論するまでもなく当然だというニュアンスが本報告を含め本シンポ全体には感じられるが、それでは法学・社会科学系の議論とはならないのではあるまいか。

4 原田報告「子どもの意見表明権の保障と家事調停」について

法社会学者の原田氏は、(1)子どもの権利条約の基本理念としての子どもの意見表明権、(2)監護権紛争処理への子どもの参加がもたらす実践的利益とリスク、(3)家事調停への子どもの参加、(4)子どもの意見表明権の実現に向けた実践的課題、について報告される。

紙数の関係で、ここでは(2)(4)に絞って検討する。

(2)の点については、その利益の一つが、子どもの意見を聴取することによって大人が子どもの声の重要性に気づき、さらに子どもの声を聴こうという姿勢になるということを指摘すると同時に、逆に子どもの真意を捉えそこねるリスクがあり、もう一つの利益としてそれによって子どもへの力づけになる反面、子どもに忠誠葛藤を招き子どもへの責任転嫁のリスクがあることを指摘し、「参加のリスクを抑えてそのメリットを引き出すためには、父母の対立に巻き込まれる子どもの心情や立場に十分に配慮し、また、子どもの発達や成長という観点から十分に配慮を行って、聴く仕組みや、聴く環境をしっかりと整えることが必要である」とされる。至極ごもっともであり、だれも反対しないであろうが、そうだとするとこれを実践するためには論者が前提としている面会交流実施論の立場では到底無理なのではないか。こんなことはお構いなしに面会交流を禁止・制限すべき特段の事由がない、と一刀

両断に切り捨てるのが原則的実施論のメリットなのだから。

　(4)の点については、子どもの権利委員会の示す「子どもの意見表明権の実現のためのステップ」である①準備、②聞き取りの実施、③子どもの能力の見極め、④フィードバック、⑤不服申立ての5段階のステップについて、その実践的課題を検討しているが、そうだとしたらなおさら原則的実施では駄目なのだ。原則・例外という発想では、例外がまず問題となりそれがなければ実施となり、原則の正当性の審査判断は抜け落ちてしまう。だから、ご指摘のようなことをするためには、双方の具体的事情を比較考量して丁寧に子の最善の利益を追い求めなければならないのは当然なのではないか。

　法社会学者には、原則的実施論の立場を乗り超えて、現実的にその立場による実務の運用によって子の最善の利益が脅かされている現実に注視してほしかった[3]。

5　本シンポの課題に対する筆者の考えと提言

　日本では、家事事件の ADR は、家事調停を除いてはほとんど利用されず、機能していてない。それは、戦前の人事調停（戦時中の昭和14年に制定された人事調停法による）のほか、戦後の家事審判法・家事事件手続法において制度化された家事調停が、経済的に安価（申立費用1200円の他実費1000円程度）で、場所的にも裁判所の本庁・支部・出張所と全国隈なく存在し、手続的にも当事者が裁判所に集まって同席または別席で話し合って対話をするというような手軽さが手伝って、それなりに当事者のニーズに応え、紛争解決制度として機能しているからであろう。他の ADR は機能が難しい状態は今後も当分続くと思われる（ただ、弁護士・司法書士・行政書士等のグループの新しい ADR 立上げの機運に期待感はある）。

　さて、家事調停において「子の最善の利益」が判断基準とされるのは、主として親権・監護権紛争であり、その中でも意識的に中心的に議論されているのは民法766条等の「面会交流」調停である。上述したように、そこでは

---

3)　千田有紀「家族紛争と司法の役割──社会学の立場から」『離婚後の子の監護と面会交流』2頁以下等参照。

204　第3章　法は「子どもの利益」をどう実現するべきか

何をもって「子の最善の利益」とするかは、原則的に実施することが子の利益にかなうとする原則的実施論と、従来の申立人（非監護親）側及び相手方（監護親）側及び子の側の三者間の諸般の事情を総合的に比較考量して決すべきであるとする比較基準説とが対立しているのだから、学会のシンポならばその間の論争は不可欠のはずである。そのためにはそれぞれの立場の異なる報告者を揃えなければならない。

　この点、筆者ら、原則的実施論批判グループは、子の最善の利益に関しても、それは子どもの生命・身体・精神・情緒面等の安定・安心の確保と継続の保障にあるとする基本な考え方を提示し、日本評論社から発行している前記『離婚後の子の監護と面会交流』『離婚後の共同親権とは何か』などをとおして、実体法・手続法の両側面から比較基準説の正当性を主張しており、本書はそれに続く完結編として公刊するものである。

　これらの三部作で詳述しているが、ここではさしあたり筆者の見解として以下の六点を強調しておきたい。

　第一は、家事調停を中心とする ADR において、「子の最善の利益」を確保し推進するためには、近時の面会交流原則的実施論に基づく運用を見直し、従来の比較基準説に基づく運用に立ち返るべきであると主張する。最近の高裁段階の裁判例においても、すでにこの兆候が表れ始めている[4]。

　第二は、子の最善の利益の確保が法の目標である以上、わが国の子育て文化において真に子どもの利益が守られるような調停運用でなければならないのに、一神教を背景に持つ欧米の権利義務的発想のもとで親子の関係構築だけを金科玉条のごとく推進するだけでは決して子の利益にならない。面会交流を中心とする子の監護紛争は、多神教を背景に持つ東アジア圏の子育て文化を基礎として、あくまで個別事案ごとに関係者の諸事情を比較考量して判断すべきである。

　第三は、子どもの意思の把握と考慮は、家事事件手続法が慎重に言葉を選

---

4)　東京高判平 29・1・26 判時 2325 号 78 頁、名古屋高決平 29・3・17 判時 2367 号 62 頁、東京高決平 29・11・24 判時 2365 号 82 頁、名古屋高決平 31・1・31 判時 2313=2314 号 41 頁等。

んでいるように、子どもの年齢に応じた多面的な対応を必要とし、決してその時点での子の表面的な意思だけを形式的に原則的に尊重するということではない。調停では、何よりも監護担当者との意見調整が必要であり、その納得の得られることが肝心である[5]。

　第四は、子どもの最善の利益の実現が目標である以上、子どもを試験の対象とするような試行面接は害多くして益なしであり、原則として実施すべきでない。審判で原則的に面会交流を推進するための理由として試行面接に問題はなかったことを挙げたいようだが、もし失敗したら、精神的・身体的・人格的障害などとり返しのつかない事態を引き起こす（本書第2章の当事者の体験参照）。

　第五は、子の最善の利益にかなう面会交流の実現のためには、原則として同席調停により双方の納得の上で実施すべきである[6]。

　第六は、行政や民間など第三者機関の活用には慎重であるべきである。裁判所が当事者でも参加人でもないこれらの第三者機関を選任しその支援内容をその裁量に委ねても、裁判所はその実施による失敗、すなわち子どもの被害招来に対して責任をもちえない。第三者機関も裁判所の選任と支援の要請を拒否できる。第三者機関は、子の最善の利益に関する判断能力はない。「子の最善の利益」の判断権者である司法が最終的な責任をもつべきである。

---

5)　拙著『新家事調停の技法──家族法改正論議と家事事件手続法制定を踏まえて』（日本加除出版、2014年）313頁以下等参照。
6)　前掲・注5)402頁、拙著『家事事件手続法規逐条解説(三)』（テイハン、2020年）269頁以下等参照。

欧米先進諸国における「子の最善の利益」の変遷

小川富之　福岡大学法科大学院教授

1　はじめに
——共同親権制導入と子の最善の利益

　近年、欧米諸国において、別居または離婚による夫婦共同生活解消後の子の養育に関して、従来の共同監護法制では子の健全な生育を実現することが困難な事態が顕在化し[1]、子の最善の利益とは何かが大きな問題となっている。しかしながら、日本では、これまでずっと「子の最善の利益のためには、日本の『単独親権制』は問題で、欧米のように『共同親権制』を導入すべきである」と主張されている。夫婦関係は解消されても、親子の関係は継続すべきで、父母の双方が、それまで同様、またはそれまで以上に子の養育に関わることが子の健全な生育につながり、それが子の最善の利益であるという見解が提示され、これを基に、共同親権制導入や面会交流の促進といった事が強く主張されている。このような主張については、円満な夫婦関係を継続できず、これを解消せざるを得なかった父母であっても、（少なくとも）子

---

1)　このことは、欧米諸国の近年の別居または離婚後の子の養育に関わる頻繁な法改正議論の状況からもうかがえる。例えば、オーストラリアの1995年、2006年、2011年及び2019年の大幅な法改正の議論、イギリスの2014年改正等があり、アメリカ合衆国においても多くの州で改正が行われている。また、近年の家族法関連の国際会議で取り上げられる主要なテーマからもこのことがうかがえる。筆者が執行理事を務めていた、AFCCのシンポジウムのテーマにもこのことがはっきりと現れており、2020年3月開催の第57回大会でも「子が親を拒絶するとき」をテーマに共同監護から生じる問題について検討される。詳しくは、AFCCのホームページを参照。https://www.afccnet.org/

の養育の問題に関して（だけ）は、協調・協力することができる場合には、一般論として特に異論はない。しかしながら、離婚する夫婦の関係は回復の見込みのない程度に破綻しており、子の養育を含めたさまざまな問題で対立し高葛藤の場合が多く、児童虐待を含めた何らかのファミリー・バイオレンス（ドメスティック・バイオレンスや児童虐待を含めた身体的・精神的・視覚的等の広範な暴力概念を含む）の問題を抱えていると多くの研究者から指摘されている。当然のことであるが、離婚後は父母の居住環境が別になり、子はそのいずれか一方と同居し、同居親が主たる監護者として子の養育についての第一義的責任を負うことになるということを念頭に置いて、離別後の子の養育について、子の最善の利益というものを考えなければならない。

　日本では、共同親権法制を法制審議会に諮問するとの報道があり、その後も着実に法制化に向けた準備が進められている。上川法務大臣（当時）の発言として、現行の民法は「単独親権」制度で、どちらかの親は戸籍上の他人となり、親権のない親はほとんど子育てに関われず、面会交流も著しく制限されるのが実情であると指摘し、欧米では「共同親権」が主流で、離婚後も父母が共同で子育てを担っていると説明された[2]。この報道の趣旨は次のような理論構成になっていると解される。

　　・日本の単独親権制では、親権者とならなかった父母の一方が子の養育に関わることができず、面会交流も制限される。

---

2)　上川法務大臣（当時）が記者会見で、未成年の子を持つ夫婦が離婚した後も双方に親権が残る「共同親権」制度の導入について2019年にも法制審議会に諮問する見通しであるとの考え方を示し「離婚後も父母ともに子育てに責任を持ち、親子の面会交流を促すことで、子どもの健全な生育を実現するのが目的です。……1896（明治29）年制定の民法は、家制度を色濃く反映し、親権が子どもに対する支配権のように誤解され、児童虐待につながったとの指摘もあります。現行の民法は「単独親権」制度で、どちらかの親は戸籍上の他人となり、親権者は子どもの教育や財産管理などの権利と義務を持ちますが、親権のない親はほとんど子育てに関われず、面会交流も著しく制限されるのが実情です。一方、欧米では「共同親権」が主流で、離婚後も父母が共同で子育てを担います。……」とその理由を説明したと報じられている（読売新聞2018年6月26日）。その後、法務省は親権制度を見直す民法改正について、2019年にも法制審議会（法相の諮問機関）に諮問する見通しだと報じられた（読売新聞・2018年7月15日朝刊）。

・欧米は共同親権制で、日本も同じ制度を採用すれば、欧米のように面
　会交流が促進され、父母が協調・協力して子の養育に関わることができ
　る。
・その結果として、子の健全な生育が実現でき、子の最善の利益が確保
　される。

　このような説明は、耳障り良く聞こえるが、重要な問題を見落としている。
子の健全な生育の実現が子の最善の利益であり、離婚後も父母が子の養育に
関わることができようにすべきであることはいうまでもないが、次のような
問題がある。

　まず、面会交流が制約され、父母の一方が子の養育に関わることができな
いのは、離婚後の単独親権制にのみ起因する問題であろうか。次に、欧米で
は日本における「親権」を離婚後に父母が共同で行使するという制度になっ
ているのであろうか。言い換えると、欧米は「共同親権制」なのであろうか。
さらに、欧米の離婚後の子の養育制度で果たして本当に子の健全な生育が実
現できているのであろうか。子の最善の利益に関して、子の健全な生育は面
会交流の促進で実現できるので、共同親権制を導入すれば面会交流が促進さ
れるにもかかわらず、単独親権制なので子の健全な生育が損なわれている、
という考え方についての問題である。言い換えると、日本における親権を、
欧米では離婚後に父母が共同で行使する制度（共同親権）になっているが、
これにより離婚後の子の健全な生育が実現できているかどうかという問題で
ある。本稿では、これらの問題について順次検討する。

2　子の養育分担と子の最善の利益

　欧米諸国では、離別後の子の養育に関して、子の最善の利益とは何かが大
きな問題となっている。子と一緒に過ごす時間を分担することを希望する父
母の間で、「子の養育分担（shared parenting）」への関心が高くなってきた
と指摘される。子と過ごす時間を父母が分担する子の養育分担は、父母が子
の養育責任を分担して負うということに関連する問題ではあるが、養育責任
分担とは異なるものである。欧米諸国では、別居または離婚した父母間の協
議による合意で子の養育分担の取決めがなされる一方で、家庭裁判所で争わ

れる事件では、子の養育分担を促進する方向での法整備をすべきであるとの新たな要求が登場してきた。このような要求は（別居または離婚後に子との面会交流を制限されて、子の養育にかかわる機会の無いまたは少ない）、主として父親グループからの圧力に起因するものである[3]。イギリスでも、2010年7月に、子の養育に関する問題を当事者が合意により解決することができず訴訟になった場合に、子の養育分担命令（shared parenting order）を原則とする規定を含んだ議員立法「子の養育分担命令法案（Shared Parenting Orders Bill）」が提案された。この法案は、一定の例外を除き、子の養育分担命令を原則とすることを法律に明記することがそのねらいであった。また2011年3月には、同様の目的を有する「子と父母との面会交流に関する法案（Children's Access to Parents Bill）」が提案された。これらの法案と関連して、「子と家族に関する政府作業部会（Ministerial Task Force on Childhood and the Family）」はその活動の一環として、子の養育分担（shares parenting）に関する取決めをについて検討しており、「ファミリー・ジャスティス・リビュー（Family Justice Review）」に掲載された2010年の中間報告の中でもこの問題が検討されている。ただ、この「ファミリー・ジャスティス・リビュー」では、父母双方が子の養育に関して、かなりの、または、均等な養育時間の請求をする当然の権利を有すると認識させるような、または、その危険性を有する法律の導入に対しては否定的な見解が示されていることには注意する必要がある。イギリスでは、子の養育分担命令（shares parenting order）については、父母間に対立があり、父母がさまざまな問題を抱えている場合には、子の養育分担を原則とする規定を明記することは子の養育環境としては好ましくないとされた[4]。イギリスを含めた欧米諸国の、この問題に関する議論は、オーストラリアの経験を参考にしたものであるといわれている。ここでは、オーストラリアの経験につい

---

3) 均等な養育分担をめざした法制度の先駆けとなった、オーストラリアの経験を紹介するものとして、リサ・ヤング著・監訳：髙橋睦子、立石直子「オーストラリアの家族法をめぐる最近の動向」（小川富之・髙橋睦子・立石直子編『離別後の親子関係を問い直す——子どもの福祉と家事実務の架け橋をめざして』（法律文化社、2016年）163頁参照。

て取り上げる。

3 オーストラリアの経験

オーストラリアにおける家族法制[5]は現在、主に1975年連邦家族法とその改正法により規律されている。1995年改正法（The Family Law Reform Act 1995）により、連邦家族法の7章（60条B第1項〔s 60B(1)〕以下）が改正された。その内容は、後見、監護、面会交流などに関する考え方の転換である。具体的には　監護（custody）や、面会交流（access）の用語が削除された。前者の用語は、父母の別居後、子に関する権限と責任について双方の親に帰属することを前提とする親責任（parental responsibility）という用語に変更された。

2006年には、改正（共同親責任）法（The Family Law Amendment（Shared Parental Responsibility）Act 2006）により連邦家族法が改正され、養育分担の規定や「フレンドリー・ペアレント（friendly parent）」条項が設けられたうえ、子が暴力や虐待から保護される必要がない限りは、父母がそれぞれ子の生活に関わりを持つことの重要性が強調されるに至り、その結果、子と別居親との面会交流を含めた関与を促進することにつながった。とくに60条B第1項は、目的として次のように規定された。

　60条B(1)
　　本条の目的は、以下によって子の最善の利益を実現することである。

---

4)　イギリスのこのような状況について詳細にまとめたものとして、Belinda Fehlberg and Bruce Smith with Mavis Maclean and Ceridwen Roberts "FAMILY POLICY BRIEFING 7 Caring for children after parental separation: would legislation for shared parenting time help children?" University of Oxford Department of Social Policy and Intervention May 2011. を参照のこと。

5)　オーストラリアの家族法制、特に離別後の子の養育に関しては、これまでにも多くの研究成果が公表されている。直近のものとしては、外務省からの調査依頼を受けて筆者が監修して提出したものが、ホームページ上に公表されているので参照のこと（ハーグ条約資料：監修・執筆：小川富之、翻訳・執筆：立石直子・古賀（駒村）絢子・矢野謙次「親権・監護権に関するオーストラリア法令の調査報告書（概説・条文解説）」。

a　子の最善の利益に適う限りにおいて、両親が最大限、子の生活に有
意義な関わりを持つことによる利益を子に確保すること
b　子を、虐待、ネグレクトもしくは家庭内の暴力、またはその暴力を
見聞きすることによって、身体的あるいは精神的な危害から保護する
こと
c　子が潜在的な能力を発揮できるよう、十分かつ適切な養育を受けら
れることを確保すること
d　両親が、子の世話、福祉及び成長発達に関する義務を果たし、責任
を担うことを確保すること

　2011年には、家族内の暴力を考慮した改正法（The Family Law
Legislation Amendment（Family Violence and Other Measures）Act
2011）が成立し、これにより連邦家族法がさらに改正され、2012年6月よ
り施行されている。この改正は、2006年改正法により導入された養育分担
の規定が、離婚後も両親による均等な養育時間を確保すべきことが求められ
ているかのような誤解を与え、その結果、父母が自身の権利・利益のみを追
求し、子の最善の利益が蔑ろにされる結果を招き、さらに、「フレンドリ
ー・ペアレント」条項の存在（2011年改正により廃止）により、同居親に
よるファミリー・バイオレンスや児童虐待の主張が抑制されたことから、子
が暴力的な親との交流を半ば強制され、暴力リスクに晒され続ける可能性を
増大させたと指摘され、これらに対する批判・反省を踏まえて行われたもの
である[6]。子の監護に関わる主な改正点は、次の通りである。

① 4条AB：家族内暴力（family violence）の定義を新しくし、社会
的、経済的に支配する行為や、子をファミリー・バイオレンスに晒す
こともファミリー・バイオレンスだとした。
② 4条(1)：虐待（child abuse）の定義を広げた。その範囲に、深刻
なネグレクトや子に深刻な精神的被害を引き起こすことも含まれるよ
うになった。後者には、子をファミリー・バイオレンスに晒すことも
含まれている。

③　60条CC（2A）：子の最善の利益を決定する際に、優先的に考慮すべきこととして、子をファミリー・バイオレンスやファミリー・バイオレンスに晒されることから保護するといった「子の安全」の視点を導入した。これによる重要な変更点は、子の最善の利益の内容として、子が両親との有益な交流を持つことよりも、虐待やネグレクト、家族内暴力からの身体的、精神的害悪から子を保護することのほうが優先されるべきことが明確にされたことである。

④　60条CC（3）（c）,（4）,（4A）の削除：子の最善の利益を決定する際に、子と父母の一方との間の交流にどの程度好意的であるかについて付加的に考慮すべきとしていたフレンドリー・ペアレント条項を廃止した。

⑤　60条CC（3）,（ca）：子の最善の利益を決定する際に、付加的に考慮すべきこととして、子に対する扶養義務を、どの程度果たしたか、果たしてこなかったかという点を導入した。

⑥　60条c（3）（k）：子の最善の利益を決定する際に、付加的に考慮すべきこととして、その家族構成員に対して出されているファミリー・バイオレンスに対する保護命令の状況を考慮することとした。

⑦　60条D：60条Dで定める子の最善の利益に関わるアドバイザーの義務として、対象者に子の最善の利益を実現するために、子がネグレクトや暴力を受けることや暴力に晒されることによる危険から保護されるよう促すことが規定された。

⑧　117条ABの廃止：裁判所は、虚偽の主張や証言をしたことに対し

---

6)　面会交流を促進し、父母による均等な養育（時間）をめざした2006年法を改正する要因の一つとなった事件として、2009年のダーシー・フリーマン事件がある。ダーシーの母親は、事件が起きる前から、父親の言動への不安を口にしていた。父親はダーシーとの面会で、母親に子どもたちにさよならを言わせた後、4歳のダーシーを橋から放り投げて死亡させた。後に父親は、母を傷つけるためにやったと認めている。この事件は、家庭裁判所にとって、暴力の問題を真剣に受け止めていないという批判に向き合う契機となったと指摘されている。詳しくは前掲注3）183頁参照。これと類似する事件は、日本でも発生しており、長崎では面会させるために子を父の所に連れて行った母親が殺害された。また、母としては、父子関係には特に問題はないとの理解の下で、子を父と面会させたところ、はじめての面会で父は子を絞殺した後で自殺するという事件が伊丹で発生している。

て、支払命令を出すよう強制されないよう改められた。

　このように、2011年改正法は、子の最善の利益として、子の安全性の確保こそが最優先であることを明確化し、「フレンドリー・ペアレント」条項も削除されるに至った。これらの改正の意義は、裁判例でも確認されており、例えば、父が母と子に対して繰り返し暴力ないし支配行為に及んでいたケースでは、裁判所は、子の安全こそが最優先であることを確認し、母の単独の親責任を認め（Martin v Martin [2014] FCCA 2838）、また、子と父との交流を完全に否定した例もある（Oakes v Oakes [2014] FamCA 285）。

　オーストラリアにおける経験を端的に挙げるとすれば、離別後に父母が面会交流を含めて均等に養育に関わることを最優先事項とする法制度の導入は、必ずしも、子の健全な生育の実現とはならず、子の最善の利益を損なう結果をもたらしたということである。この経験を踏まえて、現在では、共同養育については基本的に承認しつつ、共同養育による「子の利益」と他の「子の利益」との具体的調整をめざした規範の設定、法的支援と非法的支援との連携の下での家族関係支援の整備、親の権利意識の抑制と責任感の醸成を目指した「子の利益」教育、ファミリー・バイオレンスのスクリーニング要件化とスクリーニング回避された場合のフォロー体制の構築が求められることとなっている。

　2019年4月、オーストラリア法改正委員会（the Australian Law Reform Commission）は、「将来に向けての家族法（家族法制度の調査）」（「Family Law for the Future: An Inquiry into the Family Law System（Final Report）」）と題する最終レポートを公表した。同レポートによれば、子の最善の利益の内容として、虐待やネグレクト、ファミリー・バイオレンスから子を保護することが最も重要な事項であることが一層強調され、また、これら家族法に関わる諸問題、児童保護に関する問題、そしてファミリー・バイオレンスが絡む問題に対して、裁判所による総合的、効果的な対応を促進するため、最終的には第一審の連邦家庭裁判所を廃止し、全ての州ないし準州に家庭裁判所を創設して同裁判所に解決を委ねるべきとの勧告が示されており、今後の動向がさらに注目される。

4　子の最善の利益に関して、子の健全な生育は面会交流の促進で実現
　　できるので、共同親権制を導入すれば面会交流が促進されるにもかか
　　わらず、現行では単独親権制なので子の健全な生育が損なわれている
　　という考え方について

　欧米諸国においても、父母が別居または離婚する場合、多くの子は、父母
の話し合いを経て合意された取決めに基づいて、父母のいずれか一方（多く
の場合は母）と生活をしている。このような取決めの内容を継続維持するこ
とには困難が伴うという認識を持っている当事者は多いが、実際に裁判所に
変更を求める訴えを提起するのは少数派で、10％程度といわれている。多く
の子は「同居親（resident parent）」と呼ばれる父母の一方（通常は母親）
と生活時間のほとんどを一緒に過ごしているというのが現状である。子と同
居していない父母（「別居親（non-resident parent）」）が、子とどの程度の
面会交流をしているかはさまざまである。父母の取決めで全く面会交流をし
ていない場合もあれば、1週間のうちのウィーク・デーの面会交流の取決め
をするもの、週末と学校の休暇中を別居親（通常は父親）と過ごすというと
いう取決めをするもの、また、「別居親」とかなりの時間を一緒に子と過ご
すという養育分担（shares parenting）の取決めをするものまで、さまざま
な事例が存在する。別居または離婚している父母の約3％が、ほぼ均等な時
間配分で子の養育を分担する取決めをしていると推計されている[7]。これは、
言い換えると、大多数の家庭では、父母の一方、たいていは母親が子の養育
を担っているということになる。
　子の養育時間を二分すること（またはそれに近いような時間配分）を原則
とする子の養育分担（shares parenting）の場合には、子は二つの住居を持
つことになり、父母の間を交互に移動するという結果になる。1週間は母親
と生活をし、次の週は父親と生活するという例も無いではないが、学校に通

---

7)　イギリスの例では、離別後、父母が均等に子の養育にかかわっているのは、わずか3％
　であると報告されている。前掲注4）2頁。オーストラリアでは、父母の均等な養育の定義
　は35％以上の関わりとされているが、これは全体の1割強でしかない。

うウィーク・デーの途中で子の養育期間を分けていることが多いようである。このような取決めの内容を円滑に維持していくためには、別居または離婚した父母の協調と協力が不可欠である。また、子の成長に応じて、子と父母の必要性に変化が生ずれば、それに応じて取決め内容を変更する話し合いが必要となる。

　欧米諸国で、子の養育分担の取決めがなされた場合で、父母の一方が子と過ごす時間が少ないときに、その取決め内容が子と父母の一方（特に別居親、たいていは父親）にとって不公平だという主張がなされることがある。父母の一方が自分は不公平な扱いを受けていると主張する場合に、この不公平を是正するための提案が、果たして子の福祉にとって好ましいかについては否定的な見解が示されている[8]。

　子の利益が最優先事項であるということは、欧米諸国の法制ですでに明記されている。はたして、父母の話し合いで子の養育に関して合意を形成することができず、家庭裁判所に訴えが提起された場合に、その判断基準を明確化する必要性があるかについては、欧米諸国では否定的である。たいていの場合は父母の任意の話し合いに基づいて子の養育分担についての取決めがされているので、このような事例に関しては、子の養育分担について明文化する必要性はない。これに対して、家庭裁判所に訴えを提起して、子の養育に関する裁判所の命令を求める事例は、多くの場合が高葛藤事例で、任意の話し合いで合意を形成することができなかった父母間の争いである。

　こういった背景から考えて、父母が裁判で争っている場合に、子の養育の分担（shared parenting）を促進することをめざして、これを義務づけるために、共同親権制を導入するという日本における提案は、余計に父母間の葛藤を高め対立を強める結果となることは、欧米での経験で明らかである。前述のとおり、子の養育に関する紛争を裁判所で扱う場合に、原則面会交流実施論の考え方に立って、共同養育を推進する法制度が子の最善の利益につながるという対応を反省すべきであるという提言が、オーストラリア法改正委

---

8)　前掲注4）6頁。ここでは、親責任をどのように分担するかが重要で、均等な養育時間を目指すような規定は子の利益を損なう危険性があることが指摘されている。

員会から明示されている⁹⁾。法律の規定が変更されると、争いのある事例のみならず、別居または離婚する全ての父母と子に影響を与えることにもなる。裁判で争っていない父母たちも、弁護士による法的アドバイスに従って、「法的紛争として表面化しない形で（法の陰で）」合意を形成することが多いと思われる。

　このような問題に関しては、イギリスでも、子にとっての必要性を中心とする現在の「児童法（Children Act）」の考え方ではなく、むしろ大人の権利の観点から、別居または離婚した父母と子の養育分担の規定が作られることになれば、子の養育に関する父母の考え方に大きな影響を生じさせることになるとの懸念が示されている。イギリスでは、オーストラリアの経験を踏まえて2014年に同様の法改正が行われており、このような傾向は、他の欧米諸国でも見られる。

　父母が協調して協議ができ、対立の程度が低い場合であれば、子が父母双方と継続して定期的に面会交流することが子にとっても好ましいということは、多くの人が認めている。しかしながら、子の養育分担について明記する法律を制定すれば、別居や離婚後に父母が裁判で争っている場合に、父母がそれぞれの役割を尊重して子との面会交流を継続していくことがきるという

---

9)　2019年に公表されている最終報告書では、共同養育による子の利益の規範的強調の全面的撤回であると評価されている（家族〈社会と法〉学会第36回学術大会〔2019年11月9日〕の報告「オーストラリア（豪州）における離婚後の共同養育推進と『子の利益』」〔古賀絢子〕）。駒村報告の資料の中で、改正案が紹介されており、裁判所が子の最善の利益に関して判断する際の考慮事項として次のことが提示されている。ⓐ子および子の養育者をファミリーバイオレンス、児童虐待その他の危害から守り、安全を確保するために最も適切な養育措置、ⓑ子の意見、ⓒ子が成長発達する上での心理的および感情的必要性、ⓓ安全が確保された上で、子が父母その他の子にとって重要な関係を有する者との有意義な関係を維持・継続することによる子の利益、ⓔ子の養育を担おうとする者の子が成長する上での心理的および感情的必要性にこたえる能力、ⓕその他、子の個別事情との関連性。また、この最終報告書について紹介したうえで、結論として、「たしかに、親と子の人的関係を維持・再構築することは望ましいが、やはり子どもの最善の利益を考えた場合には、面会交流を認めることには慎重になるべきものと考える。」との見解が示されている。我妻学「オーストラリア家族法における子供の最善の利益」都法60巻1号59頁。

ことにはならない。オーストラリアの経験は、このことを実証するものであるといえる。現在、日本で議論されている、共同親「権」という考え方では、とりかえしのつかない事態を引き起こしてしまうおそれがある。

5 おわりに

2019年5月17日の閣議後の記者会見で当時の山下貴司法相（当時）は、離婚後の親権制度や子どもの養育費のあり方について、24か国を対象として調査を外務省に依頼したと明らかにした。日本は現在、民法に基づき単独親権制を採っているが、調査結果を踏まえ共同親権の導入の可否を検討するとのことである[10]。周知のとおり、日本が「子の奪取に関する民事的側面に関する条約（ハーグ条約）」を批准したことから、外務省では諸外国の親権及び監護権法制について詳細な調査を行い、ホームページで公表している。この報告書によれば、欧米諸国で日本のような親権を離婚後も父母が共同で行使する例はほとんどない。欧米諸国では「監護」の共同行使が制度化され、その後「親責任」に変更され、現在はより中立的な「ペアレンティング」という表現が主流となりつつある[11]。

さらに、2019年9月27日には、「共同親権導入、是非を議論へ」という見出しで、次のように報道されている。

「……法務省は（9月）27日、離婚後も父母の両方が親権を持つ『共同親権』の導入の是非などを検討する研究会を年内に設置すると発表した。……導入が必要と判断すれば、法相が民法改正を法制審議会に諮問することになる……。」[12]

---

10)　時事ドットコムニュース：2019年5月17日。

11)　離別後の子の養育に関する法制について、24か国の調査を行い、それを受けて共同親権制の議論を進めるとのことであるが、欧米諸国の法制については、法務省にも外務省にもそれぞれの国の専門家による調査報告書が提出されており、多くは公式ホームページ上で公開されているので、それを参照すれば、欧米諸国の多くでは、日本の「親権」を離別後に父母が「共同親権」という形をとっている国がどの程度あり、それらの国での現状がどうなっているかの確認は容易にできるはずである。なお、いまのところ（2019年11月26日現在）、この調査結果の報告は確認できていない。

面会交流の促進で子の健全な生育が実現できるわけではないことは、諸外国の経験により明らかとされている。これと関連して、日本の裁判実務で慣例とされている「原則面会交流」について、最近これを見直す裁判例が注目を集めており、日本の司法も欧米諸国と同様な方向性にある[13]。

　共同親権制導入の議論は、「親子断絶防止法案」から続く一連の流れの中で登場していることにも注意する必要がある。いうまでもない事であるが、国連子どもの権利委員会から「共同親権を認めるために、離婚後の親子関係に関する法律改正をする」ことが日本に勧告され、共同親権制への民法改正

---

12)　朝日新聞・2019 年 9 月 28 日。なお、研究会はすでに設置され、議論が開始されている。なお、国という枠組みではアメリカ合衆国なので、英米法系に属するといえるが、もともとフランスの植民地であった歴史的経緯から、ナポレオン法典に由来する民法典を有する州である、ルイジアナでは、日本の法律用語である親権に対比される「parental authority」という文言が用いられており、父母の婚姻中は共同で親権を行使するが、婚姻関係が解消されると親権は消滅すると明記されている。前掲注5）で紹介した、ハーグ条約資料の 2019（平成 31）年度の新規調査対象として報告書が挙げられているので参照のこと。これを含めて最近の専門家による調査報告書が公表されているにもかかわらず、なぜわざわざ短期間での調査報告を外務省に求めたのか理解に苦しむ。

13)　このような傾向の最近の裁判例としては、注目を集めた「（いわゆる）100 日面会交流事件」がある。この控訴審判決は、家庭裁判所が強力に推進している面会交流原則的実施の流れに対して、慎重な立場を求めるものであると評価され、最高裁の不受理決定により（事実上最高裁でも）支持された。この判決後に、東京高裁で原則面会交流実施論に基づく実務運用に疑問を呈したと思われる判断が示された。これは、東京高裁民事 23 部（家事事件集中部）の平成 29 年（ラ）1661 号面会交流審判に対する抗告事件（原審・前橋家庭裁判所平成 28 年（家）828 号、同 829 号）での平成 29 年 11 月 24 日決定で、原則面会交流実施論から従来の比較基準説に立ち返る判断を示したものであった（東京高決平 29 年 11 月 24 日判時 2365 号 76 頁）。面会交流は、子の福祉の観点から考えられるべきものであり、父母が別居に至った経緯、子と非監護親との関係等の諸般の事情からみて、子と非監護親との面会交流を実施することが子の福祉に反する場合がある。そうすると、面会交流を実施することがかえって子の福祉を害することがないよう、事案における諸般の事情に応じて面会交流を否定したり、その実施要領の策定に必要な配慮をしたりするのが相当である。」との見解を示したもので、東京高裁の家事事件集中部の判断という意味でも注目に値する。他にも、名古屋高決平成 19 年 3 月 19 日判時 2367 号 62 頁（一宮事件）および名古屋高判平成 31 年 1 月 31 日判時 2313＝2314 号 41 頁（愛知県事件）などが続いている。

の明確な立法事実が示されたとの主張が一部にあるが、これは勧告の理解の誤りで、少なくとも不正確な捉え方である。勧告で用いられている文言は「親権（parental authority）」ではなく「監護（〔shared〕custody）」であり、権利委員会から強く求められているのは共同養育環境の整備である[14]。

　前述のとおり、2019年のオーストラリア法改正委員会最終報告書で、子の養育に関する取り決めについて判断する際の考慮要素に関して、①家族間暴力、虐待その他の危害から子と子の世話をする者の安全確保を最優先し、②子の意見を尊重し、③安全であることを前提として、親子のかかわりの継続について検討することを主な内容とする勧告がなされた。

　英国でも、2020年6月に、子の養育に関する実証的研究に基づいて、「Assessing Risk of Harm to Children and Parents in Private Law Children Cases Final Report」と題する、最終報告書が法務省から公表された。報告書では、離別後の子の養育に関して、父母間に対立がある場合には、「親子のかかわりの継続は原則として子の利益である」という1989年児童法の推定規定の見直しが指摘され、この推定から生じている有害な影響に対処するために緊急な対応が必要であると勧告された。このような世界的趨勢の中で、日本における「共同親権制導入」の主張や「原則面会交流論」考え方について、実情を適切に把握したうえで、さらなる慎重な議論が求められている。

---

14)　CRC/C/JAP/CO/4-4 ADVANCED UNEDITED VERSION Committee on the Rights of the Child, Moncluding pbservations on the combined fourth and fifth project reports of Japan, III. Main areas of concern and recommendations, F.Family environment and alternative care（arts. 5, 9-11, 18(1) and （2）, 20-21, 25and 27 (4)）, Family environment, 27で用いられている文言は監護（custody）で、強調されているのは、(a)の共同養育が実現できるような環境整備で、それを受けて子の最善の利益に合致する場合という条件の下での(b)で離婚後の監護の分担ができるような法整備で、非同居親と子との面会の促進という点である。この点に関して、日本の現行法では、民法776条で子の最善の利益を考慮して、離婚後の子の監護については父母が協議して定めると規定されていることから、法律的には父母の監護分担は否定されていないので、取り組むべきは、環境整備と協議で定めるうえでの支援体制と捉えるべき問題である。

9 英国における「子の最善の利益」
──個人主義的理解から関係的理解へ

矢野謙次　弁護士

1　はじめに

　英国[1] は、日本と同様、「子の最善の利益」または「子の福祉」（以下「子
の利益」または「子の福祉」という[2]）を、親権（親責任[3]）や面会交流を
はじめとする子をめぐる紛争の解決基準と定めている。しかし、英国が日本
と異なるのは、英国ではこれまで、「子の利益」の内実を探求し、個々の子
の福祉をいかに実現すべきかが議論されてきたことである。筆者はすでに、
拙稿[4] において、これら英国の「子の福祉」の議論状況を紹介した。本稿は、
拙稿では言及できなった事項や日本法との比較法的視点にも触れながら、拙
稿を要約し、補足するものである[5]。以下では、英国における「子の福祉」

---

1)　本稿中「英国」とは、主にイングランド及びウェールズのことを示す。スコットランド
　法については、例えば、Joe Thomson, Family Law in Scotland (7th edition, Bloomsbury
　2014）参照。
2)　「子の最善の利益」と「子の福祉」は通常同義に用いられるため、本稿もそれに従う。
3)　英国では 1989 年児童法（the Children Act 1989）制定以来、「親権」（parental rights）
　概念に代わり、親の責任であることを強調する「親責任」（parental responsibility）の概念
　が用いられている。
4)　拙著「子の福祉と関係的福祉理論──面会交流事案における適用の一試案」判例時報
　2417 号 130 頁（以下「拙稿」という）。拙稿は、筆者が英国留学時（2017-2018 年）に執筆
　した論文を一部加除修正のうえ邦訳したものである。
5)　本稿は、拙稿執筆後の研究内容、とりわけオックスフォード大学ジョナサン・ヘリング
　（Jonathan Herring）教授から直接教わった事項のほか、家族法専門の英国法律事務所
　Dawson Cornwell における筆者の実務研修経験（2019 年）も踏まえたものである。

原則とこれに対する批判をそれぞれ検討したうえ（下記2）、これらの批判を踏まえ英国で提唱されている新たな理論（関係的福祉アプローチ）を改めて紹介し、その留意点や同理論を採用した裁判例についても併せて検討する（下記3）。

2 「子の福祉原則」の従来の考え方とこれに対する批判

(1) 「子の福祉原則」の従来の考え方

1989年児童法（the Children Act 1989。以下「児童法」という）1条(1)は、裁判所が子の養育等に関する事項を決定するときは、子の福祉（the child's welfare）が優越的な考慮事項（paramount consideration）でなければならないと規定する（以下、この原則を「子の福祉原則」と呼称する）。この原則は、面会交流をはじめ、子の医療や教育などの問題に広く適用され、今日では、裁判実務を含め、子どもに関する法の中心的原則と位置づけられている[6]。実際、英国実務はこれまで一貫して、「子の福祉原則」を指導原理として子の紛争を解決すべきことを確認している[7]。例えば、英国控訴院は、面会交流の基本準則はあくまで「子の福祉」であり、面会交流の権利性[8]を論じることは適切ではないとし[9]、英国実務は現在も面会交流の権利性に言及することに慎重であるとされる[10]。

　このような基本姿勢を踏まえ、英国では従来、「子の福祉原則」の解釈及

---

6)　Jonathan Herring, Family Law（9th edition, Pearson 2019）p.467 及び Stephen Gilmore and Lisa Glennon, Family Law（6th edition, OUP 2016）p.464.

7)　*Re D（A Child）*［2014］EWCA Civ 1057, *Re A（A Child）*［2013］EWCA 1104, *Re R（No Order for Contact: Appeal）*［2014］EWCA 1664 等。

8)　英国でも面会交流が子の権利であることは肯定されているが、子の福祉論と権利論とは厳密には異なるアプローチであり、英国ではそのことを意識して慎重な議論がなされている（Herring・前掲注6）497頁参照）。また、伝統的に一部のフェミニズムは、権利論は、個々の権利（例えば親と子の各権利）を対立的に捉えてしまうため、家族問題には不適切だとする批判を展開していることにも留意が必要である。例えば、Vanessa Munro, Law and Politics at the Perimeter（Hart Publishing, 2007）p.63 参照。

9)　*Re L（A Child）（Contact: Domestic Violence）*［2000］2 FLR 334 参照。

び議論を発展させてきた。特に問題となるのは、「子の福祉」とは何か、「優越」とは具体的に何を意味するのか、である。まず、「子の福祉」の意味については、児童法を含め、法令上に明確な定義は存在しない。しかし、児童法1条(3)は、「子の福祉」の判断の明快さや一貫性を確保するため、「子の福祉」に適うかどうかを判断するにあたり裁判所が考慮すべきチェックリストを定め、個々の子のニーズに応えようと努めてきた[11]。また、「優越」とは、「子の福祉」が他のすべての利益と価値を上回る唯一の考慮事項であることを意味するものとされ、子以外の利益はその事案で問題となる子どもの福祉に影響を与える限りにおいてのみ考慮されるに過ぎないと理解されてきた[12]。

　そのうえで、重要なことは、英国裁判所がこれまで、裁判所で問題となる子どもの事案はそれぞれにユニークであるから、個々の子の福祉を注意深く精査し、その子に適した解決を導く必要があると理解してきたことである[13]。例えば、面会交流では、一般的には両親との交流は子の利益になると理解されているが、それは当該事案における子の福祉を促進するか否かを決定する際の一要因に過ぎず、英国の法令及び実務上、日本実務で見られるような面会交流の原則実施といった形式的推定は基本的に存在しない[14]。各ケースに

---

10)　Herring・前掲注6) 585頁。なお、1998年に人権法(the Human Rights Act 1998)が制定され、裁判所は大人と子どもの双方の利益ないし権利を考慮すべきことが求められるようになったが、英国実務は人権法の制定によって児童法の「子の福祉原則」が変更されるには至らないとする立場を採っている。人権法と児童法との関係に関する詳細は、拙稿132頁を参照されたい。

11)　チェックリストでは、例えば、各事案における個々の子について、年齢と理解力を踏まえたその子の希望や感情((a)号)、身体的、感情的及び教育上の必要性((b)号)、環境の変化がその子に与える影響((c)号)、年齢、性別、バックグラウンドその他のあらゆる特性((d)号)、その子が現に受けまたは受けるおそれのある害悪((e)号)、その子のニーズを満たすための親の能力((f)号)等が挙げられている。

12)　*Re P (Contact: Supervision)* [1996] 2 FLR 314、*Re G (Children) (Residence: Same-sex Partner)* [2006] UKHL 43等。

13)　*Re B (A Child)* [2009] UKSC 5 (最高裁)、*Re W (Children)* [2012] EWCA Civ 999 (控訴院) 参照。

おいて裁判所は、交流を認めることのメリットとデメリットを考慮する必要がある[15]。

このように「子の福祉原則」は、形式的推定には依拠せず、個々の子に焦点をあて、そのニーズを精査することを求め、また、子以外の利益を原則考慮しないとすることで、子の紛争において子の利益が大人の利益に安易に利用されないよう担保する役割を果たしてきた側面があると言える[16]。

(2) 従来の「子の福祉原則」に対する批判

「子の福祉原則」に対しては、これまでに多くの批判も加えられてきた[17]。その主要な批判のうちの一つは、「子の福祉」について、先に述べたチェックリストをもってしてもその意義ないし内実が必ずしも明確でない、という点にある[18]。とりわけ、実際の司法判断において、「子の福祉」の中に司法の偏見（例えば母親や父親、特定の性的嗜好に対する否定的な考え方）や未検証の仮定が入り込むおそれがあるとの指摘がなされてきた[19]。

二つ目の批判は、上記のとおり、「子の福祉原則」の下では、子以外の利益（例えば親の利益）はそれがその子の福祉に影響する場合に限り考慮され

---

14) *Re L*・前掲注9）及び Herring・前掲注6）588頁。児童法上、子の生活に親が「関与」（involvement）することは原則「子の福祉」を増進すると推定されているが（2014年改正後の同法1条（2A）)、この「関与」とは直接交流である必要はないと理解され、この規定から面会交流実施の形式的推定までは導かれない（Herring 同587頁)。また、この推定規定を適用すべきかどうか自体、個々の事案で（ドメスティック・バイオレンスが主張される事案では特に）注意深く検討すべきと理解されている（実務指針12J（Practice Direction 12J）7条等参照)。

15) Herring・前掲注6）583頁。

16) Jonathan Herring, 'Farewell Welfare?' (2005) 27 Journal of Social Welfare and Family Law p.160.

17) 代表的論文として、Helen Reece, 'The Paramountcy Principle: Consensus or Construct?' (1996) 49 Current Legal Problems p.267、John Eekelaar, 'Beyond the Welfare Principle' (2002) 14 Child and Family Law Quarterly p.237、Jonathan Herring, 'The Human Rights Act and the Welfare Principle in Family Law - Conflicting or Complementary' (1999) 11 Child and Family Law Quarterly p.223 参照。

18) Eekelaar・前掲注17）は、この批判を「透明性の欠如」批判と呼ぶ。

るに過ぎないとされ、「子の福祉」が非常に個人主義的に理解されてきたことである[20]。すなわち、この原則の下では、「子の利益」を、親を含む子を取り巻く関係性や他者の利益から切り離して検討し、親や養育親に大きな害悪をもたらす決定でも、子にとってわずかな利益さえもたらすものであれば、裁判所は当該決定を下し得ることになる。この原則の下で重要なことは、子の紛争における裁判所の決定がその審理時点において子の利益を促進するかどうかであり、その決定が「公平」なものかどうかや親の利益や権利を侵害していないかどうかは、原則として関連性がないものとされてきた[21]。したがって、「子の福祉原則」の下では、例えば、夫婦間のドメスティック・バイオレンス（以下「DV」という）の事実は、面会交流の障壁ではなくあくまで考慮されるべき一要素に過ぎないとされ[22]、DV 被害者（多くの場合母親）の置かれた状況等も「子の福祉」の中では原則重視されないことになり得る。実際のところ、懸念すべき裁判例が幾つか現れている。例えば、英国控訴院は 2015 年、婚姻中母親が父親から繰り返し身体的及び性的虐待を受けたと主張し（その結果母親が PTSD を発症したことは事実として認定されている）、母親が父親と彼らの子（婚姻前後を通じて主に母親が養育してきた女児）との間の直接交流に強く反対していたにもかかわらず、最終的に

---

19)　Herring・前掲注 17）及び Alison Diduck and Felicity Kaganas, Family Law, Gender and the State（3rd, Hart Publishing 2012）p.379。なお、この批判は日本法にも妥当するだろう。本来であれば、「子の利益」と「最も優先」（民法 766 条 1 項）がそれぞれ何を意味し、「子の利益」に一体何が含まれ、それはなぜなのか、それを裏付けるに足りる根拠があるのか、が正面から議論されなければならない（窪田充見「面会交流の現状と課題」『家庭の法と裁判』13 号 4 頁も参照）。

20)　Eekelaar・前掲注 17）は、この批判を「公平性の欠如」批判と呼ぶ。

21)　Jonathan Herring, Law and the Relational Self（CUP, 2019）141 頁。

22)　*Re L*・前掲注 9）334 参照。ただし、英国実務では、DV が絡む面会交流の事案に対して個別に実務指令（Practice Direction12J）を策定し、このような事案で裁判所が考慮すべき事項を定めており、実務上多くの事案では適切な解決が導かれている。問題は、「子の福祉原則」とその解釈自体には大きな変更が加えられておらず、「子の福祉」の個人主義的理解の下で DV は面会交流事案における一考慮要素に過ぎないと理解されているため、後述 *Re A* 事件のような結論が導かれるおそれがあることである。

父子間の監督付き面会交流を認める決定を下した[23]。この判断は、監督付き面会とはいえ、子の養育者である母親に過大な負担を課すものであるとともに、結果として母親と共に生活する女児の利益をも害する可能性の高いものといえ、実際強い批判にさらされている[24]。

　こうした批判を踏まえ、英国では、「子の福祉」概念自体は維持しつつ、上記各批判に応えるためにいかに「子の福祉」を再構成すべきかが議論されている[25]。それが次項で検討する、オックスフォード大学のジョナサン・ヘリング教授が提唱する「関係的福祉」、「関係的福祉理論」または「関係的福祉アプローチ」(Relational Welfare または Relationship-based Welfare Approach。以下「関係的福祉アプローチ」という) と呼ばれる考え方である。

3　「関係的福祉アプローチ」──「子の福祉」の関係的理解

(1)　「関係的福祉アプローチ」とは何か

　「子の福祉原則」に対する主要な批判は、上述のとおり、「子の福祉」の意義が不確定であることのほか、「子の福祉原則」の下では子の利益は親を含む関係性や利益から切り離され、「子の福祉」の中では子以外の利益は原則として考慮されないとされてきたことである[26]。こうした個人主義的な理解は、西洋法が前提とする自己像と深くかかわる。西洋法は伝統的に、人は互いに独立、自律し、合理的な存在であることを前提とし、「子の福祉原則」も、他の多くの法概念や法制度と同様、こうした個人を出発点として設計されている[27]。

---

23)　*Re A（Supervised Contact Order: Assessment of Impact of Domestic Violence）*［2015］EWCA Civ 486. 本件の詳細な分析は、拙稿 136 頁参照。

24)　Herring・前掲注 6) 597 頁。

25)　英国ではこのほか、「子の福祉」概念を廃止し、代替案を採用すべきとする見解などが主張されているが、いずれも大勢には至っていない。詳細は、拙稿 134 頁参照。

26)　このような「子の福祉原則」が、前述 *Re A* 事件のような DV が絡む面会交流事案などを含め、多くの場合、女性・母親の利益に反して作用してきたとの指摘もなされている。Herring・前掲注 21) 162 頁のほか、Susan Boyd, Child Custody, Law, and Women's Work（OUP, 2003）参照。

これに対し、「子の福祉」概念を、このような個人主義的な理解から、関係的な方法で捉え直そうとする考え方が、「関係的福祉アプローチ」[28]である[29]。そもそも人は、西洋法が前提とするような完全に独立・自律した個人などではあり得ない[30]。むしろ、人は誰もが例外なく、何かしら脆弱な（vulnerable）側面を持ち、相互に支え合いながら、家族や友人をはじめ他者との関係性のネットワークの中で生きている[31]。特に子どもは家族を中心とする他者との関係の中で育まれ、子どもと親や養育者は互いに深く結び着

27）　Jonathan Herring, Caring and the Law（Hart Publishing, 2013）及び Sandra Fredman, Women and Law（OUP, 1997）p.32 参照。フレッドマンは同書で、「合理性、自律性、個人主義、平等、中立的国家と法システム、及び自由市場」が現代（西洋）法を支配する6つの理念であると述べる。

28）　Herring・前掲注21）及び Jonathan Herring and Charles Foster, 'Welfare Means Relationality, Virtue and Altruism'（2012）32 Legal Studies p.480。Herring・前掲注27）p.187 及び Herring・前掲注21）p.162 も併せて参照。本文の以下の記述は、これらの文献に依っている。なお、上記ヘリング及びフォスターは、「福祉」の背後には、徳の重要性を説く、アリストテレスの「善き生」（good life）の考え方が存在することも論じている。

29）　英国では現在、個人主義や権利論に立脚する伝統的な（西洋）法概念に対して根本的な省察を加えるフェミニスト理論が体系的に発展し、これが質量ともに法学議論を豊かなものとし、実際、同理論は、特に家族法や人権法、労働法等の多岐にわたる分野で大きな影響力を有する。フェミニスト理論に関する総論的文献として、例えば Munro・前掲注8）参照。また、本稿で紹介する「関係的福祉アプローチ」は、フェミニスト理論のうち、ケアや関係的な価値の重要性を認識すべきとする「ケアの倫理」（ethic of care）と深くかかわる。「ケアの倫理」を法理論に昇華させる試みとして、Herring・前掲注27）及び Herring・前掲注21）を各参照（筆者は現在、Herring・前掲注21）の翻訳作業を進めている）。

30）　この点は、家族法の目的とは何かという問題にもかかわる。日本法も西洋法を土台とする以上、同様の議論が妥当するだろう。実際日本では、伝統的な法概念に従い、例えば、「家族法は……人々を独立・平等・自由なものとするために存在する」（二宮周平『家族法（第5版）』2頁）とされる。他方、英国では現在、家族法の目的は、個人主義や権利論、血縁や異性婚中心主義を離れ、相互に支え合うケアの関係を促進することにあるとする見解（Caring Family Law または Sexless Family Law と呼ばれる）が提唱されている（Herring・前掲注27）187 頁及び Herring・前掲注21）143 頁参照）。

31）　ヘリングは、こうした自己像を「関係的自己」（relational self）と呼ぶ（Herring・前掲注21）1頁）。

き、彼らの利益は相互に密接に絡み合っている。それゆえ、子の利益は本来、子を取り巻く親などの関係性や利益から分離することはできない。「子の福祉」を促進するか否かは、これらの関係性や子以外の利益を考慮することなく判断することはできないのである。

「関係的福祉アプローチ」は、子どもをその生きている関係性の中で考慮すべきとし、子どもは彼らの福祉が全体として促進される関係の中で育まれるべきと考える。子どもにとって最も有益なのは、公平かつ公正（正義）に基づく家族の中で育てられることである。一方の親（特に子をケアする親）に対する容認できない程の要求やその利益または権利の不適切な侵害に基づく関係は、子の福祉を促進することにはならない。子をサポートすることは、その養育者（ケアの提供者）をサポートすることであり、養育者をサポートすることは、当該子をサポートすることを意味する。また、「関係的福祉アプローチ」の下では、「子の福祉」を検討するに際し、長期的及び継続的視点を用いることが重要である。子の紛争における問題は、当事者間の継続的関係の一部であって、審理時点における特定の問題ないし行動だけでなく、当事者間の関係の中で過去に起こったことや未来に起こり得ることも併せて検討する必要がある。こうして「関係的福祉アプローチ」は、子どもが育まれるべき公正かつ公平な「関係」に明確な焦点をあてることによって、従来の個人主義的理解に基づく「子の福祉原則」とは異なり、子以外の親などの利益や権利を「子の福祉」の内容を直接構成するものと捉え[32]、また、子の紛争における問題を親と子の各利益ないし権利との間の衝突の問題として捉えることを回避することができる[33]。

以上のように理解した場合、「子の福祉」の内実は、単に子自身の目先の

---

32) 伝統的な「子の福祉原則」の個人主義的理解では、親の利益や権利を直接的に「子の福祉」を構成するものと考えることは困難だろう。実際、子以外のいかなる利益や権利を「子の福祉」として考慮可能または不可能かを判断することは必ずしも容易ではない。「子の福祉原則」が、子の利益が大人の利益に安易に利用されないよう子以外の利益を原則として考慮しないとしてきたのもそのためである。他方、「関係的福祉アプローチ」は、「公平かつ公正な関係」を媒介として、子以外の利益を「子の福祉」の中で考慮することを可能にする。

利益には限定されないことになる。「子の福祉」には、子自身の（短期的）幸福のみならず、互いに支え合うケアの関係を促進し、美徳や他者との深い関係を養うこと、他者を思いやることや自身の責任を果たすこと、価値ある長期的目標を達成することなども含まれる。これらはまさに、多くの親や養育者が、常日頃、子どもに繰り返し教え、選択していることであろう。

　一点、留意すべきであるのは、「公平」または「公正（正義）」な関係とは、過度の自己犠牲を美化するようなものでは決してない、ということである。「関係的福祉アプローチ」は、人間の本質及び法を通して促進すべきであるのは、対等な個人間の相互尊重を前提に互いに相補うケアの関係だと考える。過度の自己犠牲を含め、搾取的あるいは支配的な関係（DV[34]加害者・被害者の関係がその典型である）や一方の親（子の養育者）に対する受け入れがたい要求に基づく関係は、到底「公正」、「公平」なものとは言えない。

(2)　「関係的福祉アプローチ」の適用——留意点と裁判例

　拙稿で詳述したように、ヘリングは、「関係的福祉アプローチ」を用いた場合に面会交流の事案で考慮すべき四つのポイントを提示している[35]。また、「関係的福祉アプローチ」は、当事者の過去から未来に至るまでの関係性を個別具体的に精査することを求めるものであり、面会交流の原則実施を含む形式的推定とは基本的に相容れない[36]。

　他方、面会交流以外の事例ではすでに、「関係的福祉アプローチ」を採用する裁判例が現れている。英国控訴院は 2012 年、宗教教育に関する事例において、「関係的福祉アプローチ」をベースに判断を下している[37]。本事案

---

33)　前掲注8) のフェミニズムによる批判参照。「関係的福祉アプローチ」では、親と子の各利益・権利を対立的に捉えるのではなく、これらの利益を「公平かつ公正な関係」を媒介として考慮することが可能となる。

34)　DV の定義について、英国では近年、DV を「心理的、身体的、性的、財政的、感情的」であるかを問わず「支配的（コントロール）、強制的または脅迫的な言動、暴力または虐待のあらゆる出来事ないしパターン」(Legal Aid, Sentencing and Punishment of Offenders Act 2012 附則 1-12(9)) 等と広く捉え、相手方を支配する行動パターンにその本質があることを明確に示す定義が用いられている。

では、何世代にもわたりユダヤ教超正統派のハシディズムに属していた両親が離別し、子どもたちは母親と一緒に暮らしていたところ、その後母親はハシディズムを離脱したため、彼らを（父親が望むように）超正統派の学校に通わせ続けるべきか、それとも母親が望むより中道のユダヤ教の学校に通わせるべきかが争われた。裁判所は、「子の最善の利益」には徳や価値ある目標を達成することなど、両親が日頃子どもに教えるあらゆる目標が含まれ得るとし[38]、「子の福祉」を適切に考慮するには「子どもたちの関係性のネットワークを考慮することのみによって可能であ」って、「家庭内外の子どもの関係性は、常に子の利益に関連し、多くの場合それが決定的となる」と述べた[39]。本件の場合、本件の宗教選択（学校選択）はライフスタイルそのものの選択であるところ（超正統派にはあらゆる側面で厳格な規律がある）、仮に子らが超正統派の学校に通い続ければ、同居親である母とその愛情とケアを必要とする子らとのライフスタイルが根本から異なることになり、家庭内で大きな不和や混乱が生じる可能性があることなどを理由に、超正統派の学校に通わせ続けることは適当でないとされた[40]。この判決は現在、「子の福祉」の性質に関するリーディングケースの一つと位置づけられている[41]。

---

35) Herring・前掲注16) 167頁。各ポイントの要点を挙げると、「関係的福祉アプローチ」の観点からは、面会交流の事案では、①子どもが親との間で現に関係を有しているかどうかを検討し、既存の関係が高い質で維持されていれば面会交流の肯定的因子となり得、他方、既存の関係が質の高いものと言えない場合は面会交流の否定的因子として働き得ること、②各親と子ども、及び各親同士の、過去から未来の関係を注意深く考慮すべきこと、そして特に重要なのは、DVを含め、主な養育者を害することは子を害することを意味すること（その逆も同様である）、③別居親と子との間の面会交流実施に対する同居親の意思も重要な要素となること、及び④面会交流の実施自体が有益なのではなく、その質が重要であること、である。

36) これらのポイントなどを踏まえ、筆者は、拙稿136頁以下において、先述した *Re A*・前掲注28) のDVが絡む面会交流の事案に「関係的福祉アプローチ」を適用し、本事例では父子間の面会交流は否定されるべきことを論じた。

37) *Re G (Education: Religious Upbringing)* [2012] EWCA Civ 1233

38) *Re G*・前掲注44) para27, 29。

39) *Re G*・前掲注44) para30。

4 結語

　本稿は、英国の「子の福祉原則」における従来の理解とこれに対する新しい考え方（関係的福祉アプローチ）を検討した。子の紛争、特に裁判所において問題となる子ども及び彼らの置かれた状況はすべて異なり、個性がある。こうした当然の事実を踏まえ、英国実務が、形式的推定に依拠せず、個別具体的な子の福祉を精査すべきとし、「子の福祉原則」の下で子の利益を第一に捉えようとしてきたことの意義は大きいと言える。他方、従来の「子の福祉原則」の理解の下では、「子の利益」が、子を取り巻く親などを含む関係性や利益から切り離して検討され、結果的に「子の利益」を害する結果をもたらす事例も生じている。これに対し、人間は本来、孤立した存在ではなく、互いにケアし、ケアされて生きており、特に子どもは彼らが生きている関係性のネットワークの中で育まれる。「子の利益」は、子を取り巻く環境や利益から切り離すことは困難であって、「子の利益」を最も促進するのは、公平かつ公正（正義）な関係に基づく家族の中で育てられることだと考えるのが、「関係的福祉アプローチ」である。本理論はすでに、英国裁判実務の一部に採り入れられている。

　以上のように、英国では、日本がこれまで「子の利益」の内実を十分探究してこなかったのとは対照的に、「子の利益」とは何を意味するのかが真摯に検討されてきたものといえる。こうした英国の理論及び実務は、真の意味で子ども一人ひとりの福祉を実現するために一体「子の利益」をどのように理解し、その理解の下で実際にどのような解決を図るべきかについて、大きな示唆を与えるものと考える。

---

40) この点に加え、超正統派の学校では子どもたち（特に女児）の将来的な教育等の機会が制限されるおそれがあることも理由として挙げられている。なお、興味深いのは、「関係的福祉アプローチ」からは、仮に本件で子どもたちと一緒に暮らす母親自身が超正統派の学校に子どもたちを通わせ続けたいと考えていた場合には、本件の結論は変わり得た（その母親の主張が認められた可能性がある）との指摘がなされていることである。Herring・前掲注6) 466頁参照。

41) Gilmore・前掲注6) 472頁及びHerring・前掲注6) 463頁。

□執筆者一覧 (五十音順)

　　＊は編者

　岩佐嘉彦　　（いわさ・よしひこ）　　弁護士・大阪弁護士会

　上野千鶴子　（うえの・ちづこ）　　　東京大学名誉教授

　小川富之　　（おがわ・とみゆき）　　福岡大学法科大学院教授

＊梶村太市　　（かじむら・たいち）　　弁護士・第二東京弁護士会

　可児康則　　（かに・やすのり）　　　弁護士・愛知県弁護士会

　木村草太　　（きむら・そうた）　　　首都大学東京教授

　鈴木隆文　　（すずき・たかふみ）　　弁護士・千葉県弁護士会

　千田有紀　　（せんだ・ゆき）　　　　武蔵大学教授

　信田さよ子　（のぶた・さよこ）　　　公認心理師・臨床心理士・

　　　　　　　　　　　　　　　　　　　原宿カウンセリングセンター所長

＊長谷川京子　（はせがわ・きょうこ）　弁護士・兵庫県弁護士会

　平井正三　　（ひらい・しょうぞう）　臨床心理士・御池心理療法センター、

　　　　　　　　　　　　　　　　　　　認定NPO法人子どもの心理療法支援会

　森田ゆり　　（もりた・ゆり）　　　　エンパワメントセンター主宰

　矢野謙次　　（やの・けんじ）　　　　弁護士（在外研究中につき現在登録抹消中）

＊吉田容子　　（よしだ・ようこ）　　　弁護士・京都弁護士会

　渡辺義弘　　（わたなべ・よしひろ）　弁護士・青森県弁護士会

離婚後の子どもをどう守るか
——「子どもの利益」と「親の利益」

2020年3月20日　第1版第1刷発行
2021年2月15日　第1版第2刷発行

編著者——梶村太市・長谷川京子・吉田容子
発行所——株式会社　日本評論社
　　　　〒170-8474　東京都豊島区南大塚3-12-4
　　　　　　　　電話 03-3987-8621（販売：FAX -8590）
　　　　　　　　03-3987-8592（編集）
　　　　　　　　https://www.nippyo.co.jp/　振替 00100-3-16
印刷所——平文社
製本所——難波製本
装　丁——こいずみめい

検印省略　©2020　梶村太市・長谷川京子・吉田容子
ISBN 978-4-535-52458-3　　　　　　　　　　　Printed in Japan

JCOPY 〈（社）出版者著作権管理機構　委託出版物〉
本書の無断複写は、著作権法上での例外を除き、禁じられています。複写される場合は、
そのつど事前に、（社）出版者著作権管理機構（電話 03-5244-5088、FAX 03-5244-5089、
e-mail：info@jcopy.or.jp）の許諾を得てください。
また、本書を代行業者等の第三者に依頼してスキャニング等の行為によりデジタル化する
ことは、個人の家庭内の利用であっても、一切認められておりません。

離婚後の
共同親権とは何か
子どもの視点から考える

共同親権はあぶない！？
導入した諸外国の様々な経験に学ぶ

梶村太市・長谷川京子・
吉田容子【編著】

離婚後の子に対する「共同親権／監護」の導入は真に子の利益になるのか？その問題点を明らかにし、法改正の是非を論じる。

◆本体 3,200 円+税／A5判

離婚後の　子どもの心身の
　　　　　健康な発達のために
子の監護と面会交流

梶村太市・長谷川京子・吉田容子【編著】

子どもがのびのび育つために、
親がしなければならない配慮。

子の監護にかかわる
すべての人にとって必読の書！

面会交流原則実施の弊害、共同監護の問題点を明らかにし、子の心身の健康な発達にかなう制度運用のための方策を具体的に検討する。　　◆本体 2,400 円+税／A5判

日本評論社
https://www.nippyo.co.jp/